井上 孝
和田光平
編著

自然災害と人口

人口学ライブラリー 20

原 書 房

は し が き

　東日本大震災追悼式のライブ中継を見つつ，はしがきの筆を執った。この未曾有の大災害の発生から 10 年。巨大津波などによる 2 万 2,000 人以上の犠牲者へ，日本はもとより世界からもさまざまな思いを胸に黙とうが捧げられたことだろう。政府主催としての追悼式は今回が最後となるそうで，時代は新型コロナウィルスの猛威に気を取られ，震災の記憶が風化することも懸念される。しかしいまだに全国で 4 万人以上が避難生活を続け，原発事故の影響を受けた福島県などでは多くの人口が流出したまま故郷へ戻ることができていない。この震災が発生したときすでにわが国の総人口は減少局面に入っており，その後も特に被災地の東北地方では高齢化や過疎化が容赦なく加速している。政府から投じられた巨額の復興支援もインフラなどのハード面に偏りがちで，地域コミュニティや家族の再生といったソフト面にまで十分な支援が届いているとは言い難い。この災害はまだ続いているのであり，あらためて人口問題を抱えながら復興することの難しさが認識させられる。

　実際，わが国は世界でも特異な自然災害国である。日本列島では複数のプレートがぶつかり合い，世界で発生するマグニチュード 6 以上の大地震の実に 2 割以上が日本で起きている。また偏西風などにより台風も通過しやすいうえ，国土の 7 割を占める山地や丘陵地の急傾斜の地形は，台風やその暴風雨による土砂災害などを引き起こしやすい条件下にある。このような地震による津波，また台風や豪雨による高潮や洪水，土砂崩れといった自然災害が，平野などの可住地に集中して分布する人口を襲い，多大な人的被害がもたらされる。これが有史以来繰り返しされてきたわけで，今後も首都直下地震や南海トラフ地震といった次なる大災害に備えて防災・減災対策を講じなければならない。他方，出生や結婚，死亡，移動といった人口動態は，その時代の社会状況のみならず，災害のような異常事態からも強い影響を受けて変動している。人口の視点から

日本や地域の社会像を捉えつつ自然災害やその防災対策を考察することも重要ではないだろうか。

災害研究や防災科学の分野において，巨大災害のたびに多くの研究が蓄積されており，人口学においても，海外，特に米国では応用人口学者らによって災害と人口とを関連付けた研究が精力的に進められている。しかしながら災害が日本の人口動態に与えた影響に関する論考は極めて少なく，日本語書籍では本書をおいて他に類を見ない。その点でも本書の意義は学術的にも極めて高く，また，東日本大震災から 10 年という時宜を得た人口研究者集団による社会貢献としても期待されるところであろう。

本書では，国外における事例や研究動向について踏まえた上で，日本を主たる対象地域として，地震災害を中心にその人口動態への影響を考察した。また日本や世界の歴史人口学的側面から過去を学び，そして将来の人口推計や災害予測，防災対策という側面から未来を見据えるという，まさに総合学問たる人口学研究の特長を最大限生かして自然災害と人口の諸現象との関係を追究している。その結果，今回で第 20 巻目となる「人口学ライブラリー」シリーズの中でも応用人口学研究として異彩を放つ 1 冊と言えるであろう。編者 2 名を含む総勢 12 名の執筆者はいずれも人口学研究会の会員であり，もちろん人口学を専門とする研究者であるが，そのバックグラウンドは多彩である。本書の趣旨に直結する防災学をはじめ，人口学の隣接分野である統計学，経済学，社会学，地理学，歴史学などを専門領域にもつ会員が本書の刊行のために集った。本書において多角的視点から自然災害と人口の関係について論じることができたのは，こうした執筆者の専門領域の多様性に負うところが大きいと考えている。

本書は全 11 章から構成され，第 4 章のみ 2 名の連名である以外は 1 人 1 章ずつ担当した。冒頭の第 1 章は，自然災害による人口変動の研究動向を展望したものであり，自然災害と人口に関する総論的な内容となっている。つづく第 2 章から第 11 章において各論的なテーマが扱われている。これらの 10 章のうち第 2 章と第 3 章は，冷害およびハリケーンという特定の自然災害に焦点を当て，それによる人口への影響について論じている。第 4 章から第 8 章までは，自然

災害として主に震災を取り上げ，それによって影響を受ける死亡，結婚，出生，人口移動などの人口現象に着目してそれぞれ議論を行った。第9章と第10章は，いずれも将来人口推計の視点から自然災害を捉えた論考となっている。最後の第11章は，防災の観点から自然災害と人口の関係について考察した。以下では各章の内容を簡単に紹介する。

　第1章「近年の自然災害による人口変動の研究動向」は，人口学と地理学を中心として近年の自然災害による人口変動の研究動向を展望している。本章では，まず，20世紀から21世紀にかけて世界の自然災害の態様がどのように変化してきたのかについて，災害疫学研究センター（CRED）が作成しているデータベース「EM-DAT」を用いて概観した。つづいて，21世紀初頭に起こった突発性加害力による自然災害についてどのような人口学的研究が行われてきたのかについて，やはりEM-DATを用いて展望した。ここでは，21世紀において最大の人的被害をもたらした自然災害，すなわち，2004年スマトラ島沖地震によって発生したインド洋大津波を中心に，2010年のハイチ地震，2008年のサイクロン・ナルギスなどによる自然災害を取り上げ，それらに関する人口学的研究の整理を行っている。次に，災害史上最大の経済的被害をもたらしたと推定されている2011年の東日本大震災，および，それに次ぐ経済的被害をもたらした，2005年のアメリカ合衆国南部におけるハリケーン・カトリーナによる災害を取り上げ，これらに関する人口学的研究を整理しそれらの比較を行った。最後に，その比較を通じて，日本の自然災害の人口学的研究に関する今後の課題について論じた。

　第2章「天明期の冷害に伴う人口変動」では，陸奥国会津郡高野組金井沢村における1783（天明三）年の冷害に伴う人口変動について検討した。ここでは，18世紀後半の稲の作況と死亡指標を比較することにより，冷害による凶作と連動する死亡危機および連動しない死亡危機を判別して，天明三年凶作後の人口変動の特徴を時間軸と空間軸のなかに位置づけた。その結果，凶作の翌1784年に高野組ならびに金井沢村において，死亡性比，死亡年齢，粗出生率，出生性比，欠落者数などに関して特徴的な人口変動が生じたことが明らかとなった。

　第3章「西インド諸島の奴隷人口に対するハリケーンの影響」では，南北アメリカ大陸の代表的自然災害であるハリケーンを取り上げ，西インド諸島におけるその災害とそれに対する人々の対応の歴史を議論した。他章が主に日本の自然災害を取り上げているのに対して，本章は国外における19世紀の自然災害に焦点を当て奴隷人口に言及している点においてきわめて貴重な論考となっている。1831年にバルバドスを襲った大ハリケーンによる奴隷の死亡数は，都市部よりも農村部の方が多くまた男性よりも女性の方が多い。本章では，それらの要因を西インド諸島社会史の文脈の中で考察した。

　第4章「わが国における震災と死亡」では，まず世界と日本の震災について，各種統計や諸研究を通じて俯瞰するとともに，特に阪神・淡路大震災，東日本大震災に関する公式統計における影響評価をまとめた。また，「日本版死亡データベース」を用いて，2つの震災が生命表に及ぼした影響を統一的な方法論の下で評価し，比較・検討を行った。その結果，「日本版死亡データベース」を利用することによって，公式生命表では不可能であった，時空間的に比較可能な形での震災影響評価を初めて提示することができた。この評価には，東日本大震災が岩手・宮城・福島3県の平均寿命に及ぼした影響についての，新たな知見も含まれる。

　第5章「震災と結婚」では，東日本大震災が被災地で生活する人びとの結婚・離婚，家族にどのような影響を与えたのかについて，津波の被害を受けた岩手県宮古市のヒアリング調査結果を用いて検討するとともに，被災地における結婚支援の取り組みについて考察した。その結果，被災地住民の結婚行動に直系家族制の意識・価値観が一定の影響力を持続していることが明らかとなった。また，岩手県が設置した結婚サポートセンターへの登録者数をみると，沿岸部では人口当たりの登録者数が多い反面，男女のアンバランスが目立ち成婚しにくい環境にある点などが見いだされた。

　第6章「自然災害と地域の出生力」では，東日本大震災を事例として，自然災害と出生行動との関わりについて，地域の出生力という側面から人口学的な分析を行った。分析にあたっては，まず，東日本大震災の前後の出生力変化お

よびその地理的分布の変化について観察した。つづいて，震災が地域の出生力に及ぼす効果について，差分の差分分析を用いた定量的な把握を試みた。差分の差分分析では，そのような効果をより正確に測るために4つのモデルを用意している。その結果，いずれのモデルにおいても，震災によって被害を受けた地域では出生力が有意に低下したことが因果効果として示された。

　第7章「震災に伴う日本人の人口移動」では，東日本大震災を事例として，震災に伴う日本人の人口移動傾向の変化について，県別・市町村別の分析を行った。県別の分析では，とくに宮城・福島において震災直後に顕著であった男女間の転入超過数の差が近年ほぼ解消されるとともに，3県すべてで転出超過数が拡大傾向にあることがわかった。一方市町村別にみると，岩手・宮城の内陸部における転入超過傾向が継続する反面，沿岸部における転出超過傾向は，市町村によってその後の変化パターンに大きな差異が見られた。そのような差異が生じる一因としては，市町村の総人口に占める浸水域の人口割合があると推察された。

　第8章「震災に伴う外国人の人口移動」は，やはり東日本大震災を事例として取り上げ，震災が外国人の人口移動にどのような影響を与えたかについて論じた。本章では，東日本大震災の直前の2008年に発生したリーマンショックに着目し，この経済変動に伴う人口移動と震災による人口移動を相対化することによって，限られた外国人統計を用いることによる研究上の困難をできるだけ回避している。その結果，東日本大震災という自然災害をきっかけとした外国人の国内外への避難移動は1年間だけの短期的なものであり，リーマンショックによる，数年間にわたって継続した移動とは対照的であったことなどの知見が得られた。

　第9章「洪水浸水想定区域の人口学的特性」は，2018年の西日本豪雨によって多大な人的被害を受けた倉敷市真備地区に着目し，同地区，岡山県，全国，および都道府県別の浸水想定域に関して，特に高齢化の観点から，その将来にわたる人口学的特性を非浸水想定域と比較した。その結果，真備地区の人口学的特性は浸水想定域としては必ずしも一般的ではなく，相対的に高い高齢化率

が2018年の水害において人的被害を増大させた可能性があることがわかった。さらに，将来人口推計の観点からみても，全国の浸水想定域において真備地区と同様の人口学的特性を有し水害による人的被害のリスクが高い地域が多い点を指摘した。

第10章「人口推計と災害予測」では，最悪のケースで死者数が32万人を超えるとされる，南海トラフ地震によってもたらされる人的被害の想定結果について，人口学的視点から見直すことを試みた。具体的には，その被害想定の算出過程において，適切な人口統計，人口推計に基づいて検証するとともに，政府による被害想定の算出後に公表された人口統計の確定値や人口推計の将来値などを適用して前提条件を適宜変更し，人的被害想定を改めて試算した。その結果，2015年現在の年齢構造を適用した場合は死者数が5％増となり，将来推計に基づく2040年の年齢構造を適用した場合は，死者数が18％増となることが明らかとなった。

第11章「人口と災害対策」では，防災の取り組みの主な流れを人口と都市化の動向に関連づけて考察した。まず，人口が急増した第二次世界大戦直後における，新たな災害対策が模索された時期を概観した後，過密・過疎が顕著となる1960～80年代における都市と農村に関わる取り組みを例示した。次に，阪神・淡路大震災以降および東日本大震災以降における，法的整備を通じた災害対策の進展について，特に高齢化や人口減少社会の視点から論じた。最後に，災害に伴う人口変動に関する情報の把握，および，それを災害対策に生かす際の課題に言及し，非常時の人口情報のあり方について検討する意義を指摘した。

本書は，当時アジア防災センター所長を務めていた近藤共子会員からの提案を受けて企画され，その熱意が本書の原動力となった。また，ほとんどの章が，日本学術振興会科学研究費・厚生労働科学研究費などによる研究支援や，各省庁からの人口や防災，地理情報などに関わる詳細な公的データの提供，関係機関が所蔵する国内外の歴史的資料の提供，さらには被災地域の自治体や地域住民によるヒアリング応答など，大変貴重な協力をもって原稿が作成されている。ここに改めて関係各位へ感謝申し上げる。

　最後に，人口問題の重要性への深い理解のもと，人口学研究会による「人口学ライブラリー」シリーズの継続的な刊行にご尽力いただいている原書房の成瀬雅人社長，ならびに，中村剛氏，矢野実里氏をはじめとする編集部の皆様に心から感謝の意を表したい。

2021 年 3 月 11 日（東日本大震災から 10 年の節目に）

井上孝・和田光平

目　　次

執筆者一覧（執筆順）

阿部　隆（日本女子大学名誉教授）

川口　洋（帝塚山大学文学部教授）

伊藤　栄晃（埼玉学園大学人間学部教授）

別府　志海（国立社会保障・人口問題研究所情報調査分析部第 2 室長）

石井　太（慶応義塾大学経済学部教授）

工藤　豪（日本大学文理学部非常勤講師）

鎌田　健司（国立社会保障・人口問題研究所人口構造研究部第 2 室長）

小池　司朗（国立社会保障・人口問題研究所人口構造研究部部長）

丸山　洋平（札幌市立大学デザイン学部准教授）

井上　孝（青山学院大学経済学部教授）

和田　光平（中央大学経済学部教授）

近藤　共子（国土交通省職員）

第1章　近年の自然災害による人口変動の研究動向

はじめに

　本章では，近年の自然災害による人口変動に関する研究動向を，人口学と人文地理学の研究を中心として展望したい。自然災害は多くの学問分野で研究対象とされており，人文・社会科学の分野でも，人口学と人文地理学以外に，歴史学，社会学，心理学，文化人類学，民俗学などの諸分野で研究されてきた。さらには，自然科学の分野では，自然地理学をはじめとして，地質学，地球物理学，土木工学，建築工学，さらには医学の分野でも研究され，それらの諸分野の研究の中には人口変動に関する研究も多い。しかし，それら諸分野における研究を広く渉猟することは，著者の力量の及ばぬところでもあり，人口学に加えて人文地理学での研究を中心とするのは，著者が人文地理学を出自とするためである。紙幅の関係もあり，その他の分野の研究については，人口変動に関する重要な研究に言及するに留めたい。

　一方，対象とする自然災害の種類についても，一定の範囲にとどめたい。人文・社会科学の分野の災害研究者によって，最も多く引用されてきた著書の一つが，地理学者であるワイズナーほかの「防災学原論」である（Wisner *et al.* 2004，岡田訳 2010）。ワイズナーほかは，自然災害の種類をその誘因となる加害力（hazard）によって，遅効性加害力による災害（slow onset disaster）と，突発性加害力による災害（rapid onset disaster）とに分類している。遅効性加害力とは，旱魃，冷害，熱波などであり，突発性加害力とは，洪水，地震・津波，火山噴火などである。ワイズナーほかによると，1900 年から 1999 年までの自

然災害による死者の中の約 87% は遅効性加害力によるものであり，約 7,000 万人が死亡したと推定している。これに対し，突発性加害力を誘因とする自然災害による死亡者数については，1,070 万人と推定しており，最大の死者を発生させた洪水についても自然災害による死亡者の 10% に満たないとしている（Wisner *et al.* 2004, pp.3-4）。彼らによって提唱された，「災害圧力と解放のモデル」も，遅効性の加害力による自然災害を中心として考えられている。人口学の分野でも，災害による人口変動については，飢饉や疫病による死亡の増加を中心として論じられてきた。例えば，国際地理学連合の人口地理学研究委員会のメンバーを中心として，クラークほかが編集した『Population and Disaster』（Clarke *et al.* 1989）は，「人口と災害」をタイトルに掲げた最初の書籍ともいえるが，そこにおさめられた 18 本の個別論文の中で，突発性加害力による災害を主な対象としたものは 3 本にとどまり，他は飢饉などの遅効性加害力による災害，さらには，戦乱などによる災害などに関するものであった。しかし，21 世紀に入ると，後述するように，飢饉などの遅効性加害力による災害の犠牲者は大きく減少し，地球温暖化の影響もあって，台風やハリケーンによる自然災害の犠牲者が増加し，地震・津波などの自然災害もその規模を増大させてきている。そこで，本章では，最初にこのような自然災害の態様の変化を概観するとともに，多くの犠牲者を出した突発性の加害力による 21 世紀の重大な自然災害が，どのように人口学的に研究されてきたのかについて述べ，最後にアメリカ合衆国と日本の人口学と人文地理学を中心として，自然災害による人口変動研究の最近の動向と今後の課題についてまとめたい。

第 1 節　近年の世界の自然災害とその変化

本節では，20 世紀から 21 世紀にかけて，世界の自然災害の態様がどのように変化してきたのかについて概観したい。以下においては，世界の災害や紛争問題から生じる健康問題に関するデータを 40 年以上にわたって提供している，

災害疫学研究センター（Centre for Research on the Epidemiology of Disasters：CRED）が作成しているデータベース EM-DAT を資料として用いる。このデータベースに含まれる災害の中で，交通災害や産業災害などの人災（technological disasters）を除く，自然災害（natural disasters）を対象とする。CRED のデータは，2018 年までは 1 年ごとに集計することができたため，1983 年から 2018 年までの 36 年間を 20 世紀末期（1983 年～2000 年）と 21 世紀初頭（2001 年～2018 年）に分け，災害の種類別，大陸別に集計したのが表 1-1 と表 1-2 である。表には，参考のために，日本についての集計結果も示している。EM-DAT は多くの災害研究で利用されているデータであるが，災害に関するこのようなデータには，その信憑性に関していくつかの問題がある，例えば，前述のワイズナーほかは，このような災害統計には次のような問題点があることを指摘している（Wisner *et al.* 2004, pp.65-66）。

1. 災害について多くの学術的研究があるにもかかわらず，'disaster' あるいは，他の重要な災害に関連する用語についての共通の合意がない。特に，「被災者」や「負傷者」の数については，政府の発表と援助団体の発表との間には大きな開きがあることがある。
2. 災害の被害の報告体系そのものに欠陥がある。国や地域によっては，平常時においても人口動態が十分に把握されておらず，多くの死亡や出生が報告されないままとなっている。このようなことは，特に，孤立した村や大都市の中のスラムで起こりがちである。
3. 災害の犠牲者について，その数を小さくする，あるいは大きくするような政治的な力が働くことがある。もし，政府が多くの援助を求めようとするならば，被害の規模を誇大に公表するであろう。一方，政府が十分に防災や救助活動を行っていない，という国民からの非難を避けようとするならば，災害の影響を少なく報告したり，災害について全く口を閉ざすであろう。
4. 災害の経済的な影響や開発に対する長期的な影響について議論する場合には，災害統計の問題はさらに不透明になる。つまり，災害の前後での比較は容易

であるが，本当に比較すべきは，災害があった場合となかった場合との違い
である。

　我々が現時点で利用できる世界的な災害のデータとしては，CRED のデータ
は，最良のデータの一つといえるため，本章ではそのデータを利用するが，読
者には災害統計にはこのような問題が含まれていることを承知していただきた
い。

(1) 20 世紀末期の世界の自然災害

　表 1-1 は 1983 年から 2000 年までの 18 年間について，自然災害の種類別，地
域別（大陸別および日本）の死亡者数，ならびにそれらの自然災害による人口
10 万人当たりの年平均死亡率を示したものである。ただし，人口 10 万人当た
りの年平均死亡率とは，この期間の自然災害による死亡者数を $D_{1983\text{-}2000}$，この
期間のほぼ中央年である 1990 年の被災地域の人口を P_{1990} として，次のように
算出した値である。

$$\frac{\text{自然災害による10万人当たりの}}{\text{年平均死亡率}} = \frac{D_{1983-2000} \times 100{,}000/18}{P_{1990}}$$

　この平均死亡率でみると，災害による死亡の地域格差が大きく，アフリカの
死亡率は世界平均の 2.6 倍，オセアニアの約 60 倍となっている。日本は，オセ
アニアの約 4 倍となっている。種類別では，「その他」が最も多くなっている。
これは，1995 年に朝鮮民主主義人民共和国（北朝鮮）で政治的混乱と飢饉が重
なった複合災害（complex disasters）が発生し，約 61 万人が死亡したと推定さ
れていることの影響が大きい。この災害の他では，旱魃が最も大きな人的被害
を発生させ，その 99％はアフリカで発生している。次いで，暴風による被害が
大きいが，その約 7 割はアジアのバングラデシュで発生している。地震・津波に
よる死者数もアジアが最も多く，約 10 万人であり，その 60％以上がイランと
トルコでの地震災害によるものである。日本の地震・津波による死者数の大部
分は阪神・淡路大震災によるものであるが，いわゆる関連死を含まない数となっ

表 1-1　20 世紀末期の世界の自然災害による死亡者数（1983年～2000年，単位：人）

災害の種類	地域							災害構成比
	アフリカ	アジア	日本*	ヨーロッパ	アメリカ	オセアニア	世界	
旱魃	452,193	4,894	0	2	32	60	457,181	25.5%
暴風	2,179	219,246	628	1,774	26,909	513	250,621	14.0%
洪水	9,752	82,556	172	1,663	38,493	204	132,668	7.4%
異常気温	105	7,888	0	2,734	2,760	23	13,510	0.8%
地震・津波	1,154	99,796	5,671	27,880	18,684	2,379	149,893	8.4%
地すべり	227	8,089	370	1,144	4,666	290	14,416	0.8%
疫病	92,052	31,074	0	423	14,018	159	137,726	7.7%
その他	1,971	612,884	44	353	22,296	178	637,682	35.6%
総計	559,633	1,066,427	6,885	35,973	127,858	3,806	1,793,697	100.0%
地域構成比	31.2%	59.5%	0.4%	2.0%	7.1%	0.2%	100.0%	
総人口（1990年）千人	634,567	3,221,342	123,611	721,699	726,264	252,530	5,330,943	
災害による人口10万人当たりの年平均死亡率	4.90	1.84	0.31	0.28	0.98	0.08	1.87	

（資料）　EM-DAT.
　（注）　＊日本の数値はアジアに含まれる.

ている。このように，20 世紀の最後の時期は，いまだ旱魃がもたらす飢饉による死者が多く，アフリカでの旱魃が深刻な被害をもたらしていた時期といえる。

(2) 21 世紀初頭の世界の自然災害と 20 世紀末期からの変化

　次の**表 1-2** は，2001 年から 2018 年までの大陸別の自然災害による死亡者の発生状況を示している。この期間における自然災害による死亡者数は，20 世紀末期の約 7 割に減少し，人的被害をもたらした自然災害の種類や被災地域についても大きな変化があった。特に，アフリカの旱魃の被害が大きく減少し，アフリカの自然災害による死亡者数は，20 世紀の最後の 18 年間から 75％の減少を示した。しかし，HIV-AIDS をはじめとする疫病による死亡者数は約 4 分の 3 に減少したにとどまり，アフリカの自然災害の中で，最大の死亡者数を数えるようになった。このようにアフリカでは，自然災害による死亡者が大きく減少したのに対し，ヨーロッパとアメリカでは，それぞれ 4 倍以上と 2 倍以上の増加をみせ，自然災害の世界地図が大きく塗り替えられたといえる。日本も 2011 年東北地方太平洋沖地震によって自然災害による死者数が約 3 倍の増加を示した。

表1-2　21世紀初頭の世界の自然災害による死亡者数（2001年〜2018年，単位：人）

災害の種類	地域							災害構成比
	アフリカ	アジア	日本*	ヨーロッパ	アメリカ	オセアニア	世界	
旱魃	20,888	145	0	0	45	24	21,102	1.6%
暴風	2,687	178,164	920	659	13,839	444	195,793	15.1%
洪水	13,074	66,315	441	1,730	12,148	205	93,472	7.2%
異常気温	259	15,919	875	142,387	2,850	486	161,901	12.5%
地震・津波	3,365	488,753	20,032	719	226,435	624	719,896	55.4%
地すべり	2,171	11,145	126	142	2,490	143	16,091	1.2%
疫病	69,787	9,550	0	17	9,150	342	88,846	6.8%
その他	494	1,159	63	529	874	221	3,274	0.3%
総計	112,722	771,150	22,457	146,183	267,831	2,489	1,300,375	100.0%
地域構成比	8.7%	59.3%	1.7%	11.2%	20.6%	0.2%	100.0%	
総人口 (2010年) 千人	1,049,446	4,194,425	128,057	737,164	940,499	36,636	6,958,169	
災害による人口 10万人当たりの 年平均死亡率	0.60	1.02	0.97	1.10	1.58	0.38	1.04	

（資料）　EM-DAT.
　（注）　*日本の数値はアジアに含まれる．

このような自然災害の地域分布の変動とともに，自然災害の種類にも大きな変化があり，旱魃や疫病による死亡者数は，合わせても災害による死亡者の1割以下となり，地震・津波，暴風，そして異常気温による死亡者が増加した。地震・津波による死亡者数は，アジア，日本そして南北アメリカで大きく増加した。ヨーロッパの自然災害の死亡者の97％が異常気温，とくに熱波による死亡であることも大きな特徴である。このように気象災害が増加した背景には，21世紀に入って急速に進んだ地球全体の温暖化が影響していると考えられる。

第2節　21世紀初頭の世界の重大な自然災害とその人口学的研究

　本節では，21世紀初頭に起こった突発性加害力による自然災害を対象として，どのような人口学的研究が行われてきたのかについて概観したい[1]。前述の CRED の災害データベースの EM-DAT を利用して，2001年から2018年までの期間に世界で発生した，突発性加害力による自然災害について死亡者数（一部は行方

表1-3　21世紀の世界の重大な自然災害

災害名称		災害種別*	発生年月	主な被災国	死亡者(人)
日本名	英語名				
2004年スマトラ島沖地震	2004 Sumatra earthquake	地震	2004年12月	インドネシア スリランカ インド タイ	226,405
2010年ハイチ地震	2010 Haiti earthquake	地震	2010年1月	ハイチ	222,570
2008年サイクロンナルギス	2008 Tropical cyclone Nargis	サイクロン	2008年5月	ミャンマー	138,366
2008年汶川地震(四川大地震)	2008 Wenchuan earthquake	地震	2008年5月	中国	87,476
2005年パキスタン北部地震	2005 Kashmir earthquake	地震	2005年10月	パキスタン	73,338
2003年バム地震	2003 Bam earthquake	地震	2003年12月	イラン	26,796
2001年グジャラート地震	2001 Gujarat earthquake	地震	2001年1月	インド	20,005
2011年東北地方太平洋沖地震	2011 Earthquake off the Pacific coast of Tohoku	地震	2011年3月	日本	19,845
2005年ハリケーンカトリーナ	2005 Hurricane Katrina	ハリケーン	2005年8/9月	アメリカ合衆国	1,833

（注）　＊東北大学災害科学国際研究所（2014, pp.2-3）の表による分類.

不明者数を含む）が1万人を上回った，あるいは被害額が1,000億USドル以上となった，重大な災害について示したのが**表1-3**である。[2]表1-3に示すように，21世紀に入って重大な人的被害をもたらした自然災害は，地震とサイクロンであったといえる。そして，その被災地を経済的な発展段階でみるならば，先進国は日本だけであり，その他の災害はすべて開発途上国が被災している。[3]**表1-4**には，表1-3に示した災害に関して，Google Scholarなどを利用して確認できた範囲での人口学的研究を，死亡，出生，移動という主な研究対象別に示している。研究対象が複数に及ぶものについては，「複合」として示している。表1-4に示すように，これらの災害に関する人口学的研究としては，死亡（mortality）に関する研究が最も多かった。特に，2004年スマトラ島沖地震とそれによってもたらされたインド洋大津波による死亡に関する研究と，2011年東北地方太平洋沖地震とそれによってもたらされた津波による死亡に関する研究が多かった。2011年東北地方太平洋沖地震と津波による死亡者の資料は，Nagata *et al.*（2014）以外は，行政資料を用いている。しかし，その他の災害については，2008年汶川地震（四川大地震）の死亡に関する研究を除いては独自の調査を行っている。ワイズナーほか（2004）が指摘したように，災害に関する人口学的研究においては，最も重大な人的被害である死亡現象についても，

表 1-4　21 世紀の世界の重大な自然災害の人口学的研究

災害名称	研究対象別の主な人口学的研究			
	死亡 (Mortality)	出生 (Fertility)	移動 (Relocation)	複合 (Comprehensive)
2004年スマトラ島沖地震	Nishikiori, N. *et al.* (2006) Doocy, S. *et al.* (2007) Frankenberg, E. *et al.* (2011)	Nobles, J. *et al.* (2015)	Gray, C. *et al.* (2014)	
2010年ハイチ地震	Kolbe, A. R. *et al.* (2010)	Harville, E. and Do, M. (2016)	Lu, X. *et al.* (2012)	
2008年サイクロンナルギス				
2008年汶川地震	Hu, Y. *et al.* (2012)	Tan, C. E. (2009)		
2005年パキスタン北部地震	Sullivan, K. M. and Hossain, S. M. M.(2009)			
2003年バム地震	Zolala, F. (2011)			
2001年グジャラート地震		Nandi, A. *et al.* (2018)		
2011年東北地方 太平洋沖地震	谷 (2012) Nagata, S. *et al.* (2014) 髙橋・松多 (2015) Aldrich, D. P. and Sawada, Y. (2015)		小池 (2013) Ishikawa, Y. (2012)	阿部 (2015)
2005年ハリケーンカトリーナ	Brunkard, J. *et al.* (2008)	Seltzer, N. and Nobles, J. (2017)	Fussell, E. *et al.* (2010) Groen, J. A. and Polivka, A. E. (2010) Fussell, E. *et al.* (2014) Sastry, N. and Gregory, J. (2014) Curtis, K. J. *et al.* (2015) DeWaard. K. *et al.* (2016)	

分析に耐えるような資料を得ることが困難なことが多い。そこで，これらの大災害について，死亡人口などについてどのような調査が行われ，どのような人口学的研究が進められたのかについて概観してみたい。ただし，2011 年東北地方太平洋沖地震とハリケーン・カトリーナによる災害に関する人口学的研究については，第 3 節ならびに第 4 節において災害の人口学的研究の今後の課題とともに後述したい。

（1）インド洋大津波による災害の人口学的研究

　表 1-3 に示すように，21 世紀において最大の人的被害をもたらした自然災害は，2004 年スマトラ島沖地震であった。その被害のほとんどが，地震によって発生したインド洋大津波によるものであり，CRED によるとその被災地は 11 か国に及んでいる。その死亡者数は，CRED によると，インドネシア 165,708 人，

スリランカ 35,399 人，インド（アンダマン諸島を含む）16,389 人，タイ 8,345 人，その他のアジア諸国 286 人，ソマリアなどのアフリカ諸国 309 人となっている。しかし，政治的な理由から，ミャンマーやソマリアなどでは国連などによる被害調査はほとんど行われておらず，死者数に関しても信頼性は低い。最も大きな人的被害を受けたインドネシアについても，最大の被災地となったアチェ州と中央政府とは，発災当時は紛争状態にあり，その死亡者数については，1 つの推計値であるといえる。そのような死者数の推計のための調査も含めて，インドネシアにおいては，アメリカ合衆国の大学の研究者が被災地の人口学的調査と研究を行った。彼らは，世界的に活動をしている非政府組織（NGO）のマーシー・コー（Mercy Corps）や，シンクタンクのランド・コーポレーション（RAND Corporation），ならびに，インドネシアの非政府系の研究機関であるサーヴェイ・メーター（SurveyMETER）などと協力して調査研究を行った。表 1-4 に示した 2004 年スマトラ島沖地震の人口学的研究の中で，ドーシィほかは，アメリカ合衆国のジョンズ・ホプキンズ・ブルームバーグ公衆衛生大学院（Johns Hopkins Bloomberg School of Public Health）と，インドネシアのマーシー・コーの研究者が中心となって行った調査研究である（Doocy *et al.* 2007）。また，フランケンバーグほか，グレイほか，ならびにノウブルズほかの研究は，フランケンバーグが所属するデューク大学を中心とする研究者が，ランド・コーポレーションと協力して行ったものである。その研究には災害の発生前から実施されていたインドネシア家族生活調査（Indonesia Family Life Survey：IFLS）の一環として，サーヴェイ・メーターと協力して行った調査の成果が利用されている（Frankenberg *et al.* 2011，Gray *et al.* 2014，Nobles *et al.* 2015）。

　これらの研究の中で，ドーシィほかの研究は，2005 年 2 月から 8 月にかけて 4 回に分けて行われたインドネシアのアチェ州の 9 つの地区（kabupaten）の調査の結果をもとにしており，津波による死亡と負傷，ならびに必要とされた物資と，避難人口の現状に関する研究である。調査対象としたのは，9 つの地区の避難所の避難者（Internally Displaced Populations：IDPs）であり，2 段階クラスター法による 4 回のサンプリング調査で 1,653 世帯を調査し，津波以前の

調査対象世帯の合計人口は 10,063 人であった。この人口の中での死亡率は 17％
であり，36％の世帯が 1 人以上の家族を亡くしていた。彼らは死亡者の性別や
年齢も調査し，死亡の危険性は，女性，高齢者（70 歳以上），そして 9 歳以下
の子どもで高かったということを明らかにしている。この研究は被災直後の調
査そのものが困難な時期に行われたものであり貴重な成果を得ているが，自然
災害の人口学的研究の困難さも示唆している。例えば，調査対象が 9 つの地区
の避難所や親族の住宅に避難している避難者であり，世帯全員が死亡するなど
して，避難できなかった被災者や，他地域に避難した人々，さらには調査に対
応できる成人が全員死亡した世帯などは含まれていない。また，被災前の人口
や世帯の特性や地理的分布なども十分に考慮されていないという限界があった。

　一方，デューク大学を中心とする研究者による調査研究は，被災前からイン
ドネシアの世帯構造などを調査していた研究グループによるものであり，震災
の 10 か月前（2004 年 2 月～3 月）から被災後 5 年間にわたるインドネシア統計
局の半年ごとの全国的な 1％の標本世帯調査である全国社会経済調査
（SUSENAS）のデータを利用できたことで，被災前と被災後の標本世帯の変化
などを把握し分析に利用している。また，衛星画像などを利用して，被災地の
生物物理学的な調査を行なうとともに，いわゆるグラウンドトゥルース（現場
測定データ）によって，各標本調査地の被災度を 4 段階に分類している。彼ら
は約 1 万世帯の調査を行っており，この長期的な一連の研究を「津波の影響と
復興の研究」（Study of the Tsunami Aftermath and Recovery：STAR）と呼んでい
る。管見の限りでは，自然災害の人口学的研究として，このような大規模で長
期的な調査に基づいた研究が行われたことはこれまでなかったといえる。表 1-4
には彼らの人口学的研究の中で 3 つの論文を示しているが，刊行年の古いもの
からそれらの論文の内容を簡潔に紹介したい。

　フランケンバーグほか（2011）は，被災者の生存率の決定要因について分析
し，子ども，高齢者，そして女性の生存率が低いことを明らかにしている。こ
のことは，前述のドーシィほか（2007）でも同様の結論が導かれていた。一方，
社会経済的要因の重要性は相対的に低く，津波以前の世帯構成が生存率に大き

な影響を与え，より強い家族員（例えば成人の男子）が弱い家族員（子どもや高齢者）を助けようとして犠牲になったことが多いことも示唆している。グレイほか（2014）は，環境の変化に対する人間の脆弱性（vulnerability）という視点から，災害後の人口移動について分析している。そこでは，衛星画像も利用し，脆弱性の地図化も行って，被災地域と非被災地域の比較から，災害が人口移動に与えた影響を性別，年齢別に明らかにしている。ノウブルズほか（2015）は，災害という予測していなかった死亡の増加に対する出生力の反応を分析している。その結果，集計的なレベルでの継続的な出生増加を確認している。そして，その背景には，子どもを災害によって失った母親が災害の後で子どもを作ろうとする補償的な出生力の増加と，被災前には子どもがいなかった女性が子どもを作ろうとしたり，未婚であった女性が結婚しようとするという，2つの変化が重なっていることを明らかにした。このように，デューク大学を中心とする研究者によるSTARの成果は，人口変動の要因である，死亡，出生，移動のすべてに及ぶものであり，今後の災害の人口学的研究の一里塚になるものと評価できる。

　これらのアメリカ合衆国の研究者を中心とする研究とは別に，日本の錦織ほかの長崎大学熱帯医学研究所の公衆衛生学の研究者も2004年インド洋津波で3万人以上が犠牲になったスリランカの被災地を調査しており，その成果が公衆衛生学の分野で報告されている（Nishikiori *et al.* 2006a, 2006b）。彼らは2005年の3月13日から18日にかけて，13の避難所の全ての避難者を対象として調査し，その結果を2編の論文として発表している。最初の論文では，津波がスリランカの東海岸を襲った，12月26日以降の死者数とその死因ならびに行方不明者数の推移を報告している。それによると，457人の死亡者ならびに行方不明者の中で，84％は被災当日に犠牲となり，その死因の約8割が溺死であった。その後の期間では，圧死がやや多くなり，行方不明者も増加していることを明らかにしている。続く論文では，性別，年齢別，社会経済的特性などと死亡率との関係を多変量解析を用いて分析している。その結果，女性の方が死亡率が高く（女性17.5％，男性8.2％），子どもと50歳以上の住民も20〜29歳の

成人（7.4％）に比較すると死亡率が高かった（5歳未満31.8％，5～9歳23.7％，50歳以上15.3％）。その他の危険要因については，屋内にいた方が死亡率が高く（屋内13.8％，屋外5.9％），住宅の被害が大きければ高く（小4.6％，中5.5％，大14.2％），そして漁業従事者が高い（漁業15.4％，漁業以外11.2％）ということを明らかにしている。錦織ほかの研究調査は，疫学的な方法を用いているが，避難所の避難者だけを対象としているため，被災以前の人口分布や人口特性と被害との関係が明らかとなっていない。しかし，被災後半年以内の調査であり，インドネシア以外の国でのインド洋津波による被害の研究成果として貴重なものといえる。

（2）その他の重大な自然災害に関する人口学的研究

　表1-3に示すように，21世紀において，2004年スマトラ島沖地震に次いで大きな人的被害をもたらした自然災害は，2010年のハイチ地震であり，その人的被害はハイチだけに限られているが，震源がハイチの首都で250万人の人口を擁するポルトープランスの近傍であったため，CREDの報告では，222,570人が死亡するという甚大な人的被害が生じた。この災害に関する人口学的研究は，表1-4に示すように，死亡，出生，移動にそれぞれ一編ずつ見出すことができたので，それらの中でコルベほかの内容を簡潔に紹介したい（Kolbe *et al.* 2010）。コルベほかは，ミシガン大学のソーシャルワークの研究者を中心としているが，地震の前年の夏に，ポルトープランスの1,800世帯を対象とする，社会経済的特性，教育，就業状態，住宅の状況などに関する社会調査を行い，90％の世帯から回答を得ていた。地震の後に同一の世帯に対し再調査を試み，93％の世帯から回答を得ることができている。震災後の調査では，安全性，食料，水，健康サービス，そして住宅の状況に関して調査した。それらの回答を分析して，次のような結論を得ている。「地震あるいはその後の6週間で傷や病気のために158,679人の人々が死亡したと推定できる。他方，10,813人の人々が性的暴行を受け，その圧倒的な多数が女性であったと推定される。また，同期間に4,645人の個人が身体に暴行を受けたとも推定される。すべての世帯の中で，

18.6％が地震の後の 6 週間に食料の厳しい欠乏を経験した。また，回答者の住宅の 24.4％が完全に破壊された（Kolbe *et al.* 2010, p.281）」。管見の限りでは，ハイチ地震に関しては，死亡数についてもこのような現地調査に基づく人口学的研究は少なく，推定の幅が大きいという問題はあるが，貴重な成果であると評価できる。

　2008 年のサイクロン・ナルギスは，ミャンマーのエーヤワディー川河口部のデルタ地帯の低地に大きな被害をもたらしたが，災害による死亡者の年齢構造などを明らかにした人口学的研究を見出すことはできなかった。同じ 2008 年に発生した汶川地震（四川大地震）は，CRED のデータでは，約 9 万人が犠牲となった災害をもたらしたが，その全体の死亡者に関する人口学的研究を見出すことはできなかった。しかし，表 1-4 に示すフーほかは，この災害による死亡者に 5 歳未満の子どもが多かったことを報告し，四川省の北東部の 115 の郷で亡くなった 934 人の 5 歳未満の死亡の要因について，自然的，社会的地理的要因から説明しようとしたものであり，人口地理学的自然災害研究として注目される（Hu *et al.* 2012）。

　その他，2005 年のパキスタン地震についてのサリバンとフセインの研究は，発災の同年に 2 か所のコミュニティと 2 か所の避難所で調査を行い，震災当日の死亡率は通常の 500 倍にも及ぶことがあったことや，5 歳未満の子どもや 50 歳以上の死亡率が高かったことを示している（Sullivan and Hossain 2009）。また，2003 年にイランで発生したバム地震においては，約 27,000 人が亡くなっているが，ゾララは 2001 年から 2007 年までのデータをもとにして，住民登録のデータでは妊産婦死亡率が震災の起こった年に大きく上昇したことを明らかにしている。一方，データソースによって，妊産婦死亡数が大きく異なるなど，データ収集方法の問題点も指摘している（Zolala 2011）。2001 年にインドのグジャラート州で起こった地震では約 2 万人が亡くなっているが，ナンディほかは，差分の差分法と固定効果回帰モデルを利用して，地震の影響によって，出生力が向上し，出産間隔が短くなったが，男児選好の願望は減退したことなどを明らかにしている（Nandi *et al.* 2018）。

第3節　アメリカ合衆国における21世紀の自然災害の
人口学的研究——ハリケーン・カトリーナの事例——

　前節までに述べた世界の重大な自然災害は，日本の2011年の東日本大震災以外は，すべて開発途上国を襲ったものである。日本の東日本大震災による被害推定額はCREDによると，2,100億USドルとされており，災害史上世界最大の被害額となったと推定されている。これに次いで大きな経済的被害をもたらしたのが，2005年8月から9月にかけて，アメリカ合衆国の南部を襲った，ハリケーン・カトリーナであった。ハリケーン・カトリーナによる人的被害はCREDの推定によると1,833人が死亡したとされており，その数は東日本大震災の10分の1以下であったが，被災者の数は約50万人と推定されており，住宅などの被害は，1,250億USドルと推定されている。カトリーナ以前にもアメリカ合衆国には多くのハリケーンが襲来し，少なからぬ人的被害をもたらしていた。特に1992年の8月に主にフロリダ州に大きな被害を与えたハリケーン・アンドルーは，少なくとも15名の人命を奪い，220億USドル以上の損害を与え，その被害額は当時としてはアメリカ合衆国の自然災害史上最大のものであった。しかし，それに関する人口学的研究は2本にとどまった（Smith and McCarty 1996, Smith 1996）。一方，ハリケーン・カトリーナは，人的被害においても，その被害額においても，アンドルーのそれをはるかに上回り，その被災者の数と経済的被害は，アメリカ合衆国にとっても未曽有のものであった。そして，アメリカ合衆国の自然災害に関する人文・社会科学的研究は，この災害を契機に大きく増加し，調査方法や分析方法も多様化し，カトリーナの人口面への影響に関する多くの研究が発表された。その全てを渉猟することは，筆者の力量の及ばぬところであるが，Google Scholar などを利用して検索し，その本文を参照できたものは表1-4に示した通りである。そこで，このカトリーナによってもたらされた災害に関わるアメリカ合衆国の自然災害の人口学的研究について，死亡，出生，移動というテーマ別に簡潔に展望してみたい。

　管見の限りでは，カトリーナによる死亡のデータを分析した唯一の論文は，ブルンカルドほかの報告であった（Brunkard *et al.* 2008）。彼らの研究目的は，ルイジアナ州のカトリーナに関わる死亡について実証・記録し，その特徴を明らかにして，将来の災害での死亡を削減するための戦略を示すことである。[4] ブルンカルドほかは，カトリーナの犠牲者の 95％が住んでいたオーリンズ，セントバーナード，ジェファーソンというルイジアナ州の 3 つの郡についての，年齢，人種そして性別の死亡率を算出している。そして，犠牲者の各種の人口特性と 2000 年の国勢調査に基づく期待値とを比較し，ピアソンの χ 二乗値とフィッシャーの直接確率検定を用いて郡ごとに分析を行った。その結果として，ルイジアナ州での 971 人と他州でカトリーナによる死亡と認定された 15 人についての分析の結果，ルイジアナ州の犠牲者については，溺死（40％），負傷や精神的障害（25％），心疾患（11％）が，主な死亡の原因であったこと，犠牲者の 49％が 75 歳以上であったこと，犠牲者の 53％が男性であり，51％が黒人であり，42％が白人であったことなどを見出している。また，オーリンズ郡の 18 歳以上の人々の被害については，黒人の死亡率が白人のそれよりも 1.7 倍から 4 倍高いことや，75 歳以上の人々が暴風雨の犠牲者になりやすかったことも見出している。そして，将来の災害に備えるためには，避難移動と，入院中や長期介護施設ならびに個人の住宅にいる脆弱な人々に対する援助に焦点を当てなければならないと指摘している。さらに，適切なタイミングで死亡の被害が報告されることで，対応チームがこれらの人々に適切な介入を提供し，予防策を準備し実行することが可能になるであろうと提言している。この研究は，検視の記録という，得難いデータを利用したものであるが，一方では，アメリカ合衆国では，災害死についての研究が容易ではないということも示唆してくれている。

　カトリーナが出生力に与えた影響に関する研究も管見の限りでは，セルツァーとノウブルズの研究が唯一のものであった（Seltzer and Nobles 2017）。彼らは，ハリケーン・カトリーナが出生力に与えた影響を明らかにするために，2000 年から 2004 年までの 5 年間と，2006 年から 2010 年までの 5 年間の統計データを比較した。データとしては，センサス，アメリカコミュニティ調査（American

Community Survey：ACS），そして人口動態統計を利用した。主たる対象地域は
ルイジアナ州のニューオーリンズ大都市圏であるが，比較対象地域として，カ
トリーナの被害が少なかった7つの大都市圏（アトランタ，バーミングハム，
チャールストン，リトルロック，ルイヴィル，メンフィス，セントルイス）を
選んだ。結果として，カトリーナが出生力に与えた影響は，人種やエスニシティ
によって大きく異なることが明らかとなった。ニューオーリンズ大都市圏では，
被災前の2004年と被災後の2007年とを比較すると，黒人の女性から生まれた
子どもの数は29％減少したが，白人の女性から生まれた子どもの数は15％の減
少にとどまった。上述した7つの大都市圏の出生力の変化傾向を固定効果回帰
モデルによってニューオーリンズ大都市圏にあてはめ，差分の差分法によって
災害がなかった場合の出生力の期待値を求めて自然災害の影響を計測し，ニュー
オーリンズ大都市圏の黒人の出生力がカトリーナによって期待値よりも4％低
くなったことを明らかにした。一方，白人の出生力は期待値より5％増加し，カ
トリーナ後の人種・エスニシティ別の出生数では，白人の女性からの出生が最
大となった。彼らが利用したデータは，日本においても利用可能な種類のデー
タであり，例えば保健所管轄区域単位でのデータを利用して，自然災害が地域
出生力にどのような影響を与えたのかという研究が日本でも行われることが期
待される。

　このように，死亡と出生に関する研究が少なかった一方では，カトリーナが
人口移動に与えた影響，とくに，避難先からの帰還移動に関しては，多くの研
究が報告された。表1-4には，狭義の人口学的研究のみを掲載しているが，こ
れら以外にも，社会学や心理学の視点からも帰還移動に関しては多くの研究が
発表されている。本論では，紙幅の関係もあり，表1-4にまとめた人口学的研
究の中で主なものだけを簡潔に紹介したい。ハリケーン・カトリーナがフロリ
ダ半島を横断して，ニューオーリンズ市に再上陸したのは，2005年の8月29
日であったが，その前日には，非常事態宣言が発令され，ハリケーン上陸時に
は，ニューオーリンズ市のほとんど全市民（約46万人）が市外に避難してい
た。センサス局によると，その後ニューオーリンズ市の人口は，2006年には約

21万人，2007年には約31万人に回復した。しかし，これらの人口の中でどれだけの人が帰還者で，新しい転入者がどれだけであったのかということについては公式のデータはなかった。そのため，多くの研究者が様々なデータを利用して，人種などを篩い分けるように帰還移動が進行し，かつてニューオーリンズに住んでいた黒人や低所得の人々が帰還できず，カトリーナ後には，白人とヒスパニックの比率が上昇していることを明らかにした。ファッセルほかは，このような差別的な帰還移動の要因を明らかにしようと，ランド・コーポレーションから提供された，「ニューオーリンズ避難住民パイロット調査（Displaced New Orleans Residents Pilot Survey：DNORPS）」のデータを利用し，カトリーナ前のニューオーリンズ市の住民の帰還率を，人種や社会経済的地位別に分析した（Fussell *et al.* 2010）。その結果，社会経済的地位や人口特性を考慮しても，黒人住民の帰還移動が遅れていることを明らかにした。しかし一方では，このような人種間の帰還移動のペースの違いは，住宅被害の違いによるもので，黒人の人々の居住地が最も大きな被害を受けたために，そのような差異が生じたとも結論づけている。同様の結果は，センサス局の「現在人口調査（Current Population Survey）」とDNORPSを併用してカウンティ単位での分析を行った，グローエンとポリウカの研究によっても明らかにされている（Groen and Polivka 2010）。

　一方，サストリィとグレゴリィは，センサス局のアメリカコミュニティ調査（American Community Survey：ACS）のカトリーナ襲来10か月後のデータを利用して，ニューオーリンズの成人の市民の移動先などについて検証した。その結果，10か月後には，成人の半分以上が，ニューオーリンズ大都市圏に帰還したか，災害時にも移動せずに残っており，全体の3分の1弱が，カトリーナ前に住んでいた住宅に住んでいることを明らかにした。また，他の州に移動した場合，テキサス州への移動が最も多く（18%），次いでルイジアナ州内（12%），ルイジアナ州とテキサス州以外の南部地域（12%），その他の国内（5%）となったことを明らかにしている。また，黒人の成人は，黒人以外よりも，明らかにルイジアナ州，テキサス州，その他の南部地域のどこかに住む傾向があったこ

と，また，25〜39 歳の若い成人はより遠くへ移動する傾向があり，ルイジアナ州以外で生まれた成人は実質的にルイジアナ州から移出する傾向が強かったことなども明らかにしている（Sastry and Gregory 2014）。

第4節　日本における近年の自然災害の人口学的研究
――東日本大震災の事例と今後の研究課題――

　このように，アメリカ合衆国における，ハリケーン・カトリーナの襲来による自然災害は，多くの避難移動を発生させ，人口学的研究としては，避難者の帰還移動に関する研究が多かった。これに対し，日本における 2011 年の東日本大震災は，世界的にみても，21 世紀の自然災害の中で，死者数では 8 番目に相当する多くの人的被害をもたらした。さらに，地震・津波という自然災害による避難だけではなく，原子力発電所の事故による放射性物質の拡散のために，居住が困難となった人々が避難移動を余儀なくされた。本節では，この東日本大震災による人口変動に関する人口学的研究について，死亡，出生，移動という人口変動の 3 つの要因別に整理し，何が明らかにされ，何が課題として残されているのかを示したい。

（1）死亡と出生に関する研究
　東日本大震災による人口変動については，死亡要因や緊急避難行動などについて，防災科学，建築学，都市計画，土木工学などの立場からの研究が先行した。牛山・横幕（2011）は，消防庁，警察庁などから公表されている，死者行方不明者数などのデータを用いて，その地理的分布，遭難原因，避難行動との関係などについて速報として報告している。また，鈴木・林（2011）は，津波高，浸水域面積，人口密度などから，市町村別に人的被害の地域差に関する分析を行ない，ある程度の関係を得たが，分析の地域単位を細分化することが課題であるとも述べている。上田（2012）は，青森・岩手・宮城・福島の 4 県について，市町村別に死亡行方不明率を，震源距離，浸水面積率，地形区分，漁

業従事率，高齢化率などから説明するために，重回帰分析を行い，津波に対する社会の高齢化によるリスクの増大を定量的に示すことができた，としている。しかし，予測値と実績値が大きく乖離している市町村もあり，地理的条件などについて，さらに考慮していく必要があるともしている。また，小山ほか（2013）は，国勢調査の500mメッシュ統計も利用して，浸水状況と市町村別・年齢階級別死者発生状況との関係を分析している。死者が浸水域だけで発生するという仮定や，夜間人口や昼間人口について2005年のデータを用いているという問題はあるが，今後につながる研究といえる。以上の研究は，分析単位が市町村であるが，長谷川ほか（2016）の研究は，石巻市について町丁目を単位として，人的被害と浸水深や建物被害との関係を分析していることが注目される。しかし，以上のような工学的研究は，死亡者の性別や年齢構造，さらには社会経済的な特性などの人口学的分析には至っていないといえる。

　地理学の分野では，谷（2012）が，岩手・宮城・福島の3県の県警が公表した，死亡者に関する情報と，2010年の国勢調査の小地域集計（町丁・字等別集計）を利用して，年齢3区分別の死亡率の分布を求め地図化しているが，死亡率の地域差の人口学的分析には至っていない。一方，被災地域の一部についてではあるが，国勢調査の小地域よりも細分化された，集落や字，町内会，自治会などの範囲として利用されている，行政区レベルの小地域で人的被害の地域差の要因を明らかにしようとしたのが，高橋・松多（2015）の研究である。そこでは，岩手県釜石市，宮城県気仙沼市，南三陸町，山元町の4市町の446の行政区を分析単位として，死亡率と被災建物中の全壊建物の比率との関係の分析を試みている。しかし，山元町以外では有意な関係を見出していない。そこで，人的被害と物的被害を組み合わせて，被害地域を類型化し，浸水状況，海岸からの距離，行政区の地形と被害類型との関係を分析している。しかし，被害地域の類型化がやや恣意的であり，それぞれの行政区の人口特性と死亡率との関係の分析には至っていない。

　このような災害死に関する研究に対し，日本では自然災害が出生力に与える影響に関する研究はほとんどみられなかったが，阿部（2012）は過去の統計資

料から東北地方の過去の災害の人口への影響を考察し，明治三陸大津波の後の岩手県の出生数と結婚数の変化をみると，東北地方の過去の自然災害の後には，人口回復が確認できることを示す一方，東日本大震災については，2010年と2011年とを比較して合計特殊出生率が低下したことを示した。さらに，阿部（2015）は，東日本大震災前後の岩手・宮城・福島3県の出生率等の変化から，東日本大震災後については，速水・小嶋（2004）が関東大震災による人口変動に関して言及したような「補償的人口回復」は確認できないとしている。

(2) 人口移動に関する研究

　東日本大震災がもたらした人口移動については，国立社会保障・人口問題研究所が2011年に実施した第7回の人口移動調査において，岩手県，宮城県，福島県をその対象から除いたように，人口調査そのものが困難な状況にあったといえる。そのような中で，実態との乖離が大きいということを留保しつつ，住民基本台帳による人口移動報告や，人口動態統計を利用した研究が行われてきている。例えば，東日本大震災が被災地の人口移動パターンに与えた影響を，都道府県ならびに市区町村レベルで明らかにしたのが，小池（2013）の研究である。この研究では，2005年10月から2010年10月までを震災前の基準年としてコーホート変化率を算出し，コーホート別の生残率が震災前と震災以後（震災年を含む）で変化しないとすれば，2008年から2013年までのコーホート変化率との差が，コーホート別転入超過率の差を示す，という考え方で，震災が人口移動に与えた影響を明らかにしている。地震・津波による死亡率が高かった市区町村においては，コーホート別の生残率が震災の前後で大きく変化しているため，その影響を考慮する必要があるという課題はあるが，公的統計を利用した災害の人口学的研究としては，貴重なものといえる。一方，阿部（2012）も，人口動態統計と住民基本台帳人口移動報告を利用して，災害の出生への影響と人口移動への影響を速報的に報告した。そして，その後，死亡率の分布や震災前後の人口移動の変化，さらには，原子力発電所の事故の影響を受けた福島県については，その転出先の変化も明らかにした（Abe 2014）。そして，阿

部（2015）ではこれらの報告の続報として2013年までの資料を加えて，出生，死亡，人口移動という人口変動要因について，震災前と震災後でどのような変化があったのか，ということを包括的にまとめている。

(3) 日本における自然災害の人口学的研究の今後の課題

　東日本大震災による人口変動に関する，日本の人口学的研究を概観してみると，アメリカ合衆国でのハリケーン・カトリーナの人口変動に与えた影響に関する研究に比較して，その量と質の両面において不十分な状況にあるといえる。ハリケーン・カトリーナについては，帰還移動の要因などについて，多面的な研究が行われ，被災者への調査も進められたが，東日本大震災については，そのような継続的な調査研究が少ない状況である。巨額の復興予算が投じられ，防潮堤や道路・港湾さらには公営住宅が整備された一方では，被災地の多くは人口流出による人口減少が続いている状態にあるが，その人口変動の要因の人口学的研究は進んでいない。特に，災害関連死も含めるならば2万人を超える人々が死亡または行方不明に至ったにも関わらず，犠牲者それぞれの死因や死亡率の地域差の解明は，いまだ不十分であるといえる。インドネシアなどで津波被災後に行われた出生力の変化に関する研究も，東日本大震災についてはほとんど行われていない。日本においては近い将来に首都圏や東南海地方で地震が発生し，津波が襲来することも予想されている。将来の自然災害において東日本大震災のような多数の犠牲者が出ることがないように，自然災害の人口学的研究が今後も進められる必要がある。海外での研究事例で明らかにされたように，インドネシアやハイチでは，被災前に人口学的な調査研究が被災地で継続されていたことが，死亡数の推定や避難者の動向の把握につながっている。日本の自然災害の人口学的研究の課題の1つは，このような，将来に大きな災害が予想されている地域に関する事前の人口学的調査であろう。例えばいわゆる災害弱者の地理的分布を把握し，それらの人々を災害から守るために，どのような街づくりと支援体制の構築をはかっていくべきかを検討すべきであろう。そのような防災計画の作成のためにも，事前の人口学的調査と自然災害が発生

した場合に早急に対応できる人口学的調査の体制作りが重要であると考える。アメリカ合衆国の研究者を中心とした，海外の自然災害の人口学的研究においては，人口学と地理学との協力によって，被災と人口変動との関係の分析が進められている。日本においても，そのような学際的な自然災害の調査研究体制が構築されていくことが望まれる。

注

(1) ここで人口学的研究とは，自然災害による死亡，出生，移動について，人口統計学的な分析によって，その要因などを明らかにした研究である。しかし，被災地域によっては，死亡数などの公的統計が得られない場合があり，そのような自然災害については，適切な標本抽出法によって，死亡者数などを推計したような研究も，人口学的研究に含めるものとする。

(2) 自然災害の名称は，日本の地理学関係の学術誌などを参照して日本国内で多く使用されていた名称を用い，Google scholar などを利用して英文も併記した。地震津波災害の場合には，その原因となった地震の名称を用いている。EM-DAT のデータは，国別に集計されているが，スマトラ島沖地震のように，その地震によって発生した津波がインド洋沿岸の各国に人的な被害をもたらした場合には，EM-DAT に示された各国の死亡者の数を合計してその災害による死亡者数とした。

(3) EM-DAT の死亡者数には，死亡が確認された犠牲者に加えて，行方不明者ならびに死亡したと思われる者が含まれている。日本の場合でも，発災後数か月は行方不明者が過大に報告されていたが，開発途上国の場合には，最終的な死亡者数と行方不明者数についても不確定な部分があるといえる。

(4) データは，ルイジアナ州とそれ以外の州で 2005 年 8 月 27 日から 10 月 31 日までに発生し，検視官がハリケーン・カトリーナに関わる死亡と認定した死亡，ならびに「災害時埋葬担当チーム (Hurricane Katrina Disaster Mortuary Operational Response Team)」が確認した犠牲者のデータベースを利用している。

参考文献

阿部隆（2012）「東日本大震災と人口変動」『統計』Vol.63(11), pp.9-15。

阿部隆（2015）「東日本大震災による東北地方の人口変動（続報）」『日本女子大学大学院人間社会研究科紀要』Vol.21, pp.1-18。

上田遼（2012）「重回帰分析を用いた東日本大震災における津波の人的被害の考察：津波性状と社会的要因を考慮した検討」『地域安全学会論文集』No.18, pp.443-450。

牛山素行・横幕早季（2011）「東日本大震災に伴う死者・行方不明者の特徴（速報）」『津波工学研究報告』Vol.28, pp.117-127。

小池司朗（2013）「東日本大震災に伴う人口移動傾向の変化：岩手・宮城・福島の県別，市区町村別分析」『季刊社会保障研究』Vol.49(3), pp.256-269。

小山真紀・石井儀光・古川愛子・清野純史・吉村晶子（2013）「東北地方太平洋沖地震における浸水状況を考慮した市町村別・年齢階級別死者発生状況」『土木学会論文集A1（構造・地震工学）』Vol.69(4), pp.I_161-I_170。

鈴木進吾・林春男（2011）「東北地方太平洋沖地震津波の人的被害に関する地域間比較による主要原因分析」『地域安全学会論文集』Vol.15, pp.179-188。

高橋誠・松多信尚（2015）「津波による人的被害の地域差はなぜ生じたのか」『地学雑誌』Vol.124(2), pp.193-209。

谷謙二（2012）「小地域別にみた東日本大震災被災地における死亡者および死亡率の分布」『埼玉大学教育学部地理学研究報告』Vol.32, pp.1-26。

東北大学災害科学国際研究所（2014）HFA IRIDeS Review Report 2001年東日本大震災から見えてきたこと，（http://irides.tohoku.ac.jp/media/files/HFA_Jap_07032014_forWeb.pdf）。

長谷川夏来・サッパシー アナワット・牧野嶋文泰・今村文彦（2016）「浸水深と建物被害率を考慮した東日本大震災における石巻市での人的被害要因の分析」『土木学会論文集B2（海岸工学）』Vol.72(2), pp.I_1627-I_1632。

速水融・小嶋美代子（2004）『大正デモグラフィ―歴史人口学で見た狭間の時代』文藝春秋。

Abe, T. (2014) "Population Movement in the Tohoku Region after the Great East Japan Earthquake Disaster," *Science Reports of the Tohoku University, 7th Series (Geography)*, Vol.60(2), pp.83-95.

Aldrich, D. P. and Y. Sawada（2015）"The Physical and Social Determinants of Mortality in the 3.11 Tsunami," *Social Science and Medicine*, Vol.124, pp.66-75.

Brunkard, J., Namulanda, G., and Ratard, R.（2008）"Hurricane Katrina Deaths, Louisiana, 2005," *Disaster Medicine and Public Health Preparedness*, Vol.2, pp.215-223.

Clarke, J. I., Curson, P., Kayastha, S. L., and Nag, P. eds.（1989）*Population and Disaster*, Cambridge, USA: Basil Blackwell.

Curtis, K. J., Fussell, E., and DeWaard, J.（2015）"Recovery Migration After Hurricanes Katrina and Rita: Spatial Concentration and Intensification in the Migration System," *Demography*, Vol.52(4), pp.1269-1293.

Dewaard, J., Curtis, K. J., and Fussell, E.（2015）"Population Recovery in New Orleans after Hurricane Katrina: Exploring Potential Role of Stage Migration in Migration Systems," *Population and Environment*, Vol.37, pp.449-463.

Doocy, S., Gprokhovich, Y., Burnham, G., Balk, D., and Robinson, C.（2007）"Tsunami Mortality Estimates and Vulnerability Mapping in Aceh, Indonesia," *American Journal of Public Health*, Vol.97, pp.146-151.

Frankenberg, E., Gillespie, T., Preston, S., Sikoki, B., and Thomas, D.（2011）"Mortality, the Family, and the Indian Ocean Tsunami," *The Economic Journal*, Vol.121, pp.162-182.

Fussell, E., Sastry, N., and VanLandingham, M.（2010）"Race, Socioeconomic Status, and Return Migration to New Orleans after Hurricane Katrina," *Population and Environment*, Vol.31, pp.20-42.

Fussell, E., Curtis, K. J., and DeWaard, J.（2014）"Recovery Migration to the City of New Orleans after Hurricane Katrina: A Migration Systems Approach," *Population and Environment*, Vol.35(3), pp.305-322.

Gray, C., Frankenberg, E., Gillespiie, T., Sumantri, C., and Thomas, D.（2014）"Studying Displacement after a Disaster Using Large-Scale Survey Methods: Sumatra after the 2004 Tsunami," *Annals of the Association of American Geographers*, Vol.104, pp.594-612.

Groen, J. A. and Polivka, A. E.（2010）"Going Home after Hurricane Katrina: Determinants of Return Migration and Changes in Affected Areas," *Demography*, Vol.47, pp.821-844.

Harville, E. W. and Do, M.（2016）"Reproductive and Birth Outcomes in Haiti before and after the 2010 Earthquake," *Disaster Medicine and Public Health Preparedness*, Vol.10, pp.59-66.

Hu, Y., Wang, J., Li, X., Ren, D., Driskell, L., and Zhu, J.（2012）"Exploring Geological and Socio-demographic Factors Associated with Under-five Mortality in the Wenchuan Earthquake Using Neural Network Model," *International Journal of Environmental Health Research*, Vol.22, pp.184-196.

Ishikawa, Y.（2012）"Displaced Human Mobility Due to March 11 Disaster," The 2011 East Japan Earthquake Bulletin of the Tohoku Geographical Association.（http://tohokugeo.jp/articles/e-contents29.pdf）.

Kolbe, A. R., Hutson, R. A., Shannon, H., Trzcinski, E., Miles, B., and Levitz, N.（2010）"Mortality, Crime and Access to Basic Needs before and after the Haiti Earthquake: A Random Survey of Port-au-Prince Households," *Medicine, Conflict and Survival*, Vol.26（4）, pp.281-297.

Lu, X., Bengtsson, L., and Holme, P.（2012）"Predictability of Population Displacement after the 2010 Haiti Earthquake," *Proceedings of the National Academy of Sciences of the United States of America*, Vol.109（29）, pp.11576-11581.

Nagata, S., Teramoto, C., Okamoto, R., Koide, K., Nishida, M., Suzuki, R., Nomura, M., Tada, T., Kishi, E., Sakai, Y., Jojima, N., Kusano, E., Iwamoto, S., Saito, M., and Murashima, S.（2014）"The Tsunami's Impact on Mortality in a Town Severely Damaged by the 2011 Great East Japan Earthquake," *Disaster*, Vol.38, pp.111-122.

Nandi, A., Mazumdar, S., and Behrman, J. R.（2018）"The Effect of Natural Disaster on Fertility, Birth Spacing, and Child Sex Ratio: Evidence from a Major Earthquake in India," *Journal of Population Economics*, Vol.31, pp.267-293.

Nishikiori, N., Abe, T., Costa, D. G. M., Dharmaratne, S. D., Kunii, O., and Moji, K.（2006a）"Timing of Mortality among Internally Displaced Persons Due to the Tsunami in Sri Lanka: Cross Sectional Household Survey," *BMJ*, Vol.332, pp.334-335.

Nishikiori, N., Abe, T., Costa, D. G. M., Dharmaratne, S. D., Kunii, O., and Moji, K.（2006b）"Who Dies as a Result of the Tsunami ? —Risk Factors of Mortality among Internally Displaced Persons in Sri Lanka: a Retrospective Cohort Analysis, *BMC Public Health*," Vol.73（6）, pp.1-8.

Nobles, J., Frankenberg, E., and Thomas, D.（2015）"The Effects of Mortality on Fertility: Population Dynamics after a Natural Disaster," *Demography*, Vol.52, pp.15-38.

Sastry, N. and Gregory, J.（2014）"The Location of Displaced New Orleans Residents in the Year after Hurricane Katrina," *Demography*, Vol.51, pp.753-775.

Seltzer, N. and Nobles, J.（2017）"Post-disaster Fertility: Hurricane Katrina and the Changing Racial Composition of New Orleans," *Population and Environment*, Vol.38, pp.465-490.

Smith, S. K. and McCarty, C.（1996）"Demographic Effects of Natural Disasters: A Case Study of Hurricane Andrew," *Demography*, Vol.33, pp.265-275.

Smith, S. K.（1996）"Demography of Disaster: Population Estimates after Hurricane Andrew," *Population Research and Policy Review*, Vol.15, pp.459-477.

Sullivan, K. M. and Hossain, S. M. M.（2009）"Earthquake Mortality in Pakistan," *Disasters*, Vol.34, pp.176-183.

Wisner, B., Blaikie, P., Cannon, T., and Davis, I.（2004）*At Risk: 2nd edition*, UK: Routledge.（岡田憲夫監訳（2010）『防災学原論』築地書館）

Zolala, F.（2011）"Evaluation of the Usefulness of Maternal Mortality Ratio for Monitoring Long-term Effects of a Disaster: Case Study on the Bam Earthquake," *Eastern Mediterranean Health Journal*, Vol.17, pp.976-980.

（阿部 隆）

第2章　天明期の冷害に伴う人口変動

はじめに

徳川幕府による人口調査によれば，陸奥国の人口は1721（享保六）年から減少を続け，1786（天明六）年には1721年の80％を下回った。黎明期の人口史家は，農業生産が不安定で商品作物の導入が遅れた東北地方では，天明・天保期などの凶作にともなって多くの犠牲者が出たうえに，過酷な貢租の取り立てに苦しむ民衆が，堕胎や間引きといった出生制限を行った結果，江戸時代後半の人口が減少したと考えた（髙橋 1941，関山 1958）。このような認識は，史料を離れて独り歩きを始め，江戸時代後半の窮乏した歴史像・民衆像・地域像を形成するうえで深い影を落とした。日本の人口史家は，出生制限と凶作の影響に着目して，統計資料が整備される以前の人口研究を始めたのである。

「宗門改帳」に歴史人口学の研究方法が適用されると，江戸時代の東北地方に生きた人々の生涯が，次第に浮き彫りにされていった（速水 1982；成松 1985, 1992；髙橋 2005；高木編 2008）。自然災害と人口に関しても，粗死亡率が著しく高い死亡危機が頻発しており，天明・天保期の凶作と連動するのは死亡危機の一部にすぎないことが確認された（木下 2002）。イベントヒストリー分析を用いて，凶作などによる米価の変動がライフイベントに与えた影響を評価する研究方法は国際比較への道を拓いた（Tsuya and Kurosu 2010）。

本章で検討する1783（天明三）年に発生した冷害に伴う凶作後の人口変動に関しては，死亡数の急増に加えて，死亡性比，死亡年齢，欠落者などの特徴について検討されてきた（青木 1967，菊池 1980，成松 1985，山本 2008）。し

図 2-1　陸奥国会津郡高野組金井沢村の位置
（資料）　福島県南会津町教育委員会（2014）の付図をもとに作成.

かし，人口分析の対象となった村の周辺で作況や農業経営の長期的動向を記録
した史料が発見されていないため，凶作と人口変動との因果関係やその地域差
については，十分解明されていない。

　本章では，陸奥国会津郡高野組金井沢村（現，福島県南会津郡南会津町）を
研究対象地域として，18 世紀後半の稲の作況と死亡指標を比較することにより，
凶作と連動する死亡危機と凶作と連動しない死亡危機を判別して，1783（天明
三）年に発生した冷害に伴う凶作と人口変動との関係を時間軸と空間軸のなか
に位置づけたい。第 1 節で異常気象，作況，および作物価格について検討した
後，第 2 節で凶作後の人口変動の特徴を抽出する。

　金井沢村が所属する南山御蔵入領は，陸奥国会津郡，大沼郡，下野国塩谷郡
の一部を含む 19 組 271 カ村から構成されている（図 2-1）。会津藩預かり支配と
幕府直支配の時代を交代しながら，幕末期に会津藩領に組み込まれた。天明期
を挟む 1763（宝暦十三）年から 1837（天保八）年までの期間，南山御蔵入領は

会津藩預かり支配であった。8 カ村で構成される高野組に所属する金井沢村は，村高 354 石余，田 25 町 2 反余，畑 12 町 4 反余，人口約 350 人，阿賀川上流の檜沢川左岸に立地する集落の標高は約 580m である。面積の単位は，1 町 =10 反 =100 畝 =3,000 歩（坪）である。

　金井沢村名主を世襲した室井家は，稲の作況を記録した「作毛位付帳」，毎日の天気や農作業を記録した「農業 萬 日記」，前年の宗門改め以降の人口動態を記録した「人数増減差引之覚」をはじめとする貴重な史料を作成・保存してきた。現在，室井家文書は南会津町立奥会津博物館で保存・整理されている（南会津町教育委員会 2010）。高野組における死亡者を供養した寺院「過去帳」，高野組黒沢新田村に住む豪商，細井善治郎が記した「細井日記」，金井沢村から約 5km 下流の田島組田島村に住む猪膜忠春と子の忠備が書き継いだ「忠春日記」などを室井家文書と合わせて検討すると，金井沢村は 18 世紀中期から 100 年以上にわたる天気，稲の作況，農業，死亡指標，および凶作時の作物価格を追跡できる稀有な村とみられる。

　本章では，西暦を数字で，西暦に換算しにくい和暦を漢字で表記する。古文書史料には，文書群の名称と奥会津博物館が整理した文書番号を示す。

第 1 節　1783（天明三）年の異常気象と作況

（1）天候の推移

　「天明三年　農業萬日記」（室井家文書，4250）には，1783 年の金井沢村で 6 月に 10 日間（天気不記載 6 月 20・27～30 日），7 月に 4 日間（天気不記載 7 月 1～7・17 日），8 月に 18 日間，9 月に 10 日間の降雨が記録されている（川口 2021）。7 月 16・28・30 日，8 月 8・30・31 日，9 月 1・22 日に「サムシ」（寒し）と記されている。1783 年夏季には，例年より降雨日数が多く，気温の低い肌寒い日が続いた。

　会津藩士・田村三省が書き残した「孫謀録」には，7 月 14 日から 16 日に会

津盆地で寒冷な東風が吹いたことが記録されている（森・谷川編 1970, p.407）。東風は，オホーツク海高気圧から本州北部太平洋側に吹き出す寒冷な北東気流（ヤマセ）とみられる。7月14日に田島村周辺の百姓は，季節外れの寒気のため，冬着である袷や綿入れの上に帷子を重ね着して祇園祭で賑わう田出宇賀神社に参詣した（「天明三年凶作」室井家文書，3248）。浅間山から飛来した火山灰が観察される10日以上前の7月14日から16日まで，会津盆地と奥会津地方では，寒冷湿潤な東風の吹走に伴う異常低温と降雨が観察されていた。

　金井沢村では，1783年6月中旬の梅雨入りから9月中旬の秋霖明けまで断続的に続いた長雨，および浅間山の噴火に伴う7月27日から8月4日までの降灰が重複して，異常低温と日照不足に見舞われた。6月中旬の田植えからおよそ1カ月を経た7月中旬から異常低温が記録されているため，1783年は，稲の分けつ期に生育が遅れ減収となる遅延型冷害，および生殖成長期に低温のため結実する籾の数が減少する障害型冷害が重複した複合型冷害に分類できる。

（2）金井沢村における作況

　南山御蔵入領では，1728（享保十三）年から村に賦課する年貢を作況に応じて査定する検見制から作況に関わらず年貢率を3年から10年間一定とする定免制に移行した（三島町史編纂委員会 1968, pp.118-152）。凶作となった場合，村は見分役人立ち会いのもとで1歩（1坪＝1間四方）[1] から収穫された籾の収量を計測する検見歩刈を行い，年貢の減免を願い出ることができた。凶作に備えて，村が見分役人の立ち会わない内歩刈を行い，その記録を保存する場合もみられた。

　金井沢村には，1759年から1916年に至る158年間のうち116年分の内歩刈の結果を記録した「作毛位付帳」（室井家文書，4196）が保存されている。史料には，内歩刈を行った年月日，小地名，田主，稲の品種，株数，籾の総重量，籾1升当りの重量，籾の容積などが記録されている（川口 2021）。畑作物の作況が，上中下で判定されている年もある。

　1759（宝暦九年）から1800（寛政十二）年に至る42年のうち12年は2カ所

で，23 年は 3 カ所で，4 年は 4 カ所で，2 年は 5 カ所で，1 年は 6 カ所で内歩刈が行われた。内歩刈の対象となった水田の小地名と田主が多様であるため，実施主体は金井沢村とみられる。18 世紀後半の 42 年間に内歩刈が行われた合計125 カ所の水田では，8 品種の稲が栽培され，細葉が 79 カ所（63％）を占める。『会津農書』によれば，細葉は，冷涼な山間部に位置する良質な土壌の水田に適する糯稲である（山田・飯沼・岡編　1982, pp.24-25）。内歩刈は 9 月 17 日から10 月 9 日までに行われ，42 年間のうち 31 年間は彼岸前後に当たる 9 月 19 日から 27 日の期間に実施された。

　「作毛位付帳」によれば，1783 年には彼岸になっても米が成熟せず，内歩刈ができる状態ではなかった。畑作物も粟・稗・蕎麦・菜大根・麻が下，小豆・芋・煙草が中，大豆が上と判定されている（**表 2-1**）。「忠春日記」によれば，中下層の主食となった粟・稗・蕎麦も実らず，標高約 700m の粟生沢村では 9 月27 日に初霜が降りた（田島町史編纂委員会　1986, p.655）。収穫直前の畑作物は，霜害のために壊滅的な打撃を受けたとみられる。

　1783 年 11 月 6 日，例年の内分刈より 1 カ月以上遅れて，会津藩から派遣された見分役人のもとで検見歩刈が実施された。検見歩刈の結果は，上田における稲の品種：細葉，株数：127 株，籾の容積：3合 5 夕（下見：2 合 5 夕），下田における稲の品種：細葉，株数：118 株，籾の容積：2 合 5 夕（下見：1 合 5夕）であった（「天明三年卯十月十二日　御検見御

表 2-1　陸奥国会津郡金井沢村における畑作物の作況

西暦	煙草	麻	大豆	小豆	蕎麦	芋	粟	稗	菜大根
1773	中ノ下	中ノ下	中	中	下	下	上	中	中
1774	下	中	上	上	中	中	中	下	上
1775	中	上	中	下	下	不掲載	中	中	中
1776	上	中	上	上	下	下	中	下	中
1777	中ノ下	中	上	下	上	中	中	下	中
1778	中	下	上	上	中	上	下	中	中
1779	中	中	中	中	中	中	上	上	下
1780	下	中	中	中	下	中	下	中	中
1781	中	下	中	中	下	中	上	中	上
1782	中	中	上	上	中	中	中	中	中
1783	中	下	上	中	下	中	下	下	下
1784	中	上	中	下	下下	中	下	中	下下
1785	下	下下	中	上	上	中	上	上	中
1786	中	中	中	中	下	中	下	中	中
1787	上	上	中	上	中	上	中	中	中
1788	上	中	中	中	中	中	中	中	中
1789	下	中	上	中	上	中	上	中	中
1790	下	上	中	下	中	中	上	中	中
1791	上	上	中	下	下	中	中	中	中
1792	中	下	中	中	中	上	中	中	中
1793	中	下	上	上	中	上	中	中	中

（資料）　奥会津博物館架蔵，「作毛位付帳」（室井家文書，4196）．

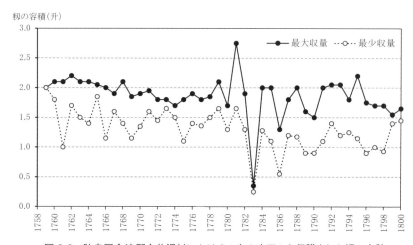

図 2-2　陸奥国会津郡金井沢村における 1 歩の水田から収穫された籾の容積

（資料）奥会津博物館架蔵，「作毛位付帳」（室井家文書，4196），「天明三年卯十月十二日　御検見御歩刈書上
　　　帳会津郡高野組金井沢村」（室井家文書，3251）．
（注）毎年 2〜6 カ所で行われた内歩刈の結果のうち，各年次における籾の最大収量と最少収量を表示した．

歩刈書上帳　会津郡高野組金井沢村」室井家文書，3251）。1783 年の収量は「作
毛位付帳」に記録されている 116 年間で最低となり，1833（天保四）年の最大
収量：9 合 5 夕（品種：万石），最少収量：3 合 5 夕（品種：大石），1838（天明
九）年の最大収量：9 合 5 夕（品種：今生），最少収量：7 合 5 夕（品種：白子）
を大幅に下回った（**図 2-2**）。容積の単位は 1 升 =10 合 =100 夕（勺）である。検
見歩刈の結果，未曽有の凶作が確定した。

　検見歩刈に先立ち，10 月 20 日に名主，組頭，百姓代，田主などが立ち会い，
村の全水田における 1 歩当たりの籾の収量を 1 筆ごとに判定する合毛内改（内
見）が行われた。その結果を記録した「天明三年卯十月　當田方青立不作　内
見合附帳　金井沢村」（室井家文書，3250）には，検見歩刈の対象となった嘉右
衛門が持つ上田 2 反 22 歩が 2 合 5 夕毛，仁右衛門が持つ下田 7 畝が 1 合 5 夕毛
と判定されている。「御検見御歩刈書上帳」の下見は，実測によらない内見によ
る判定であるため，検見歩刈の結果より少ない。金井沢村における全水田の判
定結果を集計した**表 2-2** によれば，検見歩刈の対象となった嘉右衛門と仁右衛

表 2-2　陸奥国会津郡金井沢村における水田の作況 (1783)

1歩当たりの籾の判定収量	本田	新田	合計	（構成比）
4合5夕毛	2反5畝12歩		2反5畝12歩	(1%)
4合毛	3反6畝4歩		3反6畝4歩	(1%)
3合5夕毛	1町2反7畝1歩		1町2反7畝1歩	(5%)
3合毛	1町1反6畝12歩		1町1反6畝12歩	(5%)
2合5夕毛	2反2畝6歩	5反2畝	2町5反4畝6歩	(10%)
2合毛	1町9反6畝8歩		1町9反6畝8歩	(8%)
1合5夕毛	3反5反6畝	9反2畝28歩	4町4反8畝28歩	(18%)
1合毛	2町9反1畝18歩	9反8畝	3町8反9畝18歩	(15%)
5夕毛	1町7反8畝21歩	9反8畝15歩	2町7反7畝6歩	(11%)
皆無	4町3反7畝14歩	2町1反3畝14歩	6町5反28歩	(26%)
合計	19町6反7畝6歩	5反5反4畝27歩	25町2反2畝3歩	(100%)

（資料）奥会津博物館架蔵，「天明三年卯十月　當田方青立不作　内見合附帳　金井沢村」（室井家文書, 3250）.

門の水田は，村内でほぼ中位の作況となった水田から選ばれていたことが確認
できる。金井沢村における 25 町 2 反余の水田の約 26%，6 町 5 反余が皆無作と
判定された。

(3) 高野組における作況の地域差

　「細井日記」には，「卯九月朔日ひがん… (中略) …金井沢より下ハ田方四ケ壱_{たかたよんがいち}
もかかみ申候得共，此辺一切かかみ不申大ニ不作」と記されている（田島町史
編纂委員会　1986, p.688）。黒沢新田村の細井善治郎は，1783 年 9 月 26 日になっ
ても，金井沢村より下流の村々では，4 分の 1 の水田で稲穂が重さで前傾して
屈んでいるのに対して，黒沢新田村では，十分実らず稲穂が全く前傾していな
いという成熟情況の地域差を観察している。

　「細井日記」は，1783 年 11 月 5・6 日に実施された検見役人の御改を「十月
十一日十二日両組村々，若松より御検見衆御金拂方三人，同心弐人，小者七人
二而三手二成り御改相済，当村より針生ハ上稲弐合毛より下壱合毛二夕三夕
迠 (a)，壱坪二毛 [虫損] 無も三ヶ一御座 [虫損] 下壱坪上五合毛より下壱弐合毛
(b)」と記している（田島町史編纂委員会　1986, p.688）。検見歩刈によって判明
した下線部 (a) の当村（黒沢新田村）と針生村における籾の最大収量 2 合と最
少収量 1 合 2〜3 夕は，金井沢村における検見歩刈の結果である上田の 3 合 5 夕

と下田の2合5夕の48〜57％しかなかった。

　前方の虫損部分に「付」の字が入っていたと仮定すると，黒沢新田村と針生村における水田の3分の1が毛付無（けつけなし）の皆無作であった可能性も高い。後方の虫損部分に「候。当村より」という語が当てはまるとすれば，下線部(b)の黒沢新田村より下流に位置する大豆渡村（まめわた）・金井沢村・福米沢村（ふくめざわ）・上塩沢村・下塩沢村における1坪当たり1〜2合から5合の収量は，黒沢新田村と針生村における1合2〜3夕から2合の収量の83〜250％に当たる。1783年の高野組8カ村における検見歩刈の結果には，標高に応じて2倍近い大きな地域差がみられた。

　時代は下るが，1824年9月（文政七年八月）の上田の内歩刈の結果は，金井沢村の1升（品種：上石）に対して，黒沢新田村で6合（品種：白子），高野村（こうや）で7合（品種：本名），針生村で8合（品種：白子），大豆渡村で9合5夕（品種：かるこ），福米沢村で9合5夕（品種：本名），上塩沢村で1升1合（品種：かるこ）であった（「文政七年八月　歩刈帳」室井家文書，4206〜4212）。稲の品種が異なるため，収量を単純に比較することはできないが，集落中心部の標高が約580mの金井沢村よりも標高の高い針生村（標高：約730m），黒沢新田村（標高：約620m），高野村（標高：約550〜620m）の収量は金井沢村よりも少なく，金井沢村に隣接する福米沢村（標高：約570m）と大豆渡村（標高：約600m）の収量は金井沢村と同水準，金井沢村よりも檜沢川下流に位置する上塩沢村（標高：約560m）の収量は金井沢村よりやや多い。1824年の高野組の村々における歩刈の結果にも，標高や地味などに応じて1.8倍以上の地域差がみられた。

（4）作物価格

　「細井日記」には，金1分で購入できる米の容積が記録されている（田島町史編纂委員会　1986, pp.687-691）。天明三年九月の新米や天明四年五月の米価が「忠春日記」の米価と一致するため，地名の注記がない米価は，南山御蔵入領を治める陣屋の置かれた田島村の相場とみられる。貨幣の単位は1両＝4分，容積の単位は1斗＝10升＝100合である。

　金 1 分で購入できる米の容積は，1783 年 1 月（天明二年末）まで 3 斗を下回っていた。しかし，1783 年秋から 1785 年秋まで米価は高騰した。とくに，1784 年 4 月から 8 月まで，米価は平常価格の 2.5～4 倍に達し，7 月中旬には 7～8 升まで暴騰した。新米が出た 9 月末には 3 斗となったが，11 月末には 2 斗 8 升，1785 年 1 月には 1 斗 9 升～2 斗まで上昇して，1785 年 9 月にようやく 3 斗の水準に戻った。

　1783 年 12 月に 1 升 50 文であった蕎麦・稗・大麦は，1784 年 5 月中旬から 6 月中旬に蕎麦が 120～130 文，稗が 100 文となり，7 月中旬には新大麦が 65～70 文，7 月中旬から 8 月中旬に小豆が 170 文となった（田島町史編纂委員会　1986，pp.689-690）。1783 年 12 月に豆は金 1 分で 2 斗買えたが，1784 年 4 月末には 1 斗 5 升となった。田島村では，米だけでなく，蕎麦，稗，大麦，小豆，豆ともに 1784 年 6 月から 8 月に最高値を付けた。

第 2 節　人口変動

（1）南山御蔵入領における人口変動

　南山御蔵入領の人口は，17 世紀に増加を続けて 18 世紀初頭を頂点として減少に転じ，1780 年代から 1840 年代を底として緩やかに回復を始めた（**図 2-3**）。人口が最大を記録した 1713（正徳三）年の人口を 100 とすると，1758（宝暦八）年には 83，1788（天明八）年には 68 となった（川口　1998）。南山御蔵入領の人口は，1755（宝暦五）年，1783（天明三）年，1786（天明六）年の凶作を挟んで激減した。

　南山御蔵入領における人口構造の特色は，性比が不均衡で男性が異常に多い点である。17 世紀中期から 18 世紀中期まで，性比が上昇したが，天明期の凶作を挟んで，1758 年の 125 から 1788 年の 115 に改善した（図 2-3）。性比の不均衡は，性別選択的な出生制限が広範に行われていたことが主要因とみられる[2]。

　会津藩『家世實紀巻二百二十一』には，1784 年 2 月 5 日（天明四年正月十五

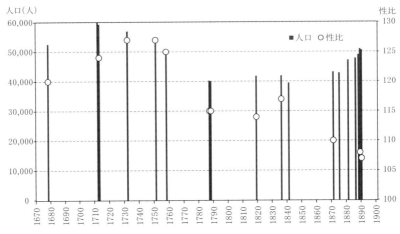

図 2-3　南山御蔵入領における人口と性比

（資料）川口（1998）より作成.
（注）性比が表示されていない年次の原史料には性別人口が記録されていない.

日）に会津藩 5 代藩主・松平容頌<ruby>（まつだいらかたのぶ）</ruby>が，南山御蔵入領における凶作・飢饉による犠牲者の人数を問い合わせたとみられる「南山御蔵入飢渇体之者人数御尋<ruby>（きかつていのものにんずうおたずね）</ruby>」に対して，「去冬<ruby>（さるふゆ）</ruby>（c）方当出穀<ruby>（よりとうでこく）</ruby>（d）迄之間<ruby>（までのあいだ）</ruby>，飢人 幷 疫病<ruby>（きにんならびにえきびょうにてしびと）</ruby>二而死人弐千四百三拾弐人有 之 候由<ruby>（これありそうろうよし）</ruby>」と記されている（丸井編　1986, p.408）。次項で検討するように，高野組に立地する A 寺と B 寺の寺院「過去帳」に記録されている死亡数が 18・19 世紀を通じて最多となり，会津盆地で疫病が蔓延したのは，天明三年凶作の翌 1784 年である。そのため，下線部（c）の「去冬」を 1784 年 1 月（天明三年十二月），下線部（d）の「当出穀」を 1784 年 9/10 月（天明四年八月）と解釈して，1784 年 2 月 5 日の「御尋<ruby>（おたずね）</ruby>」に対して南山御入領における死亡数を臨時に調査して，補筆したと考えたい。

　1784 年 1 月から 1784 年 10 月までの南山御蔵入領における死亡数を 2,432 人，総人口の下限を『家世實紀　巻二百三十四』に記されている 1788 年 9 月（天明八年八月）の人口である 39,970 人（丸井編　1987, p.254），総人口の上限を阿久津喜一家文書「陸奥国会津・大沼郡外下野国塩谷郡六ケ村人別牛馬改帳」に記されている 1758（宝暦八）年の人口である 49,365 人（川口　1998）と仮定する

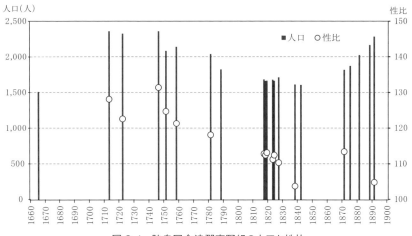

図 2-4　陸奥国会津郡高野組の人口と性比

（資料）川口（1998）より作成.
　（注）性比が表示されていない年次の原史料には性別人口が記録されていない.

と，1784 年 1 月から 1784 年 10 月の南山御蔵入領における粗死亡率は 49〜61‰
と推定できる.

　高野組の人口は，1781（天明元）年に 2,035 人，性比が 118 であったが，1788
（天明八）年に 1,820 人となり，天明三・六年の凶作を挟んで人口が約 11％減少
した（**図 2-4**）.高野組に隣接する古町組の人口は，1778（安永七）年に 3,538
人，性比が 147 であったが，1788 年に 3,141 人，性比が 122 となり，人口が約
11％減少，性比が約 25％改善した.和泉田組の人口は，1778 年に 3,187 人，性
比が 153 であったが，1788 年に 2,306 人，性比が 122 となり，人口は約 28％減
少，性比は約 31％改善した.大塩組の人口は，1781 年に 2,259 人，性比が 130
であったが，1788 年に 1,985 人，性比が 117 となり，人口は約 13％減少，性比
が約 14％改善した.[3]天明三・六年の凶作を挟む時期の人口が記録されている高
野組，古町組，和泉田組，大塩組では，1770 年代末から 1780 年代末までの約
10 年間に，人口は 1 割以上減少したが，性比は大幅に改善した（川口　1998）.

(2) 高野組における死亡危機

　高野村，下塩沢村，上塩沢村，福米沢村，金井沢村，大豆渡村，黒沢新田村，針生村，および木地小屋から構成される高野組に現存する寺院はA寺とB寺である。両寺院には，17世紀以降の寺院「過去帳」が保存されており，戒名，死亡年月日，俗名または施主との続き柄，居村などが記録されている。両寺院の檀家は，高野組の全村と高野組に隣接する川嶋組中荒井村に分布する。福米沢村，金井沢村，大豆渡村，黒沢新田村，針生村では，神職や修験山伏などを除くほぼすべての家がA寺またはB寺の檀家であるため，5カ村における死亡数の全貌を両寺院の寺院「過去帳」で確認することができる。

　A寺とB寺の寺院「過去帳」に記録されている死亡者は，1760年から1799年に至る40年間で年平均31.6人，死亡性比は120である（**図2-5**）。童子，童男，童女といった戒名の位号を持つ，数え歳15歳未満で死亡したとみられる年少死亡者は，年平均6.6人，死亡性比は161であり，死亡総数の19%を占める（**図2-6**）。年間死亡数が1760年から1799年に至る40年間の年平均死亡数の1.5

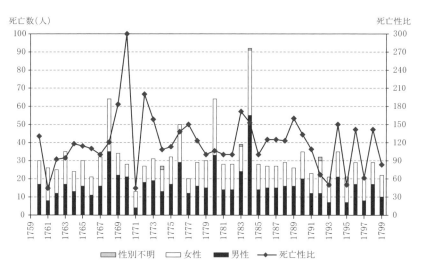

図2-5　陸奥国会津郡高野組の寺院「過去帳」に記録されている性別死亡数（1760〜1799）

（資料）　A寺とB寺の寺院「過去帳」を「江戸時代における人口分析システム（DANJURO）」（http://www.danjuro.jp）に登録して作成（Kawaguchi 2009）.

倍を超えたのは，1784（天明四）年の 92 人，1768（明和五）年と 1780（安永
九）年の 64 人，および 1776（安永五）年の 50 人である。

　1768 年，1776 年，1780 年に 1 歩から収穫された籾の最大収量は 1 升 7 合，最
少収量は 1 升 3 合を超え，平年を上回った（図 2-2）。そのため，この 3 年は凶
作と連動しない死亡危機である。死亡性比は 1768 年に 121，1776 年に 138，1780
年に 107 であり，40 年間の平均死亡性比 120 に比較的近い（図 2-5）。童子・童
男・童女といった戒名の位号を持つ年少死亡者が年間死亡数に占める構成比は，
1768 年に 39％，1776 年に 30％，1780 年に 52％であり，いずれも 40 年間の年
少死亡者の構成比 19％を大幅に上回っている（図 2-6）。年少死亡者の性比は，
1768 年に 127，1776 年に 114，1780 年に 89 であり，40 年間の年少死亡性比 161
を大幅に下回る。この 3 年は，死亡性比が比較的均衡しており，年少死亡者の
構成比が高く，年少死亡者の性比も比較的均衡している。

　1759 年以降の金井沢村で 1 歩から収穫される籾の収量が最低を記録した 1783
（天明三）年の死亡数は 39 人，死亡性比は 171，翌 1784 年の死亡数は 92 人，死

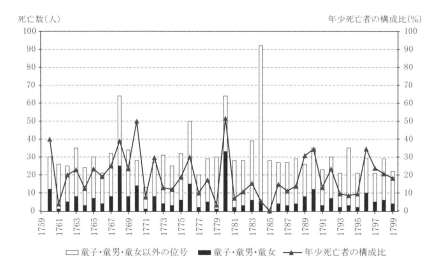

図 2-6　陸奥国会津郡高野組の寺院「過去帳」に記録されている戒名の位号別死亡数（1760〜1799）
（資料）　A 寺と B 寺の寺院「過去帳」を「江戸時代における人口分析システム（DANJURO）」（http://www.
danjuro.jp）に登録して作成（Kawaguchi 2009）.

亡性比は 153 である（図 2-5）。1784（天明四）年の A 寺と B 寺の寺院「過去帳」に記録されている死亡数は，18・19 世紀の 200 年間で最多を記録して，高野組最大の死亡危機を迎えた。

他方，1786（天明六）年に 1 歩から収穫した籾（品種：細葉）の最大収量は 1 升 3 合，最少収量は 5 合 5 夕であり，1759 年から 1800 年までの期間で 1783 年に次ぐ凶作となった（図 2-2）。1786 年秋にも，会津藩から派遣された見分役人のもとで検見歩刈が行われ，蕎麦，粟，稗の作況も下と判定されている（表 2-1）。しかし，1786 年と 1787 年の死亡数はいずれも 27 人であり，40 年間の平均年間死亡数 31.6 人を下回った（図 2-5）。凶作のために年貢が減免された年であっても，凶作の程度により死亡数は大きく異なった。

ほぼすべての家が A 寺または B 寺の檀家である針生村，黒沢新田村，大豆渡村，金井沢村，および福米沢村における 1784 年の死亡数は 73 人である。5 カ村の総人口の下限を細井敬介家文書「天明八年戊申　御廻国使様御通行ニ付御案内帳　高野組より田島組川島組迄」（田島町史編纂委員会　1986, pp.495-506）に記されている 1788 年 8 月（天明八年七月）の人口 1,238 人，上限を阿久津喜一家文書「陸奥国会津・大沼郡外下野国塩谷郡六ケ村人別牛馬改帳」に記されている 1758（宝暦八）年の人口 1,399 人と仮定すると，1784 年の 5 カ村における粗死亡率は 52〜59‰と推定できる。1784 年の 5 カ村における粗死亡率は，先に推定した南山御蔵入領の粗死亡率とほぼ同水準とみられる。

A 寺と B 寺の寺院「過去帳」に記録されている 1783 年の童子・童男・童女といった戒名の位号を持つ年少死亡数は 6 人，年少死亡性比は 200 であり，年間死亡数の 15％を占める。1784 年の年少死亡数は 5 人，年少死亡性比は 150 であり，年間死亡数の 5％を占める。1784 年の年間死亡数に占める年少死亡数の構成比は，1785 年の 0％，1779 年の 3％，1761 年の 4％に次いで，18 世紀後半の 40 年間で最低水準を示している（図 2-6）。

1784 年に死亡した 92 人のうち，7 月には 20 人，8 月と 9 月には 10 人ずつ死亡した（**図 2-7**）。先に検討した米，蕎麦，稗の価格が暴騰した夏季の 3 カ月間に，年間死亡数の 43％が死亡した。とくに，標高 700m を超える針生村と木地

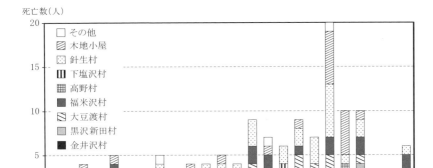

図 2-7　陸奥国会津郡高野組の寺院「過去帳」に記録されている月間死亡数（1783〜1784）

（資料）　A 寺と B 寺の寺院「過去帳」を「江戸時代における人口分析システム（DANJURO）」（http://www.
danjuro.jp）に登録して作成（Kawaguchi 2009）.

小屋では夏季の死亡数が多い。黒沢新田村の細井善次郎も，2 月下旬から 4 月中
旬と 7 月中旬から 10 月中旬に死者が多く，老人が多数死亡したと「細井日記」
に記している（田島町史編纂委員会　1986, pp.689-690）。

　「忠春日記」によれば，1784 年春から若松城下と会津盆地では疫病が流行し
た。一方，忠春の住む田島村周辺では，疫病に罹る者は少なかったが，土用以
降，痢病（下痢を伴う消化器疾患）で死亡する者が多かった。凶作のため，口
にできる物は何でも食べる悪食が要因と思われると嘆いている（田島町史編纂
委員会　1986, p.657）。

　保城峠，戸板峠，駒戸峠，および針生村周辺に点在する木地小屋に住み，
轆轤を使って椀や皿などの木工品を作る木地師は，1784 年 7 月に 6 人，8 月に
5 人死亡した（図 2-7）。A 寺と B 寺の寺院「過去帳」に記録されている 7 月の
死亡数の 30％，8 月の死亡数の 50％が木地師とその家族であった。1784 年 1 月
から 1784 年 12 月末までに死亡した木地師の 73％が，1784 年 7・8 月に集中し
ている。

　大正期の木地師は，木地小屋周辺に野菜や豆類を栽培する小さな畑を開いて

いたが，木地椀を運ぶ針生の馬方に米，味噌，醤油，塩，茶などの食品や衣類を注文して，運送を依頼していた（須藤 1976, pp.332-337）。A寺とB寺の檀家であった木地師の総人口が不明であるため，粗死亡率を求めることはできないが，米，蕎麦，稗の価格が暴騰した1784年夏季に食料を自給しない木地師の死亡数が急増して，危機的状況に陥ったとみられる。

　ほぼすべての家がA寺またはB寺の檀家である5カ村について，先に参照した細井敬介家文書「天明八年戊申　御廻国使様御通行ニ付御案内帳　高野組より田島組川島組迄」に記されている1788年8月（天明八年七月）の人口を下限，阿久津喜一家文書「陸奥国会津・大沼郡外下野国塩谷郡六ケ村人別牛馬改帳」で確認できる1758（宝暦八）年の人口を上限と仮定して1784年の粗死亡率を求めると，針生村は57〜65‰，黒沢新田村は73〜76‰，大豆渡村は50〜57‰，金井沢村は34〜35‰，福米沢村は61〜83‰と推定される。金井沢村の推定粗死亡率は5カ村のなかで最も低く，金井沢村より標高の高い大豆渡村，黒沢新田村，針生村の推定粗死亡率は，稲の作況に応じて，金井沢村より高水準であった。

（3）欠落者の行方

　南山御蔵入領から下野国塩谷郡櫻野村（現，栃木県さくら市櫻野町）に逃げ出した父親と娘の姿を伝える次の史料1は，天明期の切迫した状況を物語っている。

史料1　瀧澤又兵衛「田夫真手兵衛無手物語」（てんぷまたべえむだものがたり）（氏家町史作成委員会 1983, p.421）

　天明飢饉の時，村太兵衛と云人，元会津南の山の者なりしが，夫婦ニ娘壹人有。妻国て死し，娘を連て当村ニ来り，其の娘のつむり皆ここり，くしの歯不入，無據（よんどころなく）かミそりてさへてよふよふとかしたりと老女衆咄せり。其訳（そのわけ）聞たるに，会津大飢饉ニて食事出来す，よるひるとなく山のわらびの根，葛の根其外口ニ入者ほり候ニ付，髪をゆへ候ひまなく，あせを出してほっても一回一回の飯のかてニも足りぬものなり。よってにげ出し来りと咄たりと聞及ぶ。誠ニおそろしき事ならずや。

　飢饉のために食事も取れず，昼夜にわたって蕨や葛の根まで掘り出しても，
主食を増量するための糧（かて）にも足らないために，妻と死別して，娘の髪に櫛が入
らない凄まじい姿となって，南山御入領から関東地方に逃げ出したのは，太兵
衛と娘だけではなかった。「細井日記」によれば，1784 年 2 月下旬から 4 月ま
でに，村を出て乞食となる者が続出して，伊南郷，金山谷，高野組針生村では
挙家離村する者もみられた。さらに，9/10 月に割り付けられた年貢を納めるこ
とができず，年末までに伊南郷，伊北郷，金山谷，高野組黒沢新田村周辺では
関東に出て行く者も多かった（田島町史編纂委員会　1986, p.690）。

　大塩組では，天明三年凶作から 1787 年 1/2 月（天明六年十二月）までに 291
人が死亡して，男性 80 人，女性 25 人，性別不明 3 人が領外に出たまま帰村し
ていない（金山町教育委員会架蔵，大竹門三家文書「天明六年　去ル寅より午
迄死失人書出　大塩組村々」）。このうち，1784 年 1 月（天明三年十二月）から
1784 年 11 月（天明四年十月）までに 137 人が死亡，251 人が領外へ出たまま帰
らない出稼者であった（大竹門三家文書「天明四年辰十月　大塩組村々無跡同
様・立百姓・無跡百姓 高人別書上候ニ付吟味書上帳」，金山町史出版委
員会　1976, p.77）。天明三年凶作から約 1 年間に，大塩組では死亡数の 2 倍弱の
人々が欠落したが，その半数以上が 3 年以内に帰村したとみられる。大塩組の
村々から欠落して，3 年後にも帰村しなかった者の性比は 320 に上り，男性が
圧倒的に多かった。

(4)　金井沢村における人口動態

　金井沢村には，1755（宝暦五）年から 1837（天保八）年に至る「宗門改　人
別家別帳（べついえべつちょう）」が保存されている。しかし，転出先や転出理由が記されていない場
合が多く，転出者と欠落者を区別することは困難である。他方，天明三年と天
明六年の凶作を挟む 1780（安永十）年から 1788（天明八）年の「人数増減差引
之覚（人数増減改）」（室井家文書, 1624, 1626, 1627, 1629, 1632, 1633, 1634, 1635,
1638）には，前年の「宗門改人別家別帳」が作成されてからの出生者，死亡者，
転入者，転出者の異動内容が一人一人記録されている。「人数増減差引之覚」に

は，「宗門改人別家別帳」から知ることのできない欠落者も記録されているため，「人数増減差引之覚」から金井沢村における人口動態を復原した（表2-3）。

　金井沢村における1784年2/3月（天明四年閏正月）の人口は355人，1785年3/4月（天明五年二月）の人口は345人と記録されている。後述するように，1785年3/4月の人口には16人の欠落者が含まれているため，欠落者を除く現住人口は329人である。1784年2/3月から1785年3/4月までの期間に26人が減少したため，人口増加率は-7%となる。

　1784年2/3月から1785年3/4月までに12人が死亡した。「天明五當巳　人数増減差引之覚　金井沢村」（室井家文書，1633）と「天明四年辰二月　金井沢村　宗門改人別家別帳」（室井家文書，1498）に記されている病死者は，A寺とB寺の寺院「過去帳」に記録されている1784年2/3月から1785年3/4月までの金井沢村と端村の帯沢新田における死亡者と一致する。数え年60〜79歳の男性5人と女性2人，40〜59歳の男性1人と女性2人，10〜14歳の男性1人と女

表2-3　陸奥国会津郡金井沢村における人口動態（1780〜1788）

西暦	1780年 3/4月頃	〜1781年 3月	〜1782年 3/4月	〜1783年 3月	〜1784年 2/3月	〜1785年 3/4月	〜1786年 3月	〜1787年 3/4月	〜1788年 3/4月
人口（人）	374	365	359	357	355	329	344	344	339
性比	123	120	126	130	129	133	129	131	129
粗死亡率(‰)	···	49	30	14	14	35	6	15	9
死亡性比	···	125	57	25	400	140	（男2人，女0人）∞	25	200
粗出生率(‰)	···	5	25	20	17	15	18	12	3
出生性比	···	100	125	133	50	67	100	300	（男1人，女0人）∞
転出率(‰)	···	14	28	31	14	82	9	9	26
転出性比	···	150	67	120	67	115	（男0人，女3人）0	200	125
転入率(‰)	···	33	17	20	6	26	42	12	18
転入性比	···	71	200	250	（男2人，女0人）∞	800	56	33	50

（資料）奥会津博物館架蔵，「人数増減差引之覚（人数（別）増減改）」（室井家文書，1622, 1624, 1626, 1627, 1629, 1632, 1633, 1634, 1635, 1638）。

　（注）前年の人数増減改以降の死亡数，出生数，転出数，転入数を推定年中央人口で除し，1000を乗じて粗死亡率，粗出生率，転出率，転入率を求めた。
　　　　推定年中央人口は，史料に記録されている各年の現住人口の平均値とした。
　　　　史料には，生後1年以内に死亡した乳児死亡は記録されていない。
　　　　1785年3/4月と1786年3月の人口は，天明五年と天明六年の「人数増減差引之覚」にある総人口から欠落者16人を差し引いて求めた。

性 1 人が死亡しており，年少死亡者が少なく，老年男性死亡者が卓越する。死亡者が所属した家の持高は，5 石未満が 10 人，5 石以上 10 石未満が 2 人で，8 人の家が持高の一部を村内他家の質地としており，1 人の家で村内他家から質地を取っている。月間死亡数は 1783 年 11 月から 1784 年 9 月の期間に分散しているため，感染症が流行した可能性は低い（図 2-6）。1784 年 2/3 月と 1785 年 3/4 月の現住人口の平均値を分母とすると，この期間の粗死亡率は 35‰，死亡性比は 140 である。

　1784 年 2/3 月から 1785 年 3/4 月までの出生数は 5 人，粗出生率は 15‰，出生性比は 67 である。寺院「過去帳」と「人数増減差引之覚」には，この期間に死亡した乳児死亡は記録されていない。そのため，金井沢村の自然増加は -7 人，自然増加率は -21‰となる。

　1784 年 2/3 月から 1785 年 3/4 月までに村に転入した者は 9 人，転入率は 26‰であり，すべて南山御蔵入領他組からの転入である。転入理由は離別 1 人，質券奉公 8 人である。村から転出した者は 12 人（高野組他村への転出が 4 人，南山御蔵入領他組への転出が 8 人）である。転出理由は婚姻 1 人，離別 1 人，質券奉公 1 人，質券身請 9 人である。

　1785 年 3/4 月（天明五年二月）と 1786 年 3 月（天明六年二月）の「人数増減差引之覚」（室井家文書，1633，1634）によれば，14 人が天明三年凶作の後に村を出て，行方不明となった。一方，1787 年 3/4 月（天明七年二月）の「人数増減差引之覚」（室井家文書，1635）によれば，天明三年凶作後に村を出た 16 人が天明七年の総人口から除外された。

　「天明七年未七月　去ル卯年凶作後他出仕候者人別書上帳　高野組金井沢村」（室井家文書，1637）には，村を出た太郎兵衛家（男性 3 人，女性 5 人），藤右衛門家（男性 3 人，女性 1 人），金太郎家（男性 1 人，女性 1 人），平六家（男性 1 人，女性 1 人）が書き上げられている。4 家の持高は 5 石未満で，金太郎家を除き，持高の一部を村内他家へ質地としている。この史料には一人一人の名前と年齢が記されているため，16 人が 1784 年 2/3 月から 1785 年 3/4 月までに欠落したとみられる。欠落者は 1784 年 2/3 月の金井沢村における総人口

355 人の 5％に相当する。欠落者 16 人を加えると，転出数は 28 人，転出率は 82‰にのぼる。したがって，金井沢村の社会増加は -19 人，社会増加率は -56‰ となる。

　金井沢村における 1784 年 2/3 月から 1785 年 3/4 月までの粗死亡率は，1780 年から 1781 年 3 月までの期間に次ぐ高率となった。死亡性比が高く，年少死亡者が少なく，老年男性死亡者が卓越する点，死亡者を上回る欠落者が村を出て行方不明となった点，および粗出生率が低く出生性比が低い点が，天明三年凶作の翌 1784 年の人口動態の特徴である。

おわりに

　本章では，陸奥国会津郡高野組金井沢村における 1783（天明三）年の冷害に伴う人口変動について検討した。金井沢村は，毎日の天気，農業，稲の作況と死亡指標との関係を 18 世紀中期から 100 年以上にわたって追跡できる稀有な村である。18 世紀後半の稲の作況と死亡指標を比較することにより，凶作と連動する死亡危機と凶作と連動しない死亡危機を判別して，天明三年凶作後の人口変動の特徴を時間軸と空間軸のなかに位置づけた。

　18 世紀後半の高野組では，1768 年，1776 年，1780 年，および 1784 年に死亡危機が確認できる。1768 年，1776 年，1780 年の籾の収量は平年を上回るため，この 3 年は凶作と連動しない死亡危機である。凶作と連動しない死亡危機には，死亡性比が比較的均衡しており，年少死亡者の構成比が高く，年少死亡者の性比も比較的均衡している。

　1783（天明三）年暖候期の異常低温と日照不足により，金井沢村の水田 1 歩から収穫された籾の収量は，18 世紀中期以降で最低を記録して，全水田面積の 4 分の 1 が皆無作と判定された。中下層の主食となる粟，稗，蕎麦，菜大根まで不作となった。高野組の村々における籾の収量は，標高などに応じて大きな地域差があり，金井沢村より標高の高い檜沢川上流に位置する黒沢新田村や針

生村では，金井沢村の半分程度の収量しかなかった。

　天明三年凶作の翌 1784 年，高野組全村に檀家を持つ 2 カ寺の寺院「過去帳」に記録されている死亡数は，18・19 世紀を通じて最多となった。高野組と南山御入領における粗死亡率は同水準とみられる。凶作を挟む 1770 年代末から 1780 年代末までの約 10 年間に，高野組，古町組，和泉田組，大塩組の人口は 1 割以上減少したが，性比は著しく改善した。

　1784 年の高野組では，①死亡性比が高く，②年少死亡者が少なく，③標高の高い村では，作物価格が暴騰した端境期である夏季に死亡者が集中して，耕地を持たない木地師は危機的状況に陥ったとみられる。金井沢村の粗死亡率は高野組で低く，標高の高い村々の粗死亡率は，稲の作況に応じて金井沢村より高水準であった。金井沢村では，①，②に加えて，④粗出生率が低く，⑤出生性比が低く，⑥老年男性死亡者が卓越しており，⑦死亡数を上回る欠落者が村を出て行方不明となるといった人口変動の特徴が観察された。凶作後に村を出て，3 年後にも帰村しなかった欠落者の性比が著しく高い組も確認された。①から⑦のため，天明三年凶作後の高野組では，人口が急減した一方で性比が改善したとみられる。

　①の死亡性比の不均衡は，南部藩領と仙台藩領における寺院「過去帳」の分析（青木 1967），および陸奥国胆沢郡下若柳村における「人数改帳」の分析（山本 2008）からも指摘されている。陸奥国柴田郡足立村と磐井郡中村でも，「人数改帳」から消失した死亡者と転出者を合計した者の性比が高い（山本 2008）。②の年少死亡者が少ない点については，青森県上北郡七戸町や岩手県久慈市裏町・門前の寺院「過去帳」の分析からも指摘されている（菊池 1980）。⑥の老年死亡者の卓越については，陸奥国安積郡下守屋村における「人別改帳」の分析結果と共通である（成松 1985）。足立村と中村でも，死亡者を含む老年消失者が卓越する（山本 2008）。⑦の死亡数を上回る欠落者は，下守屋村でも観察されている（成松 1985）。天明三年凶作の翌 1784 年の金井沢村周辺における人口変動には，先行研究の分析結果と共通点が確認できる。

　本章の分析結果は，異常気象，作況，作物の生産・流通・消費，貢租，凶作

対策といった地域構成要素間の関係のなかで，天明三年凶作に伴う人口変動の理解を深める出発点となる。1786（天明六）年にも検見歩刈が実施されたが，凶作後に死亡危機は確認できない。そのため，天明六年凶作や東北地方における他の事例と比較することにより，天明三年凶作に伴う死亡危機の発生要因を追究することが今後の課題となる。他方，凶作と連動する死亡危機と凶作と連動しない死亡危機を比較すると，死亡性比や死亡年齢に大きな差異がみられた。凶作と連動しない死亡危機の発生要因を解明するには，性別を問わず年少人口に犠牲者の多い天然痘や麻疹を含む感染症の流行を裏付ける史料の発見が重要課題となる。

〈付記〉本稿は，奥会津博物館，福島県歴史資料館，および南会津町の寺院に保存されている古文書史料にもとづいている。史料の活用を快諾された各位に感謝したい。本稿執筆中に，田島町史編纂や奥会津地方歴史民俗資料館（現，奥会津博物館）創設に心血を注がれた渡部力夫・初代館長が急逝された。謹んで哀悼の意を表し，学恩に深謝するとともに，改めて収蔵資料の活用を誓いたい。

注

(1) 小澤弘道氏の御教示によれば，南山御蔵入領を含む会津地方の古民家は，1 間 =6 尺 3 寸 = 約 1.91m が多い。そのため，1 歩（坪）の面積は約 3.64m² を超える可能性がある（川口 2021）。1 間の長さを m に換算するには，大工が建前（たてまえ）に使った尺杖（しゃくづえ），あるいは間竿（けんざお）を計測する必要があるため，面積や容積の単位を換算することは今後の課題としたい。

(2) 18 世紀後半から 19 世紀前半の会津郡石伏村・鴇巣村では，出生した翌年の宗門改まで生き残った乳児の性比が異常に高い（川口 1998）。18 世紀初頭に会津郡大橋村の豪商，角田藤左衛門夫妻は，10 人の子供のうち，胎児の性別を予測する占いとは異なる性別の「たがい子」2 人，父親が 42 歳の厄年に「二歳子」として「宗門改人別家別帳」に登録されることになる嬰児 1 人を出生直後に押返した（川口 2002）。藤左衛門が著した『萬事覚書帳』には，「子返ス」と「押返ス」という語が嬰児殺しの意味で用いられている。

（3）大塩組では，1784 年 1 月（天明三年十二月）から 1784 年 11/12 月（天明四年十
　　月）までに 137 人が死亡した（大竹門三家文書「天明四年辰十月　大塩組村々無
　　跡同様・立百姓・無跡百姓高人別書上候ニ付吟味書上帳」，金山町史出版委員会
　　1976, pp.76-77）。大塩組の人口の上限を大竹門三家文書「天明元年丑八月　御手
　　鑑　大塩組拾壱ケ村」に記されている 1781 年 9/10 月（天明元年八月）の人口
　　2,259 人，大塩組の人口の下限を大竹門三家文書「天明八年　御廻国使様御巡見
　　使様御案内手鑑」に記されている 1788（天明八）年の人口 1,985 人と仮定すると，
　　1784 年 1 月から 1784 年 11 月の大塩組における粗死亡率は 61～69‰と推定でき
　　る。死亡数の調査期間が多少異なるが，最大値同士を比較すると，大塩組の推定
　　粗死亡率は南山御蔵入領の推定粗死亡率より約 8‰高い。1784 年の粗死亡率は，
　　南山御蔵入領の組ごとに相当な地域差があった。

参考文献

青木大輔（1967）『寺院過去帳からみた岩手県の飢饉』奥羽史談会。

氏家町史作成委員会編（1983）『氏家町史・上巻』氏家町。

金山町史出版委員会編（1976）『金山町史・下巻』金山町。

川口洋（1998）「17～19 世紀の会津・南山御蔵入領における人口変動と出生制限」『歴
　　史地理学』Vol.40(5), pp.5-25。

川口洋（2002）「十八世紀初頭の奥会津地方における嬰児殺し―嬰児の父親が著した
　　日記を史料として―」速水融編著『近代移行期の人口と歴史』ミネルヴァ書房,
　　pp.45-71。

川口洋（2021）「十八世紀中期から二〇世紀初頭の陸奥国会津郡金井沢村における稲
　　の作況記録・上―室井家文書「作毛位付帳」（宝暦九年から寛政十二年まで）」『日
　　本文化史研究』Vol.52, pp.153-205。

菊池万雄（1980）『日本の歴史災害―江戸後期の寺院過去帳による実証―』古今書院。

木下太志（2002）『近代化以前の日本の人口と家族』ミネルヴァ書房。

須藤護（1976）「奥会津の木地師」日本生活学会編『生活学論集 1　民具と生活』ドメ
　　ス出版, pp.278-340。

関山直太郎（1958）『近世日本の人口構造』吉川弘文館。

高木正朗編（2008）『18・19 世紀の人口変動と地域・村・家族―歴史人口学の課題と

方法―』古今書院。

高橋梵仙（1941）『日本人口史之研究　第一』三友社。

髙橋美由紀（2005）『在郷町の歴史人口学―近世における地域と地方都市の発展―』ミ
　　ネルヴァ書房。

田島町史編纂委員会（1986）『田島町史　第 6 巻（上）』歴史春秋社。

成松佐恵子（1985）『近世東北の人びと』ミネルヴァ書房。

成松佐恵子（1992）『江戸時代の東北農村』同文舘出版。

速水融（1982）「近世奥羽地方人口の史的研究序説」『三田学会雑誌』Vol.75（3），
　　pp.70-92。

福島県南会津町教育委員会（2014）『奥会津博物館開館 20 周年記念事業企画展報告書
　　会津の歌舞伎―その歴史と民衆の活力―』。

丸井佳寿子編（1986）『会津藩　家世實紀　第十二巻』歴史春秋社。

丸井佳寿子編（1987）『会津藩　家世實紀　第十三巻』歴史春秋社。

三島町史編纂委員会（1968）『三島町史』三島町史出版委員会。

南会津町教育委員会（2010）『奥会津博物館収蔵資料目録　第 1 集　室井哲之輔家寄
　　贈文書』。

森嘉兵衛・谷川健一編（1970）『日本庶民生活史料集成　第 7 巻』三一書房。

山田龍雄・飯沼二郎・岡光夫編（1982）『日本農書全集 19　会津農書　会津農書附録』
　　農山魚村文化協会。

山本起世子（2008）「天明飢饉・陸奥国農村の人口と世帯―仙台領 3 ヶ村の比較―」高
　　木正朗編『18・19 世紀の人口変動と地域・村・家族：歴史人口学の課題と方法』
　　古今書院，pp.49-65。

Kawaguchi, H.（2009）"Data Analysis System for Population and Family Studies on
　　Japan in the 17th-19th Centuries," *Japanese Journal of Human Geography*（人文地
　　理），Vol.61（6），pp.2-22.

Tsuya, N. and S. Kurosu（2010）"To Die or to Leave: Demographic Responses to Famines
　　in Rural Northeastern Japan, 1716-1870," Kurosu, S., T. Bengtsson, and C. Campbell
　　eds., *Demographic Responses to Economic and Environmental Crisis*, Kashiwa:
　　Reitaku University, pp.79-106.

（川口　洋）

第3章　西インド諸島の奴隷人口に対するハリケーンの影響

はじめに

　歴史的に北大西洋特に西インド諸島の社会・経済・人口に甚大な被害を及ぼしてきた自然災害として，ハリケーンは地震・津波や熱帯性の疫病などとともによく知られている。今日ではハリケーンは，1970年代初頭に米国の土木工学者サファ（H. Saffir）と同じく米国の気象学者シンプソン（B. Simpson）とが最大風速と気圧とから共同考案した「シンプソン・スケール（The Saffir-Simpson Hurricane Scale）」に基づいて5等級に分類され，第3等級以上のものを特に大型ハリケーンとしている。ハリケーンがもたらす自然災害は，プランテーション経済やアフリカ系奴隷労働などとともに，カリブ海社会史の不可欠の要素である。

　本章では，ハリケーン災害への社会の歴史的対応を3つの点から考察する。第1にハリケーンに対する科学的知見の深化の過程，第2に防災や被災者救援のための組織や体制の整備の過程，そして第3に社会構造や社会的偏見が被災規模にもたらす影響の問題である。ことにその歴史的経緯からアフリカ系の人口を多く抱えたアメリカ世界では，第3の問題は見逃せない重要性を帯びている。とくに彼らの奴隷労働に大きく依存して発展した西インド諸島は，少数の白人支配層と多数の黒人奴隷とに極度に分極化された社会であった。本章の目標は，社会のあり方が第1そして第2の進歩発展の果実をどのように妨げたか，また今日なおそれが防災上の大きな課題であるかを論じることにある。

　第1節では，西インド諸島を中心に「新世界」の人々が，支配階層としての

ヨーロッパ人と被支配階層としてのアフリカ人やアメリカ先住民などから構成されるその独特の社会の成り立ちをもってハリケーンの脅威と災害に対応して来た歴史を，主にシュワルツの浩瀚な研究（Schwartz 2015）に依拠して論じる。そこでは一方で地域防災への知識・技術・制度そして思想的な進歩の歴史，他方で人種的に分極化された社会の課題を明らかにする。そしてこの課題の縮図として 2005 年の巨大ハリケーン「カトリーナ」の事例を取り上げる。

　第 2 節では，1831 年に英領バルバドス島を襲った巨大ハリケーンがもたらした奴隷労働者への人的被害を，奴隷のセンサスである『奴隷登録簿』を用いて明らかにする。

第 1 節　西インド諸島史におけるハリケーン

（1）ハリケーン：「神の怒り」から対応可能な自然現象へ（16〜18 世紀）

　南北アメリカ史上，北大西洋で多く発生する熱帯低気圧のうち特に大きな気象災害をもたらすものが，ハリケーンと呼び慣らされてきた。その語源はマヤ語の「フラカン（Hurakan）」とされる。マヤ神話におけるフラカンとは天の中心で風・嵐・火の神であり，世界の破壊と創造との循環を司る創造神の一人である（Schwartz 2015, pp.2, 6, and 8 figure 1-1）。コロンブスは暴風をラテン語風に furacan/furacano と表現し，その後スペイン人は「フラカン」をスペイン語に取り入れ当地の嵐を huracan と表した。それは英語の hurricane やフランス語の ouragan オランダ語の orkaan そしてデンマーク語の orkanen などに転じたと考えられている。「フラカン」を語源とする新造語がヨーロッパ諸語に広まったのは，それらの表現する自然現象がヨーロッパには知られておらず，遭遇した者に強烈な印象を残したためであろう（Schwartz 2015, pp.6-7, 11）。

　記録されているうち huracan というスペイン語の単語が最も早く用いられたのは，年代記者オヴィエド（Gonzalo Fernandez de Oviedo）が 1526 年に執筆した『インディアス全史』においてである。彼が初めて西インド諸島を訪れたの

は 1514 年のことで，スペインのパナマ地峡征服に参加しイスパニョーラ島のサントドミンゴ市に滞在した時である。彼は 1524 年頃からこの歴史叙述を始めたが，とくに注目したのは 1504 年ハリケーンの影響だった。暴風雨は市の旧市街に大きな被害をもたらし，結果市は移転を余儀なくされた。その後新市街もまた 1508，1509 の両年に繰り返し襲われた。彼は生存者に聞き取りをし，ハリケーンが先住民の間では悪魔の所業とされていると記した（Schwartz 2015, pp.7, 13-14）。

　先住民たちは，経験から減災のための工夫を凝らしていた。大アンティル諸島では，風水による作物の倒伏被害を恐れ主に根菜類が栽培された。カリブ族は，熱帯性の嵐が毎年 6 月半ばから 9 月初旬までの時期に規則的に到来することも知っていた。1540 年代から 50 年代にかけてサントドミンゴなどの上訴裁判所裁判官を歴任したメデル（T. L. Medel）は，先住民がハリケーンの威力や季節性を理解し，その到来の兆しを読む能力を有することに関心を抱いた。彼は，予知を可能にする何らかの系統的知識を彼らがもっているのではないかと考えた。しかし 16 世紀ヨーロッパでは，未来を知ることは神のみがなし得る業とするアウグスティヌスの言が信じられ，占いや予言は思想的に危険視されていた。またスペイン人の先住民に対する非道を激しく糾弾した聖職者ラス・カサス（B. Las Casas）は，ハリケーン到来がスペイン人の征服後急増したとする先住民の言を紹介し，それはスペイン人に対する神の怒りであることを示唆した（Schwartz 2015, pp.5, 9, 18, 21）。

　16 世紀にはハリケーンについて宗教的な畏れの感情と科学的認識への志向との葛藤があったのに対し，17 世紀には科学的認識への志向がより大きくなった。スペイン帝国の衰勢に乗じて西インドに進出したイギリス人とフランス人もまた，先住民がハリケーンの到来を予知する何らかの方法を持っていると見た。イギリス人テイラー（J. John Taylor）は，1638 年に発表した著書で彼らが嵐到来をその 2 ないし 4 日前には察知できるとした。世紀半ばまでに，嵐到来の兆しを捉えることは先住民だけができる秘儀ではなく，住民皆が共有すべき技術と見なされるようになった。植民地人や船員の経験も蓄積され，それぞれの地

域で独自の知恵に彫磨されていった。ハリケーンを技術的・実践的に防災・減災可能な現象と見る態度の思想的土台は，この頃築かれたとみてよい（Schwartz 2015, pp.23-25）。

　ハリケーン到来の季節性が広く知られると，プランテーションでの農作物の収穫や砂糖・ラム酒の生産，それら産品の船積みとヨーロッパへの回航などの日程は，ハリケーンとの遭遇やその襲来を避けるべく6月までに完了するように組まれるようになった。この到来時期の規則性と，対照的にカリブ海域の特定地域がいつ襲われるかは規則性がないように見えたこととが相まって，ハリケーンを人間の犯した道徳的罪に対する神の怒りの表現とする解釈は説得力を失っていった（Schwartz 2015, pp.31, 39-40）。

　初期近代のハリケーンについての知恵は経験的に獲得されたため，今日の目からはすこぶる奇妙なターミノロジー上の混乱や理論・仮説を生み出した。例えば1622年にスペインの王都マドリードを襲った破壊的旋風は，せいぜい1分というその短い継続時間から見て竜巻などの類と予想されるが，「ハリケーン」と呼ばれた。この語は，一般的に破壊的な風や豪雨を形容するためにも用いられたようである。カリブ海域ではハリケーン襲来がしばしば地震発生と重なり，風は大地の震動を伴うという仮説が生まれた。この仮説は，地中の微かな気流が大地の震動を産むとのアリストテレスの説を下敷きにしている。スペインではこの説に用語上の混乱が加わり，スペイン語の「ハリケーン（huracan）」は「地震（terremoto）」と互換可能な単語として用いられたほどである。初期近代スペイン語世界では「ハリケーン」とは「空中の地震のこと」であり，「地震」とは「地中のハリケーンのこと」とされた（Schwartz 2015, pp.26-27）。

　北大西洋上では，ハリケーンなど熱帯性の嵐のうち90％までが北緯10度から35度までの間に生滅する。そのためカリブ海の北辺を成すジャマイカ・キューバ・プエルトリコなど大アンティル諸島や小アンティル諸島北部などが主なハリケーン常襲地域となる。例えば1710年から30年間のうち英領ジャマイカは1711，1712，1722年の3回，フランス領グアダループ島は1713，1714，1738，1740年の4回，同じくマルティニーク島は1713，1725，1740年の3回，

スペイン領プエルトリコ島は 1730, 1738, 1739 年の 3 回, それぞれ襲われている。加えて北米のフランス植民都市ニューオーリンズも頻繁に襲われ, 同期間では市は 1722, 1732 の両年に甚大な被害を受けている（Schwartz 2015, pp.10, 71）。

　北緯 13 度近くに位置するバルバドス島はハリケーン常襲地帯の南限近くにあるため, 上記の諸島に比較してハリケーン到来は少ない。そのためバルバドスについては, 17 世紀半ばまでハリケーンの脅威からは安全であるとされたが, 後述する 1675 年のハリケーン襲来によりこの風評は誤りとされた。より南方のトリニダード島・トバゴ島それにキュラソー島などでは襲来は稀になり, さらに南方の南米大陸北岸ベネズエラやギアナそしてコロンビアではハリケーンは全く見られなくなる（Schwartz 2015, pp.xvi, 29）。

　カリブ海域を襲うハリケーンは年平均 8 個程度とされるので, 1492 年に始まるコロンブスの航海から今日に至るまでの 5 世紀を超える期間に当地に到来したハリケーン級の嵐の総数は大まかに 4,000 ないし 5,000 個と推計できる。歴史研究者の間では, 北大西洋でのハリケーン発生件数は太平洋側でラニーニャ現象が起こる時期に増加しエルニーニョ現象が起こる時期に減少すると推測されている。コロンブス大西洋横断までの数十年間はエルニーニョ現象期に当たり, ハリケーン発生頻度が比較的低かった可能性がある。このことは, 消極的ながら彼の成功に貢献したかも知れない。その後 1498 年から 1510 年までの間ハリケーンの発生は多く, それはラニーニャ期でもあった。それらは, スペイン人来寇後ハリケーン襲来が急増したというオヴィエドが聞き取った先住民の言葉を裏付ける。1510 年代以降再びエルニーニョ期に入り, それはローマ教会の宣教師たちの布教活動が活発化した時期に重なる。ハリケーン災害は減少し, 上記著書でオヴィエドはそれを神の祝福とした。スペインがカリブ海域をほぼ独占的に支配していた 16 世紀の半ばは, ハリケーンの多発期に当たる。英・仏・蘭が台頭してスペイン領「アメリカ」を蚕食しプランテーション経済を開花させた 16 世紀末から 17 世紀半ばまでの間は, その数は比較的少なかった。災害の少なさが後発諸国の植民地獲得・開発に有利に作用したのかも知れない

（Schwartz 2015, pp.xiv, 28-29）。

　このプランテーション経済社会は，様々な点でハリケーンの脅威に対し構造的に脆弱だった。経済が輸出向け農産物生産に特化したモノカルチャー経済だったことが，被害を悪化させた。食糧を主に北米からの輸入に頼っていたこの地域では，ハリケーンによる交通障害はたちまち飢餓をもたらした。それでも大アンティル諸島のジャマイカやイスパニョーラ島など比較的大きな島々では，全島が破壊的災害に見舞われることはなく，食料自給のため利用可能な未開墾の土地もあり，影響は比較的軽微だった。しかし小アンティル諸島などの小島では可耕地の大部分は輸出向け作物生産に開発されており，ハリケーンはしばしば危機的食糧不足を引き起こした（Schwartz 2015, pp.40-41）。

　とくに初期には支配層であるプランタ（農園所有者とその管理スタッフ）は，ヨーロッパの互いに敵対し合う国々の出身者で構成され，とくに所有者は本国に居住し不在の場合も多かった。そのため彼らは，奴隷や有色自由人（the colored）との間ではもとより，「白人」の間においても地域共同体意識を育てようとはせず，住民に対する「高貴な生まれの者の道徳的責務（noblesse oblige）」も感じなかった。彼らには，地域住民と災害のリスクを分かち合い協力してそれに対応する志向が希薄だった。この事情は，ハリケーンのような個々の経営を超えた広域災害への対応を困難にさせただろう。

　18世紀初期までに西インドプランテーション社会はそれ自身の歴史を刻み，ハリケーン災害にも繰り返し遭遇した経験から，それらを地域にとっての共通の脅威とする見方が広まった。国境や言語的・宗教的違いを超えて，被災者を地域で助け合う慈善活動が自発的に発生した（Schwartz 2015, p.49）。しかしこの地域社会意識の形成とそこでの相互援助の展開からは，アフリカ系奴隷労働者は排除された。カリブ諸島の防災におけるレイシズムの問題は，奴隷制が次々と廃止された19世紀後半以後も根強く続いた（Schwartz 2015, pp.165-166）。

(2)「防災」・「減災」のための体制作りと技術開発（19・20世紀）

　西インドの災害史において前近代と近代を分かつ画期があるとすれば，それ

は 1830 年代であろう。まず 1831 年 8 月に，恐らくはシンプソン・スケールで
レベル 4 と推測される大型ハリケーンにカリブ沿岸が襲われた。合わせて 1,500
人ほどの死亡者を出したこの嵐は，バルバドス島から北西に進みハイチ・キュー
バを経てニューオーリンズに達した（Schwartz 2015, pp.131）。このハリケーン
については次節で詳説する。政治的には 1834 年に英帝国領内で奴隷制が廃止さ
れたことも（Drescher 2009, pp.263-265），その後他の諸国での奴隷制廃止の先
駆けとして見逃すことができない。しかしこの時期のより重要な進歩は，ハリ
ケーンに関する科学的知見が大きく前進したことである。

　既に 17 世紀後半にダンピア（W. Dampier）が，そして 18 世紀にはフランク
リン（B. Franklin）が，それぞれ独立にハリケーンの風が渦巻き状に円を描く
ことに気が付いていた。コネティカット州ミドルトン在の馬具職人レドフィー
ルド（W. C. Redfield）は，1821 年に発生したハリケーンの通過後を調査し，あ
る地点で木々が一方向に吹き倒され，その 40 マイル先で木々が逆方向に倒れて
いることを発見し，1831 年に発表した論文でハリケーンが中心を持ちその周り
を風が車輪のように回転することを明らかにしたのである。そして英国人レイ
ド（W. Reid）は，バルバドス滞在中に収集したハリケーンに関する情報を整理
して 1838 年にハリケーンの形成やその構造に関する研究書を上梓した。これら
2 つのパイオニア的な成果により，ハリケーンの科学的研究が始まった。その
後も彼ら 2 人は，ハリケーンが北半球では反時計回りに南半球では時計回りに
回転することの発見などさらなる成果を上げた。またエスピ（J. P. James Espy）
などにより，ハリケーンの風の回転について，フランスの数学者コリオリ（G.
Coriolis）による地球の自転が南北方向の風に与える影響，すなわち「コリオリ
の力（Coriolis force）」の理論から，説明が試みられた（Schwartz 2015, pp.139-
141）。

　またこの 19 世紀前半には，ハリケーン災害の被災者に対する社会の組織的対
応の萌芽が見られた。すなわち地域の住民の間で自発的に実践されてきた相互
援助活動を，植民地政府や本国政府が制度化し統制する動きが始まった。この
動きを先導したのは，スペインとその植民地だった。まずスペインによる 1822

年の「慈善法（Ley de Beneficiencia）」制定に始まるこの世紀の一連の立法が，住民の自発的活動に対する国家の統制を強める政策として現れた。またプエルトリコの総督モレダ Don Francisco Moreda は，1837 年 8 月のハリケーンへの対応の一環として，都市ごとに慈善会議（junta de beneficiencia）を組織し地域の必要に応え政府にそれらを報告するよう求めた。健全な者は，自分の生活再建を後回しにして被災者の救援に赴くことが義務付けられたのだった。キューバでも 1844・1846 年のハリケーンの後，総督は略奪を防ぐべくパトロールを組織しすべての健全な白人と有色自由人に対し港湾施設の改修に参加するよう命じた。プエルトリコと同様，地域ごとに慈善会議が組織され，地域で慈善金が集められ被災者に分配された（Schwartz 2015, pp.151-153）。

19 世紀半ば以降ハリケーン観測体制や情報伝達の面で改良・整備が進んだ。1857 年にはイエズス会の主導によりハバナに気象観測所が開設され，1870 年代にはこれを中心に西インドの他の観測所との間にネットワークが形成された。1880 年代にはそれら西インドの観測網はアメリカ陸軍のそれと接続した。このネットワークを支えたのは国際電信網の構築だった。1850 年代までに海底ケーブルを通した主要な電信網が整備され，それらは 1860 年代以後ハリケーン被災地の情報収集に，1880 年代以後は接近するハリケーンに対する早期警戒のためにも用いられ始めた（Schwartz 2015, pp.180-183, 185-186）。

ハリケーンへの広域観測・警戒体制の構築が進む中で，その観測や災害への国際社会の連携や各国政府のより直接的な関与が求められた。1853 年には 10 か国が集まり海洋気象学の国際会議が初めて開かれた。1873 年には国際気象機関（International Meteorological Organization）が創設され，地球規模での気象情報の共有が進められた。1898 年には米大統領マッキンリーが米気象局に西インド諸島ハリケーン警戒システムの構築を命じ，気象観測ポストがまずジャマイカのキングストンに置かれた（Schwartz 2015, pp.192-194）。

20 世紀に入ると，自然災害への国際連携と各国政府の直接関与とがさらに強く求められるようになった。アメリカ合衆国では，ガルベストン（1900 年），マイアミ（1923 年），南部フロリダ（1928 年）を襲ったハリケーン，そして 1927

年のミシシッピ川大洪水の経験を通し，そのような要求が高まった。それに応えるべく 1928 年には「ミシシッピ洪水管理法（Mississippi Flood Control Act）」が制定され，1930 年にはフロリダ州のオキーチョビー湖にフーバー堤防（Hoover Dike）が建設されたのだった（Schwartz 2015, pp.241-242）。

　1920 年代はまた，被災者救援活動についての重要な思想的前進があった。1923 年に国際連盟で，イタリアより被災者が救援を受けるのは権利であるという新しい考えが提起された。当初アメリカなどの反対もあったがその考えは基本的に受け入れられ，1927 年に「国際援助連合（International Union of Aid：UIS）」の創設が決議され（1932 年活動開始），自然災害被災者の基本的権利は国際社会が保障すべきとの原則が確立した。プエルトリコが 1932・33 の両年に連続してシンプソン・スケール 5 の巨大ハリケーンに襲われ甚大な被害を受けた際，危機的状況への対応には政府が先頭に立つべしと主張された。1932 年に発足したアメリカの F. ローズベルト政権は，「ニューディール」の一環として自然災害対応のためのインフラストラクチャーを構築するべく制度整備を進めた。それは，防災・減災ならびに被災者救援を政府の責任において実施する原則の確立を示すものだった（Schwartz 2015, p.242, pp.251-259）。

　このようにハリケーンの情報伝達・災害救助体制の整備が進む中で，西インドや北米で大きな人口を占める解放されたアフリカ系奴隷とその子孫たちの救援については，20 世紀に入ってもレイシズムの影響で思想的混乱を解決できないでいた。「黒人」は自らを救う能力に欠けるのだから「白人」は彼らへの人道主義的援助義務を負っているとされる一方，地域の相互援助の輪に参加しない「怠惰な人々」を援助する必要はないとする考えも根強かった（Schwartz 2015, pp.263-265）。

（3）カリブ海社会史におけるハリケーン・カトリーナ（2005 年）

　ハリケーン到来時にアフリカ系の人々の人的被害が不釣り合いに大きいという問題は，今日なお完全には解決してはいない。それを示すのが，2005 年にアメリカ合衆国を襲い合計 1,833 名の犠牲者を生んだハリケーン・カトリーナの

事例である。このハリケーンの上陸地ルイジアナ州ニューオーリンズは，歴史的にも社会的にも合衆国の諸都市の中で最も西インド社会に近しい性格を有している。すなわち複数のヨーロッパ列強の支配下に置かれた歴史を有し，大きなアフリカ系人口を抱え，そして言語など文化の混交があった。またカリブ海を通過したハリケーンはしばしばこの都市に到来しており，ニューオーリンズは西インド諸島とハリケーン災害史を共有している。

1980年にはこの都市のアフリカ系住民の人口比は50%程度だったのが，カトリーナ襲来の2005年にはそれは67%まで上昇していた。当時この都市の住民全体の世帯当たり所得の中央値は合衆国全体の値より3分の1ほど低く，住民の4分の1の経済生活は貧困線より低かった。カトリーナ被害が市中で最も深刻だったLower Ninth Wardなど町の貧困地区ではアフリカ系住民は人口の約5分の4を占めており，被災規模が住民の人種構成と貧困とに連関していることは明らかである。実際ニューオーリンズでは，その多くはアフリカ系の，貧困や高齢などにより自力で避難する手段を有しない人口が10万人にも上ることは当局も事前に把握していたが，何ら対策は講じられていなかった。

カトリーナ到来直前，州政府は運転手確保に手間取り避難バスの出動が遅れた。8月末にハリケーンがミシシッピ川の河口付近に上陸してニューオーリンズを縦断し市の面積の約80%が水没する中，市民の20%ほどが市中に取り残された。襲来後は医師の派遣手続きも遅れ，州知事による連邦政府への救援要請は襲来から5日も経た後になされた。結果，ルイジアナ州だけで1,577名に上る死亡者が発生した。死亡者数の86%が同州に集中したことは，この州の社会の人種的・階層的構成を考慮しなければ説明は難しい。

カトリーナ襲来後市内では無法な暴徒が跳梁しているとの流言が広まった。「救助に向かったヘリコプターが銃撃を受けた」や25,000人ほどが避難したスーパー・ドームでは「レイプや殺人が横行している」などの報道もなされた。それらは何の根拠もなかったか，せいぜい事態を過大に表現したものであり，とくに黒人の関与を強調するものだった。報道の仕方に課題があり，暴徒の略奪行為と必要に迫られた被災者の食糧・飲料水・ミルク入手のためのやむを得ざ

る不法行為との区別はほとんど為されなかった。市警察は襲来時に市内分署の
約3分の1を放棄し，近隣から急派された警官隊は洪水に見舞われた市中から
徒歩で橋を渡って白人住民の多い郊外に避難しようとする市民を制するため発
砲さえ辞さなかった。ルイジアナ州などからの遅ればせの要請に対し，国防長
官ラムズフェルドは，イラク戦争での消耗を理由に，米陸軍の治安出動には消
極的だった。

　このハリケーン・カトリーナがもたらした混乱は，大西洋奴隷貿易と奴隷制
プランテーション経済それにレイシズムによって彩られてきた，数世紀にわた
る広い意味でのカリブ海社会史を反映していると言える。システム機能不全の
原因の少なくとも一部は，アフリカ系の人々に対する偏見によってもたらされ
た。彼らを一概に粗暴で危険な人々とする見方はマス・メディアによって増幅
され，地域住民も当局も彼らを救援される権利を有する市民というよりも，社
会秩序を危うくする危険と見なしがちだった。しかしささやかながら住民自身
がこの問題を乗り越える努力を示したこともまた，忘れてはならない。例えば
近隣農村の多数の白人住民が，自発的にボートを出して人種に関わりなく救助
を行った。またスーパー・ドームでは避難民の間で自発的に一種の非公式な「政
府」さえ生み出され，アナーキーな状態の現出は被災者自身の手によって回避
されたのである（Schwartz 2015, pp.319-328）。

（4）小括

　西インド社会史の中でハリケーン災害を考察すると，自然災害の規模・深刻
さの変数としては，その科学的理解，情報伝達技術，早期警戒・避難・救援シ
ステムなどの発達・発展の度合いのみならず，被災する社会がどのような歴史
を刻んできたかもまた見逃せないことが分かる。アフリカから強制移住させら
れてきた奴隷労働者が人口の過半を占め，彼らを地域社会から排除してきた歴
史を有するこの地域では，奴隷解放後も彼らを能力と道徳において劣等で社会
秩序を乱す危険な人々とする先入見をなかなか払拭できず，今日なお，その子
孫の多くが地域で最も貧困な層の一部を構成することとも相まって，技術的に

は可能な被害の軽減を妨げている。自然災害による被害の広がりを考察するためには，歴史社会学的アプローチは有益な方法の1つに成り得る。次に1831年にバルバドス島に襲来したハリケーンを題材に，その人的被害の特徴を資料に基づいて明らかにしたい。

第2節　ハリケーンとバルバドス島の奴隷社会

　1831年8月に英領バルバドス島からキューバを経てニューオーリンズへ抜けたハリケーンは，奴隷制の廃止と科学的なハリケーン研究の開始，そして現地で実施される被災者救助活動への本国や植民地政府による制度化と統制強化が始まった時期に，大きな災害をカリブ海域にもたらした。この時期は，前述のように西インド災害社会史で「近代」への過渡期に当たり，英本国では，奴隷制廃止運動が国民的な広がりを見せていた。アフリカ人への社会科学的関心の高まりは彼らの人口データ収集の開始に結び付き，1810年代から奴隷制廃止に至るまでの間英領西インドでの『奴隷登録簿』の作成という成果を上げた。それ故，1831年のハリケーンはカリブ海の奴隷社会が被った死亡を量的に分析できる貴重な事例である。本節ではバルバドス島の『奴隷登録簿』の分析を通して，このハリケーンによる同島の奴隷死亡の社会的特徴を解明する。

(1)「英帝国の真珠」バルバドス島の社会経済史とハリケーン災害

　小アンティル諸島のバルバドス島は，面積 430km² ほどの小島である。19世紀に英領西インドのプランテーション経済の中心を担うことになるジャマイカ島の面積は約 10,990km² あり，バルバドスはその26分の1弱の面積しかない。大西洋とカリブ海とを画する小アンティル諸島は東西2列の弧状列島より成り，西側の内弧（inner arc）はセントキッツ島（St. Kitts，またはセントクリストファ島（St. Christopher））・ネイヴィス島（Nevis）・モンセラット島（Monserrat）など比較的若い火山島列，東側の外弧（outer arc）はアンティグア島（Antigua）

やバルバドスなど比較的古い火山島列である。外弧の島々は浸食が進み，周り
に堡礁がよく発達している。バルバドスは比較的平坦な地形で，中央高地の最
高点は標高314mに留まり河川は発達していない。この島は小アンティル諸島
中最も東側にあり，島列からやや離れた大西洋上に位置する。このロケーショ
ンにより，島はしばしばヨーロッパから「新世界」に向かう船の最初の寄港地
となった（Mulcahy 2014, pp.9-11）。

　この島には16世紀初めにスペイン人が進出していたが，彼らはその後長く島
を放置していた。17世紀初めには同島は無人だったため，1620年代にイギリス
はこの島を容易に領有し植民者を入植させることができた。入植者はまずタバ
コ栽培に注力したが，この時期その価格は下落し，島産タバコはその質が劣っ
ていたせいもあり，他の産地との競争に敗れた。1630年代には島は綿花栽培に
注力し，市場ではバルバドス産綿花は良質との評判を得，この時期島はコット
ン・ブームに沸いたものの，1640年代初め，やはりその価格は下落し住民はさ
らに有利な投資先として砂糖生産に注目した。それは結果的に島の主要農業部
門のセクター転換に留まらず，その社会構造の改変までに至った（Mulcahy
2014, pp.35-45）。

　この小島は，西インドの社会経済史においてユニークな位置にある。すなわ
ち17～19世紀南北アメリカ「新世界」各地に広がった，多数のアフリカ系奴隷
労働者を使役して輸出向け商品作物・半加工品を大量生産するプランテーショ
ン経済のモデルは，この島において生み出されたのである。その端緒は1640年
頃にブラジルから来住したオランダ人によって，サトウキビ栽培法と製糖技術
とが伝えられたことだった。当時砂糖は利益率の高い国際商品だったため，島
内にはサトウキビの大規模農場と製糖所とを組み合わせた「砂糖農園複合体
（sugar plantation complex）」が急速に広まった。いわゆる「砂糖革命（sugar
revolution）」は，こうして1640年から20年間にバルバドスにおいて進み，こ
の島を起点としてリーワード諸島（小アンティル諸島北部），ジャマイカ島を順
に経由して，西インド全体に広まってゆく。プランテーション経済は17世紀第
4四半期には北米南東部のジョージア・サウスカロライナ植民地にも広がる。

1637 年には全くなかったバルバドスの砂糖生産は，1670 年代には英本国が消費する砂糖の 65％を占めるほどにまで成長した。1645 年にはサトウキビ農園は既に島の面積の 40％を占めていたが，その比率は 1767 年には 80％に達した。このように劇的な変化を遂げたこの島は，やがて「英帝国の真珠」と称されるようになった。

　この経済の動きは島の社会構造も大きく変え，1645 年からこの世紀の終わりまでの間に大規模農園を開く資金を有しない白人小農民 3 万人ほどが島を去り，代わりに大規模プランタが島の社会・経済・政治を支配するようになった。1630 年代までは島の地価は小農にも購入可能な水準だったが，その後地価は高騰し彼らが農園主として自立することが困難になった。砂糖など特定の輸出向け農産加工品生産に極度に特化したモノカルチャー経済が，こうしてバルバドスに生まれた。この島の典型的な砂糖プランテーションは，広さ 80ha 余りで 1 つの製糖所を付設しているというものだった（Curtin　1998, pp.81-84）。

　その後白人雇用労働者と入れ替わるように，アフリカからの奴隷労働の利用が広まった。1627 年に初めてこの島に入植した英国人たちは既に何名かのアフリカ系奴隷を伴っていたが，1640 年頃からの「砂糖革命」で奴隷人口は急速に増加し，1655 年には島の白人人口 2 万 3,000 人ほどに対しアフリカ系奴隷のそれは 2 万人ほどになった。1680 年代には島内のアフリカ系奴隷の人口は 5 万人ほどに達し，18 世紀を通しバルバドスの人口構成は，大まかに白人 25％，黒人 75％の比率を維持したのであった。こうして西インドに典型的な支配体制である「プラントクラシ（plantocracy）」（大プランテーションが社会の土台を構成し，少数の白人が多数のアフリカ系奴隷労働者を支配する体制）のモデルもまた，バルバドスで生み出されたのであった（Mulcahy　2014, pp.39, 44-45）。

　資本主義的大規模農場・工場経営が人種的に極端に分極化された社会を土台として展開されたのが，近世カリブ海世界の特徴だった。労働者は，支配層である「白人」とは人種・文化の異なるアフリカ人だった。バルバドスでは既に「砂糖革命」に先立つ 1636 年に，入植者たちによりすべてのアフリカ人奴隷を所有の「動産（chattels）」と見なすと宣言されていた。法律的にアフリカ系

労働者を所有者の動産とする近世「新世界」に特有の奴隷制のモデルもまたこの島で生まれたのである（Beckles 2016, pp.11-13）。人口の大部分が少数の支配層の私的資産として扱われる社会が自然災害の脅威に非常に脆弱だったことは，想像に難くない。

　「砂糖革命」発祥の地で「帝国の真珠」であるバルバドスは，上述のようにハリケーン襲来頻度は小アンティル諸島北部の島々や大アンティル諸島よりも少ないとはいえ，それに伴う様々な災害を被ってきた歴史を有する。そこで 1831 年に先立つ島のハリケーン災害のうちとくに大きなもの 2 つを紹介したい。

　この島のハリケーン災害で知られているもののうち最も古いのは上述の 1674・1675 両年のそれである。人的被害規模は不明だが，島のサトウキビ栽培は壊滅的被害を受け，債務返済の当てを失った小農民や小規模プランタの多くが周辺の島々に逃れたので，島の人種的構成はさらに黒人の側に傾いた。当時島の人口は白人 2 万 3,000 人ほどに対し黒人奴隷人口は 4 万人を超えていた（Schwartz 2015, p.55）。

　1780 年にバルバドスは再び破壊的なハリケーンの襲来に見舞われた。この年は，少なくとも 8 個のハリケーンがカリブ海とメキシコ湾岸に襲来している。時にアメリカ独立戦争は激しさを増し，それにフランス（1778 年）とスペイン（1779 年）は相次いで 13 州側に付いて参戦したため，西インドでは彼らとイギリスとの軍事衝突が頻発していた。英本国による 13 州への禁輸措置により北米からの食糧輸入が困難になり，同島の奴隷の間では飢餓が広まっていた。この中でのハリケーンの到来は，被害をさらに拡大させた。

　この年の 8 月下旬までに到来した初めの 4 個のハリケーンによる被害は軽微に済んだものの，続く 3 個のハリケーンは西インド全体で合わせて 1,000 人を超える死亡者をもたらした。そして 10 月 10 日から 16 日までの間に，バルバドスの北を経てプエルトリコ島南岸からイスパニョーラ島北岸を西北西に進んだ巨大ハリケーンは，この地域全体で少なくとも 2 万 2,000 人，恐らくは 3 万人を下らない死亡者をもたらした。この 10 月の「大ハリケーン（the great hurricane)」がバルバドスを襲ったのは 10 日のことで，首都ブリッジタウンで

はほとんどの家屋が倒壊し，知事公館も破壊されたため知事一家も一晩中避難を余儀なくされた。教会や製糖所の大半も損壊した。そして島の死亡者は，白人のそれも含め合計 4,500 人も上った。奴隷の直接の死亡は少なくとも 2,000 人と見積もられる。但し 1780 年から 1781 年の間に彼らの人口が 5,000 人ほど減少していることから，襲来後に負傷・飢餓・疾病などでさらに多数の奴隷が死亡したことは明らかである（Schwartz 2015, pp.93-95）。

(2) 1831 年「大ハリケーン」とバルバドス社会

　1831 年の巨大ハリケーンもまた，1780 年のそれと同様に，「新世界」社会が危機的状況にあった中で西インドを襲った。1780 年代の危機はアメリカ合衆国独立戦争に伴う国際政治上の緊張からもたらされたが，1831 年のそれは，西インド社会の外部に起因するものではなく，この社会のプラントクラシという白人少数支配体制そのものに起因する内在的危機だった。1810 年代以降，地域人口の大半を占めるアフリカ系奴隷が，各地でこの体制の転覆を目的とした反乱を次々に起こしたのである。まず 1816 年にブラジル，ベネズエラそしてバルバドス島に起こった奴隷反乱を皮切りに，1823 年には英領ガイアナのデメララ（Demerara），1831 年にはジャマイカと合衆国ヴァージニアで黒人奴隷が武装蜂起した。

　英本国では特にデメララの反乱後アフリカ系奴隷の解放を求める圧力が高まっていたが，バルバドスをはじめ西インドの各植民地議会やプランタは，植民地の秩序を崩壊させる危険があるとして，あるいはプランタの基本的権利としての所有権が侵害されるとして，奴隷制の即時廃止に抵抗した。奴隷の間では，英国王は既に奴隷解放を宣しているにもかかわらず植民地のプランタらがそれに抵抗しているという流言が広がり，それが彼らの蜂起の誘因となっていた。この本国・植民地プランタ・奴隷三者の緊張関係の中バルバドスは，1831 年 8 月 10・11 日の 2 間にわたり破壊的なハリケーンの襲来を再び受けたのである。

　この「大ハリケーン」は，シンプソン・スケールでレベル 4 と推測されるが，バルバドスだけで死亡者約 1,500 人と負傷者数千人に上る人的被害もたらした。

同ハリケーンは，その後西進し小アンティル諸島のセントヴィンセント島を襲い島のサトウキビ農場のほぼすべてに損害を与え，北進してハイチに向かった。バルバドスはハリケーン通過後に深刻な食糧不足に見舞われ，食料価格は前年に比較して200倍にも高騰した。バルバドス知事リオン（Lyon）は，治安維持のための民兵の出動，食料価格の凍結，そして奴隷反乱を封じるための委員会の任命などの対策を矢継ぎ早に打ち出した。災害支援は，アンテグィア島やグレナダ島など英領植民地のみならず近隣のデンマーク領セントトーマス島からも寄せられた。英本国議会も島に復興支援金給付の他，砂糖売上税の一時免除を認めた。

　この破壊的災害に際会してなお，奴隷が地域社会の相互援助の輪から排除されていたことは明らかである。島のクレオール住民で後にバルバドスの新聞『ザ・ウェスト・インディアン』の社主兼編集者となったハイド（S. Hyde）は，到来の数か月後に公刊したハリケーン災害についての著書で，島では知事以下の役職者から聖職者・兵士・そして黒人奴隷に至るまで住民が共同精神をもってこの困難に英雄的に立ち向かった様を叙述した。しかし同著ではまた，暴徒による襲撃や酒類の強奪とそれに伴うさらなる秩序の乱れも記されている。そして西部の諸教区の農園では奴隷が食料を求めて耕作地を襲撃するなど，全般的に不穏な情勢になりつつあったとされた。リオン知事はハリケーン通過後すぐに，奴隷たちの間でサボタージュが自然に広まり，農園によっては反乱の兆しがあり，一部が暴徒化しつつあると表明した。そして翌年1832年4月，知事は，島の植民地議会開会の辞においてこの大災害に住民が示した忍耐と強さとを称賛したが，そこでは島の奴隷については一言も言及されなかった。バルバドスでも黒人奴隷は地域人口の大半を占めていたが，地域社会の困難を分かち助け合う集団とは見なされず，彼ら自身の態度もまた偏見を助長した面があった。奴隷とそれ以外の住民との人種的相互不信は，相次ぐ奴隷反乱もあってこの時期むしろ高まり，奴隷の人的被害をその分悪化させただろう（Schwartz 2015, pp.131–138）。

(3) 1831年「大ハリケーン」による奴隷の死亡

　次に資料に基づいて1831年「大ハリケーン」による奴隷の死亡を検討する。まず用いる資料『奴隷登録簿（Slave Register)』を説明する。この資料は，英領西インドで19世紀前半に作成された奴隷のセンサスである。元来この資料は，1807年の大西洋奴隷貿易廃止後も継続された西インドへの違法な奴隷輸出を取り締まる目的で，奴隷貿易廃止論者たちの主張により導入された。西インドに居住する奴隷一人一人について年齢や出身地その他を聞き取り，彼らが違法に輸入されていないかを確かめるのである。

　実際に初めて奴隷の人口調査がなされ『奴隷登録簿』が作成されたのは，1813年の英領トリニダード島においてであった。翌1815年に同セントルシア島にて，奴隷人口調査がなされた。1816年にはジャマイカとバルバドスの両植民地議会が奴隷登録を受け入れ，その他の英領西インドの植民地も，少数を除いて，翌年までにそれらに倣った。このようにカリブ海のイギリス植民地の間で対応の足並みが揃わなかったのは，奴隷登録調査を植民地の内部事情に本国議会が介入するものであると見て，少なからぬ反発が諸所であったためである。1821年にバハマ諸島，1827年にアンティグア島，そして最後に1834年に英領ホンジュラスとケイマン諸島が同意し，すべての英領で奴隷登録が為されることになった。

　こうしてこの一帯の英領の各農園は3年ごとに奴隷の人口調査を実施し，各植民地当局はそのデータを『奴隷登録簿』にまとめるよう義務付けられた。実際には奴隷登録は，3年ごとに生存するすべての奴隷についてなされたのではなかった。そのような調査が実施されたのは多くの場合初回だけで，2回目以降は出生・死亡・移出入など前回調査以降に生じた異動分だけを記録するに留めた場合が多い。バルバドスの『奴隷登録簿』は，初回が1817年で，続いて1820年，1823年，1826年，1829年，1832年，そして最後に1834年と合わせて7回作成されている。理由は不詳であるが，同島ではそれらのうち現存する奴隷すべてを列挙したものは，初回から1823年の第3回目までと最終の1834年の4回見られる（Higman 1995, pp.6-11)。

　1831 年「大ハリケーン」による死亡者を最もよく示すのは，翌 1832 年に作成された第 6 回目の『奴隷登録簿』[(1)] になる。フォーマットの調査項目は，男女別に新規記載または削除の事由・名前・年齢・肌の色（黒人か混血か）・出身地となっており，1823 年まで遡及すれば理論的にはこの年度の島の奴隷のセンサスを復元できるようになってはいるが，同名の者が多いうえ年齢も空欄の場合が多く，実際には多くの場合個人の同定や死亡者の年齢別構成の復元は難

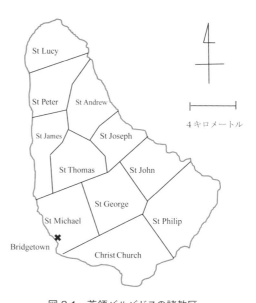

図 3-1　英領バルバドスの諸教区
（資料）Smith（2006, p.180）および Mulcahy（2014, p.37）より.

しい。島の『奴隷登録簿』は島内 11 教区毎に編集されており（**図 3-1**），死亡の地域的分布を知ることができる。ただしこの回の記録では，教区毎の人口は示されない。興味深いことに，この資料では死因の 1 つとして「ハリケーン／ストームによる死亡（"Death/Deaths by the Hurricane/Storm"）」が明記されている。これを用いてハリケーンによる直接の死亡の規模を知り，それを男女別に比較することは可能である。

　まずバルバドスの教区毎の死亡者数を比較しよう（**表 3-1**）。上述のように教区毎の人口データは 1832 年の登録簿には記載されておらず，その総数だけが別冊子（T71/552）の末尾に示されている。この年の島の奴隷総人口は 8 万 1,500 人で男 3 万 7,762 人，女 4 万 3,738 人である（表 3-1 には未記載）。また表 3-1 では参考までに 1834 年のデータを示す。1829 年から 1832 年までの 3 年間に島で死亡した奴隷の総数は 7,326 人で，うち男 3,684 人（50.3％），女 3,642 人（49.7％）と男女差はほとんどない（項目 a，b，c）。この 3 年間に島の奴隷人口

表3-1　1831年「大ハリケーン」によるバルバドス島の奴隷人口への被害（教区毎）

教区　Parish	1834年人口(人)		1829~32年の奴隷死亡数(人)			1831年「大ハリケーン」による奴隷死亡数(人)			諸比率(%)			
	男	女	男(a)	女(b)	計(c)	男(d)	女(e)	計(f)	d/a(g)	e/b(h)	f/c(i)	e/d(j)
Christ Church	4,825	5,481	447	408	855	42	40	82	9.4	9.8	9.6	95.2
St Andrew	2,000	2,339	226	194	420	11	8	19	4.9	4.1	4.5	72.7
St George	3,924	4,255	392	425	817	46	65	111	11.7	15.3	13.5	141.3
St James	2,148	2,259	265	251	516	49	42	91	18.5	16.7	17.6	85.7
St John	2,893	3,290	290	317	607	19	27	46	6.6	8.5	7.5	142.1
St Joseph	1,894	2,127	228	268	496	27	43	70	11.8	16.0	14.1	159.2
St Lucy	2,939	3,478	362	293	655	87	71	158	24.0	24.2	24.1	81.6
St Michael	7,702	9,539	353	361	714	28	30	58	7.9	8.3	8.1	107.1
St Peter	2,725	3,120	371	350	721	62	62	124	16.7	17.7	17.2	100.0
St Philip	5,439	5,586	458	478	936	47	59	106	10.3	12.3	11.3	125.5
St Thomas	2,562	2,877	292	297	589	37	48	85	12.7	16.2	14.4	129.7
計	38,456	44,351	3,684	3,642	7,326	455	495	950	12.4	13.6	13.0	108.8

（資料）バルバドス島奴隷登録簿（Slave Register, Barbados）1832年および1834年，英国立公文書館ロンドン本館（National Archives, London）蔵，資料番号 T71/548-552: 1832 および T71/565: 1834.

8万1,500人の9.0％が死亡で失われたことになる。一方，「大ハリケーン」による奴隷死亡数を見るとその総数は950人だが，内訳は男455人（47.9％）対女495人（52.1％）で女性の比率がやや高い。それ故，1829~32年の奴隷死亡数に占める「大ハリケーン」による奴隷死亡数の比率も，男12.4％対女13.6％となり，全体として1831年「大ハリケーン」は男性奴隷よりも女性奴隷にとってより大きな脅威だったと言える（項目d~i）。

　次に地域ごとに奴隷死亡の分布を検討しよう。まず，「大ハリケーン」による死亡で最大の人的被害を被った2教区St Lucy（158人）とSt Peter（124人），および，やはり91名という比較的多くの死亡があったSt James教区はいずれも西海岸に面しており，このハリケーンはとくに西海岸で大きな被害を出したといえる。これら3教区では死亡数cに占める「大ハリケーン」による死亡数fの比率iが抜きん出て高く，またそれは男女とも高い（比率g，h）。最大の被害を出した2教区は島の北端を占め三方を海に囲まれているため，風雨や高潮の影響を強く受けたのではないか。それに対し人的被害が最も軽微だった2教

区 St Andrew（19 人）と St John（46 人）とは，ともに東海岸に面していた。この 2 教区の比率 g ならびに h，i は，他教区に比して低い。これらより 1831 年「大ハリケーン」は，島の西海岸沖を通過したとも考えられる。例外は St Michael 教区で，西海岸に位置するにもかかわらず奴隷死亡数は 58 人に留まり，比率 g，h，i の値も低い。この教区は島の首都ブリッジタウンを抱え商業が盛んであり，白人の屋敷の下働きや物売りなどの奴隷人口が農村部に比して多かったと推測される。彼らは農場奴隷に比して災害・避難情報に接し易くまた行動の自由もあったことが，死亡者数を抑えたと見られる。

　さらに死亡者数の男女比 j を見ると，女性の方が明らかに大きい 5 教区のうち内陸の St Thomas を除く 4 教区（St George・St John・St Joseph・St Philip）は，すべて東海岸に面している。これら農村部で女性の死亡が多いのは，農場監督や職人など特権的地位はほぼ成人男性が占め女性は生涯農場作業に従事するという奴隷社会のジェンダー構造が関連すると考えられる（Higman 1995, pp.189-193）。男性奴隷に比して女性の方が情報へのアクセスや行動の自由が大きく制約されていたと推測される。

（4）小括

　バルバドスの奴隷制プランテーション世界では，社会が人種的に極度に分極化し相互に不信感を抱いているため，アフリカ系奴隷労働者集団が地域の相互援助の輪から排除され徒に被害を拡大させ得る。ハリケーン被害の広がりが社会集団ごとに不均等である関係は奴隷集団内でも見られ，特権的業務を占める男性の死亡者数は女性のそれよりも少なかった。ただし女性でも都市部居住者の死亡は少ない。個人が避難・救援情報にアクセスでき自身の判断で行動できる自由の度合いは，自然災害の被害軽減の無視できない要素といえる。

おわりに

　本章では南北アメリカ大陸の代表的自然災害であるハリケーンを取り上げ，西インド諸島におけるその災害とそれに対する人々の対応の歴史を議論した。ハリケーンは 16 世紀位までは神のなせる業で対応不能な現象とされていたが，その後襲来時期の法則性が理解され減災の工夫が始められた。「新世界」に移住したヨーロッパ人の間では次第に地域的な連帯感が醸成され，災害に対し自発的な相互援助が始められた。しかし奴隷として使役されたアフリカ人は，この関係からは排除されたままだった。

　19 世紀第 2 四半期にはハリケーンの科学的研究の開始，世紀半ば以降は気象観測体制の整備などが進められ，さらに 20 世紀に入るとハリケーン被災者の人権として援助を受ける権利が確立された。それに伴い防災や被災者救援は各国政府の責任と見なされるようになった。しかしハリケーン「カトリーナ」の事例は，人種主義と深く関連した社会経済構造が防災と被災者救援に大きな課題を今日なおも残していることを物語る。

　アフリカ人奴隷制社会のハリケーン被害の広がりが社会的にいかに不均等だったかは，1831 年にバルバドスを襲った大ハリケーン死亡の検討から分かる。死亡数は，都市部よりも農村部の方が大きい。農場で厳しく管理された者たちより都市の様々な雑仕事の従事者の方が，情報へのアクセスが容易で行動の自由も大きかったためと考えられる。また男性よりも女性の死亡数の方が多い。男女間で情報へのアクセスや行動の自由に差異があったことが窺われる。ハリケーン災害を西インド諸島社会史の文脈の中で考察すると，人的被害の変数として，被災地の緯度・ハリケーンの勢力や進路などの自然的条件，その予報や情報伝達技術，早期警戒・避難・救援体制などの技術的・組織的条件のみならず，その社会構造のあり方もまた考慮すべきことが分かる。

注

(1) この史料の原本は，ロンドンのキューにある英国立公文書館本館（National Archives, London）に所蔵されている。史料番号は 1832 年のものが T71/548-552 で，1834 年のものが T71/565 である。史料タイトルは ともに "Slave Register, Barbados" である。現在これらの史料はウェブ上に公開され閲覧できる（https://search.ancestry.co.uk/search/db.aspx?htx=List&dbid=1129&offerid=0%3a7858%3a0）。

参考文献

Beckles, H. M.（2016）*The First Black Slave Society: Britain's "Barbarity Time" in Barbados, 1636-1876*, Kingston, Jamaica: The Press University of the West Indies.

Curtin, P. D.（1998）*Rise and Fall of the Plantation Complex, 2nd ed.*, Cambridge: Cambridge University Press.

Higman, B. H.（1995）*Slave Populations of the British Caribbean 1807-1834,* Kingston, Jamaica: The Press University of the West Indies.

Mulcahy, M.（2014）*Hubs of Empire: The Southern Lowcountry and British Caribbean,* Baltimore, Maryland: Johns Hopkins University Press.

Schwartz, S. B.（2015）*Sea of Storms: A History of Hurricanes in the Greater Caribbean from Columbus to Katrina*, Princeton, New Jersey: Princeton University Press.

Smith, S. D.（2006）*Slavery, Family and Gentry Capitalism in the British Atlantic: The World of the Lascells, 1648-1834*, Cambridge: Cambridge University Press.

（伊藤栄晃）

第4章　わが国における震災と死亡

はじめに

　人間にとって，様々な自然災害は直接・間接に人命・財産の損失をもたらす恐ろしい存在である。日本はその位置，地形，地質，気象などの自然的条件から，台風，豪雨，豪雪，洪水，土砂災害，地震，津波，火山噴火などによる災害が発生しやすい（内閣府　2010）。特にわが国は，世界有数の地震大国であることから歴史的に見ても数々の震災を経験してきている。本章では，はじめにわが国における自然災害全般とそれに関する人口統計との関連の概要を俯瞰し，特に震災と死亡統計についてレビューを行う。

　また，公式統計である人口動態統計と公式生命表では，これまで，阪神・淡路大震災と東日本大震災について，それぞれの震災による死亡の状況と生命表を用いた評価が行われている。しかしながら，特に生命表を用いた評価においては，統一的な方法論での評価が行われていないのが現状である。そこで，次に，国立社会保障・人口問題研究所「日本版死亡データベース」を用いてこれらを一貫した方法論の下で評価し，わが国の震災が生命表に及ぼした様々な影響を比較・検討することとしたい。

第1節　世界の震災と統計

（1）世界・日本の震災

　世界で発生する自然災害による人的被害について，1970年から2018年まで

をみると，この50年ほどの期間における全災害の死亡者は合計で340万人ほど
であることがわかる。ただし，その期間のほぼ中間年である1995年の前後で分
けると，この間に人口は増加しているにもかかわらず，1995年以降の死亡者数
は60万人ほど少なくなっている。災害別にみると，死亡者数に大きく寄与する
災害は地震であり，特に1995年以降では死亡者総数の半分以上を占めている。
他方，被災者総数に対する寄与度は洪水が大きく，地震の占める割合は3%弱

表4-1　世界における死亡者5,000人以上の地震（1950年以降）

発生順位	発生年月日	主な被災国	主な被災地	マグニチュード	死亡者数	被災者数	津波
1	1960 2 29	モロッコ	アガディール	5.9	12,000	25,000	―
2	1960 5 21	チリ	チリ国内の他, 太平洋各地に津波をもたらす.	9.5	6,000	2,003,000	―
3	1962 9 ―	イラン	北西部	7.3	12,000	103,000	
4	1968 8 31	イラン	北東部	7.3	10,000	79,050	
5	1970 1 ―	中国	雲南省	7.6	10,000	⋯	
6	1970 5 31	ペルー	北部	7.8	66,794	3,216,240	
7	1972 4 10	イラン	南部	7.1	5,057	23,458	
8	1972 12 23	ニカラグア	マナグア	6.2	10,000	720,000	
9	1974 5 ―	中国	雲南省, 四川省	6.8	20,000	⋯	
10	1975 2 4	中国	遼寧省	7.4	10,000	⋯	
11	1976 2 4	グアテマラ	グアテマラシティ	7.5	23,000	4,993,000	―
12	1976 7 27	中国	唐山, 北京, 天津	7.8	242,000	164,000	
13	1976 8 16	フィリピン	ミンダナオ島	7.9	6,000	181,348	
14	1978 9 16	イラン	タバス (南ホラーサーン州)	7.8	25,000	40,000	
15	1985 9 19	メキシコ	メキシコシティー	8.1	9,500	2,130,204	―
16	1987 3 5	エクアドル	カルチ県, インバブーラ県, パスタサ県, ナポ県	6.9	5,000	150,000	
17	1988 12 7	アルメニア	ギュムリ, スピタク	6.9	25,000	1,642,000	
18	1990 6 21	イラン	ラシュト, ルードバール, マンジール	7.3	40,000	710,000	―
19	1993 9 29	インド	南部	6.4	9,748	30,000	
20	1995 1 17	日本	阪神・淡路	7.2	5,297	541,636	―
21	1999 8 17	トルコ	北西部	7.4	17,127	1,358,953	―
22	2001 1 26	インド	西部	7.7	20,017	6,321,812	―
23	2003 12 26	イラン	南東部	6.6	26,796	267,628	
24	2004 12 26	インドネシア	インド洋沿岸	9.1	226,408	2,431,613	有
25	2005 10 8	パキスタン	カシミール地方	7.6	74,648	5,284,931	―
26	2006 5 26	インドネシア	ジャワ島	6.3	5,778	3,177,923	―
27	2008 5 12	中国	四川省	7.9	87,476	45,976,596	―
28	2010 1 12	ハイチ	ポルトープランス, レオガン	7.0	222,570	3,700,000	―
29	2011 3 11	日本	東北地方	9.0	19,847	368,915	有
30	2015 4 25	ネパール	ゴルカ郡, ドラカ郡, ラメチャーブ郡, バグマティ県	7.8	8,942	5,848,365	―

（資料）EM-DAT（災害データベース）ルーヴァン・カトリック大学（ブリュッセル, ベルギー）www.emdat.be.
（注）死亡者数および被災者数には，同一地震による周辺国の被害を含む.

に過ぎない。

　以下では，まず世界の震災について概観する。**表 4-1** は，1950 年以降において死亡者が 5,000 人以上に達した 18 か国の延べ 30 件の地震に関して，その属性を示したものである。[(2)] この表によれば，被害の大きな地震は地理的にみると，日本，中国，東南アジア，中東および南ロシア，中南米にほぼ集中している。震災の規模として死亡数をみると，死亡者が数万人を超えるものもあり，特に

表 4-2　わが国における死亡者・行方不明者 100 人以上の地震・津波（明治期以降）

発生順位	発生年月日	地震名	マグニチュード(*1)	死亡者数(*2)	うち震災関連死(*3)	行方不明者数(*2)	津波	最大震度(*4)
1	1872(明治 5)年 3月14日	浜田地震	7.1	555	—	—	有	不明
2	1891(明治24)年10月28日	濃尾地震	8.0	7,273	—	—		(6)
3	1894(明治27)年10月22日	庄内地震	7.0	726	—	—		(5)
4	1896(明治29)年 6月15日	明治三陸地震	8.2	21,959	—	—	有	(2~3)
5	1896(明治29)年 8月31日	陸羽地震	7.2	209	—	—		(5)
6	1923(大正12)年 9月 1日	関東地震 (関東大震災)	7.9	死・不明 10万5千余			有	6
7	1925(大正14)年 5月23日	北但馬地震	6.8	428	—	—		6
8	1927(昭和 2)年 3月 7日	北丹後地震	7.3	2,912	—	—	有	6
9	1930(昭和 5)年11月26日	北伊豆地震	7.3	272	—	—		6
10	1933(昭和 8)年 3月 3日	昭和三陸地震	8.1	死・不明 3,064			有	5
11	1943(昭和18)年 9月10日	鳥取地震	7.2	1,083	—	—		6
12	1944(昭和19)年12月 7日	東南海地震	7.9	死・不明 1,183			有	6
13	1945(昭和20)年 1月13日	三河地震	6.8	1,961	—	—		5
14	1946(昭和21)年12月21日	南海地震	8.0	死・不明 1,443			有	5
15	1948(昭和23)年 6月28日	福井地震	7.1	3,769	—	—		6
16	1960(昭和35)年 5月23日	チリ地震津波	9.5	死・不明 142			有	5
17	1983(昭和58)年 5月26日	日本海中部地震	7.7	104	—	—	有	5
18	1993(平成 5)年 7月12日	北海道南西沖地震	7.8	202	—	28	有	5
19	1995(平成 7)年 1月17日	兵庫県南部地震 (阪神・淡路大震災)	7.3	6,434	919	3	有	7
20	2011(平成23)年 3月11日	東北地方太平洋沖地震 (東日本大震災)	9.0	19,689	3,739	2,566	有	7
21	2016(平成28)年4月14~16日	熊本地震	7.3	269	219	—		7

（資料）気象庁（http://www.jma.go.jp/jma/menu/menureport.html）.
　（注）※1）チリ地震津波，東北地方太平洋沖地震（東日本大震災）はモーメントマグニチュード．　※2）被害数は，日本被害地震総覧（2013）による．ただし 1995 年以降の震災については総務省消防庁の資料，関東地震（関東大震災）は理科年表による．死者・行方不明者の合計数を記載する場合は「死・不明」としている．　※3）兵庫県南部地震（阪神・淡路大震災）の関連死は兵庫県のみ．東日本大震災は復興庁による 2019 年 3 月 31 日現在のもの．　※4）1922 年以前の地震の震度については気象庁の震度データベースには収録されていない．これらの地震の最大震度については，地震報告・地震年報・気象要覧（中央気象台）によるものを括弧付きで掲載した．なおこの期間の震度は，微・弱・強・烈の階級で記載してあるが，これに対応する震度 1～6 に置き換えられている．

表 4-3　関東大震災，阪神・淡路大震災，東日本大震災の比較

内容	関東大震災	阪神・淡路大震災	東日本大震災
発生日	1923年9月1日	1995年1月17日	2011年3月11日
地震の規模	地震マグニチュード7.9	地震マグニチュード7.3	地震マグニチュード9.0
被害甚大な地域	東京都，神奈川県，千葉県	兵庫県	岩手，宮城，福島県
死者／行方不明者数	105,385人	6434人／3人	19,729人／2,559人
負傷者数	103,733人	43,773人	6,233人
避難者数(ピーク時)	190万人超	31万人超	55万人超
住宅被害(全・半壊)	21万棟超	249,180棟	404,934棟
被害総額／国家予算	55億円／15億円	約10兆円／70兆円	約16兆9千億円／85兆円
仮設住宅生活者世帯数	2万超世帯(公設バラック)	46,617世帯	約12万戸
特　徴	木造密集市街地型 火災による死者多数 19億5千万円の復興予算	都市型 住宅倒壊による圧死者 約930名の震災関連死	スーパー広域型 地震・津波・原発災害の複合災害 3,739名の震災関連死 (2019.9.30現在)

（資料）河田惠昭（2011）「東日本大震災と関東大震災，阪神・淡路大震災との違い」（第2回東日本大震災
　　　　復興構想会議（2011年4月23日））資料．
（注）東日本大震災の死者等は消防庁「平成23年（2011年）東北地方太平洋沖地震（東日本大震災）に
　　　ついて（第159報）」（2020年3月1日現在）ほかにより筆者加筆・修正．東日本大震災の仮設住宅
　　　にはいわゆる「みなし仮設」（約7万戸）を含み，同震災の被害額は内閣府『2016（平成28）年度防
　　　災白書』による．

　20万人を超える大規模な震災は中国（1976年），インドネシア（2004年），ハ
イチ（2010年）において計3回発生している。このうち，インドネシア地震
（2004年）はインド洋全体へ及んだ津波による被害が大きかったのに対し，他
の2つの地震はいずれも直下型地震であり，倒壊による被害が大きかった。ま
た，全体として開発途上国の被害が特に大きくなっているのは，途上国では貧
困，地震経験の少なさ，不適切な設計の建築物などの影響が大きいためである
（UNISDR and CRED　2016a）。
　次に，日本における震災の状況を**表4-2**に示した[3]。日本は地震が頻発する国
であるものの，100人以上の死亡者・行方不明者を出した地震は明治から現在
までの約150年間で21件である。そのうち「大震災」と呼ばれる地震は3度
あった。すなわち1923年の「関東地震（関東大震災）」，1995年の「兵庫県南
部地震（阪神・淡路大震災）」，そして2011年の「東北地方太平洋沖地震（東日

本大震災）」である。ただし，死亡数だけをみると，例えば 1896 年の「明治三陸地震」は 2 万人を超えているように，死亡数では上記の 3 大震災のいずれをも上回っている地震がある。

　これらの 3 大震災について，その規模や被害状況等を比較してみよう（**表4-3**）。いずれの地震も日本の震災史，防災史上に大きな影響を残しているが，それぞれ被害の状況などは異なる点が多い。これら 3 つの震災による主な死因をみると，関東大震災では火災による死亡が多数を占めた（死亡数の 87％）。それに対し，阪神・淡路大震災では住宅等の倒壊による窒息・圧死（同 77％）が多く，東日本大震災では津波による溺死（同 75％）[4]が多かった。これら 3 つの震災では死亡者以外の被害も甚大であり，関東大震災では被害総額が当時の国家予算の 3 倍を超えている。

(2) 統計と「震災」

　日本の死亡統計は役所等に届出される死亡届[5]をもとに作成され，死亡者の男女，年齢，住所地，死亡の場所や死因などによって集計されたうえで，厚生労働省の「人口動態統計」にまとめられている。

　まず，この人口動態統計に基づいて死亡の状況を見てみよう。**図 4-1** は，人口動態統計が始まった 1899 年から 2018 年までの死亡総数，および「不慮の事故」を死因とする死亡数の推移を示している。この不慮の事故には震災による死亡も含まれる。死亡総数の推移をみると，必ずしも震災による大きな変動は観察されない。例えば，関東大震災のあった 1923 年の死亡総数よりも 1918 年および 1920 年の死亡総数の方が統計上は多くなっている。これは世界的なインフルエンザの大流行によって死亡が急増した影響である。

　一般に，人口動態統計での死亡統計は，原則として「年内に死亡し，かつ死亡届が出されたもの」に限定される。しかし，大きな災害では年内に死亡届が提出されない場合もある。関東大震災が発生した 1923 年の翌年以降に提出された，1923 年の死亡に関する届けの件数を見ると，1 年後（1924 年）に 12,587 件と多く，2〜8 年後までの届出遅れの合計は 6,447 件であった。これらの届出遅

図 4-1　人口動態統計による死亡数の推移（1899～2018 年）

（資料）厚生労働省「人口動態統計」.

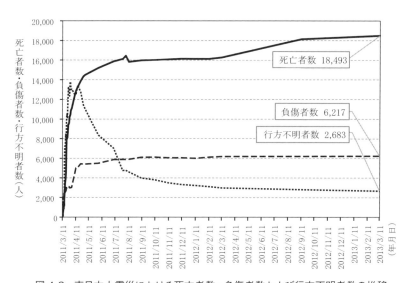

図 4-2　東日本大震災における死亡者数・負傷者数および行方不明者数の推移

（資料）総務省消防庁「平成 23 年（2011 年）東北地方太平洋沖地震（東日本大震災）について」各報による.
　（注）図中の数値は 2013 年 3 月 11 日現在の人数を表す.「死亡者」とは, 当該災害が原因で死亡し死体を
　　　確認したもの, または死体を確認することができないが死亡したことが確実なものであり, いずれも死
　　　亡届が提出されたもの（＝戸籍上は死亡）.「行方不明者」とは, 当該災害が原因で所在不明となり,
　　　かつ死亡の疑いのあるもの（＝戸籍上は生存）.

れは，それらのすべてが震災によるものではないと思われるが，関東大震災による死亡は火災を主体としていたことから遺体の身元判明などに時間がかかり死亡届の提出が遅れたためと考えられる。こうした届出遅れの増加は，戦後の大震災である阪神・淡路大震災や東日本大震災ではほとんどみられない。

　さらに，何らかの理由により死亡届が出せないなどの場合も考えられる。そこで，消防庁の資料を用いて，各自治体が扱った死亡者，行方不明者および負傷者について，震災発生時から現在までの各件数の推移をみてみよう（**図4-2**）。この図をみると，特にはじめの半年間は自治体に届けられた行方不明の数がかなり上下動している。当該資料によれば被害の概要を報告するまでに数日を要しているところもあるが，これは，被害の大きかった自治体では自治体自体が被災していたからであると考えられる。また，新たな被害が確認されていく一方で，被害情報には重複やその後の生存確認による取り下げなどもあり，数値は上下に大きく変動している。こうした数値の大きな変動自体が，当時の現場における尋常ではない混乱ぶりを端的に示していると言えよう。

　次に，震災による年齢別死亡率をみてみよう。**図4-3** は，被災県の震災によ

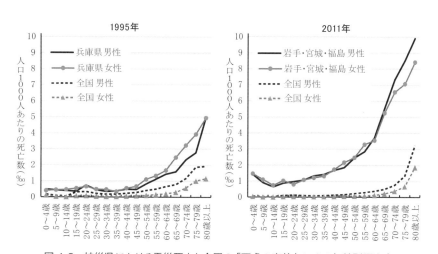

図 4-3　被災県における震災死亡と全国の「不慮の事故」による年齢別死亡率
（資料）厚生省（1995），厚生労働省（2012a）および総務省統計局「国勢調査」による．それぞれ全国は被災県を除いている．

る年齢別死亡率ならびに被災県を除いた全国における「不慮の事故」による年齢別死亡率である。ここでは，震災死亡に占める割合が9割を超える県もしくはそのグループを被災県とし，被災県の年齢別人口に対する，当該県の震災による年齢別死亡数の比を年齢別死亡率とした。結果として，阪神・淡路大震災では震災死亡の99%を占める兵庫県が被災県となり，東日本大震災では震災死亡の約95%を占める岩手県・宮城県・福島県が被災県となる。

　この図を見ると，阪神・淡路大震災では20～24歳と50歳以上において全国よりも死亡率が高くなっている。また，東日本大震災では全年齢において全国より高くなっているほか，全国と乖離が大きくなる年齢も20歳代以降と幅広く，特に60歳以上で顕著に高くなっている。一方，年齢別死亡率を阪神・淡路大震災と東日本大震災で比べると，東日本大震災の死亡率が全年齢で上回っており，特に60歳以上において両震災における死亡率の乖離が大きくなっている。

第2節　「震災」をめぐる諸研究

　災害がもたらす被害は，災害自体の規模のほかに，そこに被害を受ける人がいるかどうか，建築物などインフラの強靭度，早期警戒や市民保護システムなど制度面の充実度といった，被害を受ける側がどの程度災害に強い社会なのかによっても異なる（UNISDR and CRED 2016a）。また，地震に限らず一般に災害には災害弱者（CWAP：Children, Women, Aged People, Poor or Patients，子ども，女性，高齢者，貧困者または患者）が存在する。こうした人々は災害発生時もしくは発生後に弱者であることはもちろん，災害が発生する前からも，例えば防災情報へのアクセスなどで不利な状況である場合が多い。

　被害の状況は，地震のみの場合と津波を伴う場合で大きく異なる。津波を伴わない地震では，主に建物の倒壊による被害が中心的となる。このため人的被害は震央を中心に圧死が多くなるが，多くの場合，倒壊を伴うような大揺れは

局所的である。この型の震災は，西アジア，中国，南米など直下型地震が多い地域で見られる。

　近年では災害による直接的な死亡のほか，災害後の避難生活のストレス等による間接死亡，いわゆる災害関連死の影響も注目されてきている。日本では阪神・淡路大震災から扱われるようになった（宮本　2013）。また，震災による直接死では震災弱者の死亡率が高くなっているが，震災後の間接死亡では社会経済的要因や生活習慣等の疾病関連要因が強く影響するとの研究もある（尾崎 2012）。

　一方，津波を伴う地震は災害 1 件あたりの死亡者数が最も多い自然災害である（UNISDR and CRED　2016b）。国連の資料によると，1996 年から 2015 年までの 10 年間に死亡者を伴う津波は 30 回発生し，21 か国で 25 万人が津波で亡くなっている（UNISDR and CRED　2016b）。

（1）国内の「震災」をめぐる研究

・関東大震災（現地時間：1923 年 9 月 1 日 11 時 58 分）

　旧来，死亡者・行方不明者数は約 14 万人とされてきた。これに対し諸井・武村（2004）は行方不明者数が死亡数と重複集計されている可能性を考慮し，各市区町村における住宅の全潰率や焼失率などから死亡者発生率を評価した死亡数データベースの作成を試みた。[6] その結果，死亡者・行方不明者数は従来よりも少ない 105,385 人であり，うち火災による死亡数は 91,781 人（87.1％），住宅全潰による死亡数は 11,086 人（10.1％）であったと推計されている。この震災による死亡者の主な死因は火災となっているが，土砂崩れ・土石流（死亡者 688 人）や津波（同 325 人）による被害も見られた。この諸井・武村の研究によって震災による死亡者数という基礎的な情報が地震から 80 年も経って修正されることとなり，今日では「理科年表」もこの死亡者数を採用するなど，関東大震災の被害者数として広く用いられるようになっている。

・阪神・淡路大震災（現地時間：1995 年 1 月 17 日 5 時 46 分）

　日本では珍しく，建物の倒壊によって多数の死亡者を出した震災である

（Yamazaki and Ueno 1996）。旧厚生省がまとめた震災の死亡状況によると，犠牲者の81％は震災当日の午前中に，さらにその87％は自宅で死亡しており，また死因は全体の77％が「窒息・圧死」であった（厚生省 1995）。また兵庫県の死体検案書の約95％を分析した結果によると，自宅での死亡が87％であり，死亡推定時刻が6時まで，つまり地震発生から15分以内の死亡が96.3％であったとされている（西村ほか 1995）。高橋（1996, 1998）は，死亡だけでなく地域人口へのインパクトを分析している点で特筆に値し，震災によって地域の人口動態のみならず，当該地域における人口の構造などが大きく変わったことが指摘されている。三谷ほか（2014）は，高齢者の死亡率が高いことについて，高齢者ほど古く倒壊しやすい建物（すなわち，旧耐震基準の住宅）に住んでいたことが影響した可能性を指摘している。またOsaki and Minowa（1999）は，西宮市の分析結果から，震災死の重要な因子として年齢（50歳以上），住宅の損壊度を上げているほか，身体に障害を持っているとリスクが高まることを指摘している。また，震災関連死に関する分析として，例えば尾崎（2012）は，震災後の間接死亡には急性心筋梗塞や脳梗塞，肺炎において超過死亡が認められ，平常時の社会経済的要因や生活習慣等の疾病関連要因が強く影響しているとしている。

・東日本大震災（現地時間：2011年3月11日14時46分）

谷（2012）は，2010年国勢調査の小地域集計（町丁・字等別集計）および岩手，宮城，福島各県警発表の死亡者情報を用いて小地域別死亡率を算出・地図化した。また，死亡者総数に占める高齢者（65歳以上人口）の割合が「津波非浸水地域」では3割弱に留まるのに対し，「津波浸水地域」では6割近くを占めることを示している。年齢別死亡率は基本的に高年齢ほど高くなる傾向が見られるが，特に65歳以上の死亡率は全域では3.8％であるのに対して陸前高田市，女川町では10％を超えるなど地域差が大きい。立木（2013）は，災害弱者である高齢者・障害者の死亡率が高い要因として以下の4点を指摘した。すなわち，①津波による浸水面積が大きい，②高齢者や漁業・農業従事者が多い，③津波が想像より早く到達した，④高齢者・障害者施設に入所している人が少なく，

したがって在宅が多い。相田ほか（Aida *et al.* 2017）は，東日本大震災前から行っていた 65 歳以上の高齢者への調査をもとに震災当日以降の死亡状況について分析を行っている。その中で，震災前から鬱病を抱えていた人は震災翌日までの死亡率は有意に高く，中期的にも高い傾向があること，有意ではないものの日常生活が要介護であると当日の死亡リスクは低い一方，その後の死亡リスクは高くなることなどを示している。三谷ほか（2014）は高齢者の死亡率が高いことについて，身体機能の低下の他に「正常バイアス」，つまり異常事態を正常の範囲として捉えようとする心理の存在により，「今回も大丈夫だ」と過小評価して逃げ遅れた可能性を指摘している。

　地震・津波による直接の死亡以外の死亡，いわゆる関連死についての分析も行われている。復興庁（2012）は，東日本大震災における震災関連死の状況について，死亡者の 6 割が既往症を保有，男女はほぼ同数，死亡時年齢は 70 歳以上が 9 割，死亡時期は発災から 1 か月以内で約 5 割，3 か月以内で約 8 割，最多の原因は避難所等における肉体的・精神的疲労が約 3 割であったことを示した。[7] こうした震災関連死を防ぐため，三谷ほか（2014）は高齢者および既往症のある人には，1 か月以内の介入の必要性を示している。また Aoki ほか（2012）は，救急搬送の記録から心不全と肺炎の増加は震災後約 6〜8 週まで長期間持続すること，年齢・性別・居住地域による相違はみられなかったことを示している。

・他の震災

　宮野・望月（1988）はサンプリング調査ながら，1946 年南海地震について，人間の行動調査を実施し，乳幼児・若年層と高齢者という年齢軸の両端で死亡率が高く，U 字型に近い分布となることを指摘している。さらに，死亡率は女性が男性を上回る傾向があり，その理由として，子供を連れた母親の死亡率が特に高いことを追記している。

（2）海外の「震災」をめぐる研究

　地震とそれに付随する津波の脅威は世界でも大きい。世界人口の増加にとも

なって死亡者の多い地震も増加傾向にあり，21世紀は地震による死亡者が250万人程度にまで増加し得るとの研究もある（Holzer and Savage 2013）。また，建物の倒壊による死亡も日本や米国では低下傾向にあるものの，他の国ではむしろ上昇傾向にある国もある（Holzer and Savage 2013）。国連国際防災戦略事務局（United Nations International Strategy for Disaster Risk Reduction：UNISDR）の報告書によると，災害リスクを大きくする要因には，極度の貧困，脆弱な民主主義，防災を後回しにした建築方法および材料などがあるという。そして，貧困や民主主義の未成熟などが防災対策や投資を控えることにつながることによって災害による被害の程度は大きくなると指摘されている（UNISDR 2011, CRED and UNISDR 2016a）。これら要因の組み合わせから，同規模の災害であっても先進国では被害が小さく，貧困の国では被害が大きくなる傾向がある。津波の有無が死亡率に与える影響として国連などがまとめた報告書によると，1996～2015年までの20年間について地震の被災者総数に占める死亡者数の割合を津波の有無別に比べると，津波ありの場合は無しの場合と比べて約16倍にもなっている（CRED and UNISDR 2016a）。

　以下，1950年以降における世界の代表的な震災について取り上げたい。

・中国・唐山地震（現地時間：1976年7月28日3時42分）

　表4-2によれば，1950年以降で最多の死亡者を出した震災である。公式には死亡者242,000人，重傷者164,000人とされている（刘 1985）。しかし1977年1月5日の香港紙は「極秘資料」からとして死亡者655,237人と伝えているという（Liu et al. 2002）。唐山から100キロあまり離れた天津，200キロあまり離れた北京にも甚大な被害を及ぼしたが，文化大革命の中で被害の情報が政治的配慮から開示されなかった（郭 2017）。

・インド洋津波地震（現地時間：2004年12月26日7時58分）

　この地震はインド洋のほぼ全域に津波による大きな被害をもたらした。Doocyほか（2007）は2004年インド洋津波地震について，スマトラ半島北部の津波強度の大きく異なる4地点で調査を行い，津波の直撃を受けなかった地域と比べ，大津波の直撃を受けた西海岸地域では死亡率が若年齢（10歳未満）や高年齢

（50 歳以上）で高くなっていたと述べている。また，死亡率が男性より女性で高くなっているが，その要因として，漁に出た男性は沖合で津波の影響がほとんど無かったのに対し，同じ津波は女性・子どもが残っている陸地に対しては甚大な被害を与えたというインタビューを紹介している（Doocy *et al.* 2007）。

・中国・四川大地震（現地時間：2008 年 5 月 12 日 14 時 28 分）

　北京五輪の直前に四川省北部で発生した直下型の地震である。被災地域は広範に及び，市街地では建物の倒壊が多く発生する一方，農村地域では崖崩れや地滑りが多く生じた（矢守 2010）。Flaherty *et al.*（2011）は，90 歳代を対象に地震の前後で行った調査から，地震前と地震後のそれぞれをグループ化して 1 年間の死亡率を推定している。その結果，死亡率は地震前の 8.3％から地震後の 16.2％へと上昇したとしている。

・ハイチ地震（現地時間：2010 年 1 月 12 日 16 時 53 分）

　前述のように，貧困や民主主義の未成熟は防災への対策や投資を控えることにつながると指摘されているが，その意味でこのハイチの震災は貧困や政治が被害を大きくした典型例であるとされる（Keefer *et al.* 2011，UNISDR 2011，CRED and UNISDR 2016a）。また，この地では 1860 年以降に巨大地震がなかったために地震への備えに対する優先順位が低かったことも災害を大きくしたという。Doocy ほか（2013）が行った死亡率の分析では，この地震では男女間に死亡率の有意差はみられなかったものの，年齢では特に 50 歳以上の高年齢で有意に死亡リスクが高かったと指摘している。

第 3 節　わが国の公式統計における震災影響評価

　第 2 節では研究ベースで行われている震災影響評価を中心にレビューを行ったが，わが国の死亡状況を表す公式統計である人口動態統計・公式生命表においても，過去，阪神・淡路大震災，東日本大震災に関する死亡の状況に関する集計，また，これらの生命表への影響評価が行われている。以下では，それら

についてまとめることとする。

　阪神・淡路大震災については，次の3つの資料が人口動態統計・公式生命表
による震災の状況及び生命表への影響評価を行ったものである。① 厚生省大臣
官房統計情報部「人口動態統計から見た阪神・淡路大震災による死亡の状況」，
② 厚生省大臣官房統計情報部「第18回生命表」及びその「参考表」（阪神・淡
路大震災の影響を除去した場合の生命表），③ 厚生省大臣官房統計情報部「平
成7年都道府県別生命表」（全国，兵庫県，神戸市について阪神・淡路大震災の
影響を除去した場合の生命表を掲載）。

　①は1995年12月公表資料（報告書には未収載）で，1995年1～6月までの
間に市区町村に届け出られた死亡届及び死亡診断書を基に作成された人口動態
調査死亡票に，「震災による死亡」と記載されたもの（外国人を含む）について
集計したものであり，影響評価は行われていない。

　②には，通常の完全生命表の他に，参考表として阪神・淡路大震災の影響を
除去した場合の生命表が掲載されている。通常の生命表による平均寿命は男性
76.38年，女性82.85年であるのに対し，阪神・淡路大震災の影響を除去した場
合の生命表による平均寿命は男性76.46年，女性82.96年で，震災の影響は男性
で0.08年，女性で0.12年とされている。

　③については，通常の都道府県別生命表についても，震災による社会移動等
の影響を考慮するとともに，全国，兵庫県，神戸市については阪神・淡路大震
災の影響を除去した場合の生命表を掲載している。以下，これら2種類の生命
表による平均寿命（1995年）を全国，兵庫県，神戸市の順に列挙する。全国に
ついては，前者が男性76.70年，女性83.22年であるのに対し，後者は男性
76.72年，女性83.26年で，震災の影響は男性で0.03年，女性で0.04年とされ
ている。なお，完全生命表との間に乖離が生じているが，これは，完全生命表
は作成基礎期間が1年であるのに対し，都道府県別生命表は作成基礎期間が3
年であることによるものである。兵庫県については，前者が男性75.54年，女
性81.83年，後者が男性76.10年，女性82.68年で，震災の影響は男性で0.56
年，女性で0.85，神戸市については，前者が男性74.11年，女性79.98年，後

者が男性 75.46 年，女性 82.06 年で，震災の影響は男性で 1.36 年，女性で 2.08
年とされている。

　一方，東日本大震災については，次の 2 つの資料が人口動態統計・公式生命
表による震災の状況及び生命表への影響評価を行ったものである。①厚生労働
省大臣官房統計情報部「平成 23 年人口動態統計報告書」に所収の「人口動態統
計からみた東日本大震災による死亡の状況について」，②厚生労働省大臣官房統
計情報部「平成 23 年簡易生命表」。

　①は市区町村に届け出られた死亡届等を基に作成された人口動態調査死亡票
に，東日本大震災による死亡であると考えられる記載があったもの（外国人を
含む）について集計したものであり，影響評価は行われていない。

　②では毎年行われている死因分析（死因別死亡確率・特定死因を除去した場
合の平均余命の延び）について，不慮の事故の再掲として「地震」を 1 つの死
因カテゴリーとして推計して掲載しており，これにより，地震による死亡を除
去した場合の平均余命の延びがわかる。同生命表による 2011 年の平均寿命は男
性 79.44 年，女性 85.90 年であり，地震による死亡の平均寿命に対する影響は男
性で 0.26 年，女性で 0.34 年とされている。

第 4 節　日本版死亡データベースを用いた震災影響評価

（1）データと方法

　第 3 節において見た通り，公式生命表による評価は，阪神・淡路大震災につ
いては完全生命表と都道府県別生命表，東日本大震災については簡易生命表を
用いていること，また，それぞれの評価に用いている方法論が同じでないこと
から，直接比較をすることが難しい。一方，国立社会保障・人口問題研究所「日
本版死亡データベース（Japanese Mortality Database：JMD）」は，全国・都道
府県とも同一の方法に基づいて作成が行われており，影響評価の方法を同一の
ものにすれば，より比較可能性に優れた評価が可能となる。ただし，JMD の都

道府県別生命表は，石井（2015）にある通り，その作成方法から高齢層の都道
府県間移動が考慮されないこと，また，国勢調査と国勢調査の間の各年次の都
道府県間移動について，年次ごとの変動はないものと仮定していることに注意
が必要である。また，現在，JMD のウエブ上で公開されているデータでは，都
道府県別生命表は 5 歳階級×5 年間隔のものしか提供されていないため，各年
の影響を見るべき震災の評価にそのまま使うことが難しい。

　そこで，ここでは，JMD の都道府県別生命表の基礎データを用い，1 歳以上
の対数死亡率について P-spline（罰則付きスプライン）による平滑化を施し，得
られた死亡率から各年・各歳の生命表を再構成した。そして，関連死を含まな
い直接的な震災による死亡を，以下に述べる基礎データによる死亡と定義し，
これを一つの死因とした「特定死因を除去した生命表」を作成し，通常の生命
表との平均寿命の差を震災の影響評価として用いた。ここで，震災を死因とす
る死亡の基礎データとしては，阪神・淡路大震災については，第 18 回生命表報
告書に掲載の性別・年齢 5 歳階級別阪神・淡路大震災による日本人死亡数（デー
タの制約から全てが兵庫県で発生したと仮定）を，東日本大震災については，
JMD 分類案の死因の 1 つとなっている人口動態統計で「震災フラグ」（東日本
大震災による死亡）がある死亡を用いた。

　次に，特定死因を除去した生命表作成の方法論については Preston *et al.*（2001）
に述べられている方法に基づいて行った。具体的には以下の通りである。x 歳
以上 $x+n$ 歳未満の死亡数を $_nD_x$，またこの中で死因 i の死亡数を $_nD_x^{(i)}$ で表し，
この比を $_nR_x^{(i)} = \frac{_nD_x^{(i)}}{_nD_x}$ と書くと，第 i 死因を除去した生命表の死亡確率 $_nq_x^{(-i)}$ は，
全死因の死亡確率 $_nq_x$ を用いて近似的に以下のように表される。

$$_nq_x^{(-i)} \approx 1 - \exp\left\{\left(1 - {_nR_x^{(i)}}\right)\log\left(1 - {_nq_x}\right)\right\}$$

　さらに x 歳以上 $x+n$ 歳未満の死亡者の平均生存年数 $_na_x^{(-i)}$ について，開放
年齢階級の下限年齢を ω として，

$$
{}_na_x^{(-i)} = \begin{cases} {}_na_x & (x < \omega) \\[2mm] \dfrac{{}_na_\omega}{1 - {}_\infty R_\omega^{(i)}} & (x = \omega) \end{cases}
$$

と仮定することにより生命表関数を計算した。

（2）震災の影響評価結果

　表4-4は，阪神・淡路大震災が全国と兵庫県の平均寿命に及ぼした影響を示したものである。この表によれば，平均寿命に対する震災の影響は，全国では男性0.08年，女性0.12年，兵庫県では男性1.72年，女性2.54年となっているが，これらのJMD平均寿命に対する比率は，それぞれ，0.10％，0.14％，2.33％，3.18％となる。

　一方，東日本大震災に関する評価結果を示したものが**表4-5**である。この表によれば，平均寿命に対する震災による影響は，全国では男性0.26年，女性0.33年，岩手県では男性5.90年，女性7.74年，宮城県では男性7.20年，女性8.97年，福島県では男性1.51年，女性1.78年となっているが，これらのJMD平均寿命に対する比率は，それぞれ，0.32％，0.38％，8.16％，9.92％，9.97％，

表4-4　阪神・淡路大震災が全国と兵庫県の平均寿命に及ぼした影響

（単位：年）

	全国		兵庫県	
	男性	女性	男性	女性
JMD平均寿命	76.39	82.75	74.01	79.89
震災を除去した場合の平均寿命	76.47	82.87	75.73	82.44
震災による影響	0.08	0.12	1.72	2.54

表4-5　東日本大震災が全国，岩手・宮城・福島県の平均寿命に及ぼした影響

（単位：年）

	全国		岩手県		宮城県		福島県	
	男性	女性	男性	女性	男性	女性	男性	女性
JMD平均寿命	79.42	85.86	72.33	78.01	72.19	76.74	77.29	83.76
震災を除去した場合の平均寿命	79.68	86.19	78.23	85.75	79.39	85.71	78.80	85.54
震災による影響	0.26	0.33	5.90	7.74	7.20	8.97	1.51	1.78

11.70%，1.96%，2.13%であった。

　これらの結果を前節で述べた公式生命表による震災影響評価と比較してみると，阪神・淡路大震災の全国値への影響は一致している。また，兵庫県については，公式生命表の作成基礎期間が3年となっていて，1年あたりで示されている震災の影響が3分の1の大きさで評価されてしまうことに注意すると，JMDによる評価を3分の1にしたものと公式生命表による評価が概ね一致しており，両者が整合的になっていることが理解できる。また，東日本大震災については全国値のみ比較が可能であるが，こちらも両者は概ね一致しており，本研究の結果は公式生命表による評価と整合的であることがわかる。

　一方，公式生命表では，作成基礎期間が1年の場合と3年の場合が混在し，評価結果が直接比較可能となっていないこと，また，東日本大震災が岩手・宮城・福島3県に及ぼす影響は評価がされていないとの制約がある。これに対し，本研究は，東日本大震災が3県に及ぼす影響を含めるとともに，全ての評価結果を直接比較可能な形で示した点が特長である。特に，これまで公式生命表による評価ではわからなかった，東日本大震災が3県に及ぼした影響は，阪神・淡路大震災が兵庫県に及ぼした影響よりも福島県を除いて大きく，宮城県においては男性では約7年，女性では約9年，岩手県では男性約6年，女性約8年と，平均寿命に対して極めて大きいインパクトを与えていたことが明らかとなった。

おわりに

　本章では，まず世界と日本の震災について，各種統計や諸研究を通じて俯瞰するとともに，特に阪神・淡路大震災，東日本大震災に関する公式統計における影響評価をまとめた。また，「日本版死亡データベース」を用いて，2つの震災が生命表に及ぼした影響を統一的な方法論の下で評価し，比較・検討を行った。

　本研究で行った両震災の生命表への評価は，東日本大震災が岩手・宮城・福

島 3 県に及ぼす影響など既存の公式統計からは得られないものを含むとともに，「日本版死亡データベース」を利用することで初めて可能となる，時空間的に比較可能な形での震災影響評価の提示という貢献を行うことができたと考える。

　冒頭にも述べたとおり，わが国は世界有数の地震大国であり，残念ながら今後も震災から完全に逃れることは難しいであろう。しかしながら，そのような将来の震災に備えるためにも，本章で行ったような，震災と死亡に関する人口学的な知見の蓄積を行っていくことが今後も求められる。

　　〈付記〉本研究は，国立社会保障・人口問題研究所「長寿革命に係る人口学的観点からの総合的研究」の一環として行われたものであり，本研究で示した分析結果には，統計法第 32 条に基づき，厚生労働省「人口動態統計」の調査票を二次利用したものが含まれている。

注

(1) 本章では，厚生労働省が作成している生命表（完全生命表・簡易生命表・都道府県別生命表・市区町村別生命表）を「公式生命表」と呼び，国立社会保障・人口問題研究所が作成している「日本版死亡データベース」による生命表と区別することとしている。

(2) 地震を含む国際的な諸災害についてのデータベースとして，ルーヴァン・カトリック大学（ブリュッセル，ベルギー）が WHO やベルギー政府の支援を受けて作成した国際災害データベース「EM-DAT」がある（https://www.emdat.be/）。なお，地震を含む災害の規模・死亡者数および被災者数はデータベースによって異なる場合がある。

(3) 国内の諸災害についてのデータベースには国立天文台編『理科年表』がある。なお，国内外の地震・震災については宇津による一連の研究・再集計が参考になろう（国立天文台 2018；宇津 1979, 1982a, 1982b, 1986）。

(4) 関東大震災は諸井・武村 (2004)，阪神・淡路大震災は厚生省 (1995)，東日本大震災は厚生労働省 (2012) による。いずれも外国人を含む。

(5) 戸籍法は，同居の親族など届出義務者は，死亡届を7日以内に，死亡診断書または死体検案書（両者の様式は同一。以下，死亡診断書等）を添付して提出することと定めている。ただし，状況から死亡したことが確実視されるものの死体が見つからない等により死亡診断書等が得られない場合，代わりに「死亡の事実を証すべき書面」をその理由と共に付すことで死亡届を提出できる。この場合，戸籍法の定めにより取調官公署において死亡の認定を行い，認定されれば戸籍に死亡が記載される。この扱いを「認定死亡」といい，失踪の手続きとは別の扱いとなる。東日本大震災においては，死亡の状況について比較的簡易な証明書があれば足ることとされた（平成23年6月7日法務省民一第1364号）。詳細な扱いについては木村・竹澤（2012）を参照されたい。なお，いずれの場合も提出した届が受理されない場合がある。

(6)「全潰」（全壊）の定義は時代によって異なる点は注意を要する。関東大震災当時は文字どおり建物が潰れている場合を指していたが，今日では居住の可否や不動産資産の損害程度など構造被害以外の評価基準を含んだ被災度を意味している（諸井 2006）。

(7) 復興庁では「震災関連死の死者」とは，「東日本大震災による負傷の悪化又は避難生活等における身体的負担による疾病により死亡し，災害弔慰金の支給等に関する法律（昭和48年法律第82号）に基づき災害が原因で死亡したものと認められたもの（実際には災害弔慰金が支給されていないものも含めるが，当該災害が原因で所在が不明なものは除く）」と定義している（復興庁 2019）。したがって，必ずしも医学的な因果関係が存在する死亡数ではない。

(8) 厚生労働省では，日本の生命表として，「完全生命表」と「簡易生命表」の2種類を作成・公表している。「完全生命表」は，国勢調査による人口（確定数）と人口動態統計（確定数）による死亡数，出生数を基に5年ごとに作成し，「簡易生命表」は，人口推計による人口と人口動態統計月報年計（概数）による死亡数，出生数を基に毎年作成している。

(9) 公式生命表など，通常の生命表は「期間生命表」と呼ばれるものであり，ある人口集団の特定の期間における死亡状況を表すものであるが，この対象となる期間のことを「作成基礎期間」と呼ぶ。特に，第18回生命表は作成基礎期間が1年であり，1995年1年間の死亡数に基づいて作成されているのに対し，平成7年都道府県別生命表の作成基礎期間は3年であり，1994〜1996年3年間の死亡数に基

づいていることから，1年あたりで示した震災の影響が，第18回生命表の3分の1の大きさで評価されてしまうことに注意が必要となる。

参考文献

石井太（2015）「日本版死亡データベースの構築に関する研究」『人口問題研究』Vol.71(1), pp.3-27。

宇津徳治（1979）「1885 年～1925 年の日本の地震活動―M6 以上の地震および被害地震の再調査」『東京大学地震研究所彙報』Vol.54(2), pp.253-308。

宇津徳治（1982a）「1885 年～1925 年の日本の地震活動：訂正と補遺」『東京大学地震研究所彙報』Vol.57(1), pp.111-117。

宇津徳治（1982b）「日本付近の M6.0 以上の地震および被害地震の表：1885 年～1980 年」『東京大学地震研究所彙報』Vol.57(3), pp.401-463。

宇津徳治（1985）「日本付近の M6.0 以上の地震および被害地震の表：1885 年～1980 年（訂正と追加）」『東京大学地震研究所彙報』Vol.60(4), pp.639-642。

尾崎米厚（2012）「地震災害時および災害後の健康被害について―阪神淡路大震災を例にとって―」『厚生の指標』Vol.59(11), pp.30-35。

郭連友（2017）「中国唐山大震災の被害状況と復興について」『災害復興研究』Vol.9, pp.121-130。

木村三男・竹澤雅二郎（2012）『滅失戸籍再製の実務』日本加除出版。

厚生省大臣官房統計情報部（1995）「人口動態統計からみた阪神・淡路大震災による死亡の状況」。

厚生省大臣官房統計情報部（1998）「第 18 回生命表」。

厚生省大臣官房統計情報部（1998）「平成 7 年都道府県別生命表」。

厚生労働省大臣官房統計情報部（2012a）「平成 23 年人口動態統計」。

厚生労働省大臣官房統計情報部（2012b）「平成 23 年簡易生命表」。

国立社会保障・人口問題研究所「日本版死亡データベース」（http://www.ipss.go.jp/p-toukei/JMD/index.asp）。

国立天文台（編）（2018）『理科年表 2019』丸善出版。

高橋眞一（1996）「震災とその後の人口動態」『統計』Vol.47(11), pp.13-18。

高橋眞一（1998）「阪神・淡路大震災後の神戸市の人口変動」『兵庫地理』Vol.43, pp.1-9。

立木茂雄（2013）「高齢者，障害者と東日本大震災：災害時要援護者避難の実態と課

題」『季刊 消防科学と情報』Vol.111, pp.134-144。

谷謙二（2012）「小地域別にみた東日本大震災被災地における死亡者および死亡率の分布」『埼玉大学教育学部地理学研究報告』Vol.32, pp.1-26。

内閣府（2010）『平成 22 年度防災白書』佐伯印刷。

西村明儒・上野易弘・龍野嘉紹・羽竹勝彦（1995）「死体検案より」『救急医学』別冊 Vol.19, pp.1760-1764。

復興庁 震災関連死に関する検討会（2012）「東日本大震災における震災関連死に関する報告」。

復興庁・内閣府（防災担当）・消防庁（2019）「東日本大震災における震災関連死の死者数（令和元年 6 月 28 日）」。

法務省（2011）「東日本大震災により滅失した戸籍の再製データの作成完了について」（http://www.moj.go.jp/MINJI/minji04_00024.html）。

三谷智子・村上由希・今村行雄（2014）「阪神・淡路大震災，東日本大震災の直接死・震災関連死からみる高齢者の脆弱性」『日本保健医療行動科学会雑誌』Vol.29(1), pp.23-30。

宮野道雄・望月利男（1988）「1946 年南海地震の被害追跡調査：津波被災地における人的被害と人間行動」『総合都市研究』Vol.35, pp.75-86。

宮本ともみ（2013）「災害関連死の審査について：東日本大震災における岩手県の取組から」『アルテス リベラレス（岩手大学人文社会科学部研究紀要）』Vol.92, pp.67-86。

諸井孝文（2006）「被害統計資料に基づく 1923 年関東地震の震度分布と被害特性（大阪市立大学博士論文）」（https://dlisv03.media.osaka-cu.ac.jp/contents/osakacu/kiyo/111TD0000065.pdf，2018 年 3 月 27 日閲覧）。

諸井孝文・武村雅之（2004）「関東地震（1923 年 9 月 1 日）による被害要因別死亡数の推定」『日本地震工学会論文集』Vol.4(4), pp.21-45。

刘恢先主編（1985）『唐山大地震震害（一）』地震出版社。

矢守克也（2010）「中国・四川大地震」『減災』Vol.4。

Aida, J., H. Hikichi, Y. Matsuyama, Y. Sato, T. Tsuboya, T. Tabuchi, S. Koyama, S. V. Subramanian, K. Kondo, K. Osaka, and I. Kawachi（2017）"Risk of Mortality during and after the 2011 Great East Japan Earthquake and Tsunami among Older Coastal

Residents," *Scientific Reports*, No.7 (1):16591, pp.1-11.

Aoki T., Y. Fukumoto, S. Yasuda, Y. Sakata, K. Ito, J. Takahashi , S. Miyata, I. Tsuji, and H. Shimokawa (2012) "The Great East Japan Earthquake Disaster and Cardiovascular Diseases," *European Heart Journal*, Vol.33 (22), pp.2796-2803.

Centre for Research on the Epidemiology of Disaster (CRED), United Nations Office for Disaster Risk Reduction (UNISDR) (2015) *The Human Cost of Weather-Related Disasters 1995-2015* (https://www.unisdr.org/we/inform/publications/46796, Accessed 2019-3-5).

Centre for Research on the Epidemiology of Disaster (CRED), United Nations Office for Disaster Risk Reduction (UNISDR) (2016a) *Poverty and Death: Disaster Mortality 1996-2015* (https://www.unisdr.org/we/inform/publications/50589, Accessed 2018-4-25).

Centre for Research on the Epidemiology of Disaster (CRED), United Nations Office for Disaster Risk Reduction (UNISDR) (2016b) *Tsunami Disaster Risk: Past impact and projections* (https://www.unisdr.org/we/inform/publications/50825, Accessed 2019-3-5).

Doocy, S., A. Rofi, C. Moodie, E. Spring, S. Bradley, G. Burnhama, and C. Robinsona (2007) "Tsunami Mortality in Aceh Province, Indonesia," *Bulletin of the World Health Organization*, Vol.85 (4), pp.273-278.

Doocy, S., M. Cherewick and T. Kirsch (2013) "Mortality Following the Haitian Earthquake of 2010: A Stratified Cluster Survey," *Population Health Metrics,* No.11 (5), pp.2-9.

Flaherty, J.H., B. Dong, H. Wu, Y. Zhang, J. M. Guralnik, T. K. Malmstrom, and J. E. Morley (2011) "Observational Study of 1-Year Mortality Rates before and after a Major Earthquake among Chinese Nonagenarians," *The Journals of Gerontology, Series A: Biological Sciences and Medical Sciences*, Vol.66 (3), pp.355-361.

Holzer, T. L. and J. C. Savage (2013) "Global Earthquake Fatalities and Population," *Earthquake Spectra*, Vol.29 (1), pp.155-175.

Keefer, P., E. Neumayer, and T. Plümper (2011) "Earthquake Propensity and the Politics of Mortality Prevention," *World Development*, Vol. 39, No. 9, pp. 1530-1541.

Liu H., G.W. Housner, Xie L., and He D. (2002) *The Great Tangshan Earthquake of 1976: Overview Volume to the English Version*, Pasadena, CA: California Institute of Technology.

Osaki Y. and M. Minowa(2001) "Factors Associated with Earthquake Deaths in the Great Hanshin-Awaji Earthquake,1995," *American Journal of Epidemiology*, Vol. 153, Issue 2, pp. 153-156.

Preston, S. H., P. Heuveline, and M. Guillot (2001)*Demography*, Blackwell Publishing.

United Nations Office for Disaster Risk Reduction (UNISDR) (2011) *Global Assessment Report on Disaster Risk Reduction*, Geneva, Switzerland: United Nations.

（別府志海・石井 太）

第5章　震災と結婚

はじめに

　2011年3月11日に東北地方太平洋沖地震が発生し，この地震による災害およびこれに伴う原子力発電所事故による災害を「東日本大震災」と呼んでいる。この東日本大震災をきっかけに，1人で夜間を過ごすことの心細さや余震への不安などから，パートナーを求める意識の高まり，結婚へと背中を押されるカップルや結婚相談所への資料請求・会員登録者の増加などが報道され，それは「震災婚」という言葉で表現される社会現象となった。また，逆に，震災をきっかけにしてパートナーとの関係を見つめ直し，別々の人生を生きることを選択する「震災離婚」も話題となった。

　このような形で，東日本大震災から間もない時期に取り上げられた内容は，大きな被害を受けた被災地の地域ではなく，主に首都圏における人びとの意識や行動である。被災地においては，一日一日を生き抜くことに必死であったことや，このような取材や調査を行うことが憚られた側面もあろう。あれから10年余りの年月が過ぎたが，東日本大震災は，被災地で生活する人びとの結婚・離婚，そして家族にどのような影響を与えたのであろうか。本章では，この問題について，東日本大震災の津波による被害を受けた岩手県宮古市のヒアリング調査結果を用いて検討するとともに，被災地における結婚支援の取り組みについても考察していくことにしたい。

第1節　震災婚と震災離婚に関する定義・動向・先行研究

(1) 震災婚・震災離婚とは何か

　震災婚・震災離婚という概念がどのように用いられてきたのかを確認しておこう。東日本大震災の後，頼れる人や守りたい人が欲しいと思い，絆を求めて籍を入れる人が増え，反対に，震災後に変化する生活の中で価値観の違いが浮き彫りになって，別居や離婚という選択をする夫婦が増えるなどの状況に対し，メディアの報道や雑誌の特集などで「震災婚」・「震災離婚」という言葉が使われるようになった（三浦　2012, pp.12-13）。簡潔に言えば，震災をきっかけとする結婚・離婚について震災婚・震災離婚と捉えてきたといえよう。

　さらに「震災婚」については，白河（2011, pp.34-41）によれば3つのパターンが存在するという。第一に，震災前からつきあい，結婚を先延ばししてきたカップルが結婚したケースである「永すぎた春に決着婚」，第二に，震災で恋愛から結婚への流れが加速したり，震災後に知り合いひと月ほどで結婚に向かっていく意志を固めるなどのケースである「吊り橋効果婚」，第三に，震災で事実婚カップルが入籍したケースである「絆を形にする震災入籍」である。ここで白河が注目するのは，「永すぎた春に決着婚」が卓越したこと，換言すれば，震災後に結婚した人の多くが"結婚相手はいるが先延ばしの人"たちであったという点である。すなわち，彼らが結婚してしまうと，震災婚が一過性のブームに終わってしまう可能性を指摘している[1]。

(2) 東日本大震災の前後における結婚と離婚の動向

　では，結婚・離婚の実態はどのように推移したのであろうか。ここでは，東日本大震災の前年にあたる2010年から2017年までの婚姻率と離婚率を確認しておく。**表5-1**は近年の婚姻率と離婚率について，東日本大震災の被災地である岩手県・宮城県・福島県の推移を示したものである。

　まず，婚姻率の推移から把握できる特徴を指摘しておこう。第一に，2010年

から 2011 年にかけて婚姻率は全国および被災地ともに下がっており，全国レベルで震災婚による影響は感じられない。第二に，2011 年から 2012 年への推移を見ると，全国平均では 0.1 の上昇であるが，岩手県は 0.2，宮城県は 0.4，福島県は 0.3 の上昇となっており，わずかではあるが被災地の上昇率が全国平均よりも高いことを確認できる。これは，2011 年に結婚を予定していたカップルが，東日本大震災によって延期せざるを得なくなったことによるものではないだろうか。第三に，2012 年以降，全国および被災地ともに婚姻率が横ばいから下降傾向となっており，震災をきっかけに結婚に関する大きな変化が生じたとは考えにくいが，若年人口の減少という年齢構造の影響とも考えられる。

　次に，離婚率の推移から把握できる特徴を指摘しておこう。第一に，2010 年から 2011 年にかけて離婚率は全国および被災地ともに下がっており，全国レベルで震災離婚による影響はみられない。第二に，同期間の全国と被災地の離婚率の推移を比較すると，全国平均と比べて被災地における離婚率の下降が著しいことを確認できる。これは，被災によって夫婦の絆が強化された可能性もあるが，震災後の厳しい避難生活の中で離婚を考える余裕がなかった家族も多いからではないだろうか。第三に，2011 年から 2013 年にかけて全国的に横ばいから下降傾向となっているのに対し，宮城県では離婚率が上昇している点，さらに 2015 年から 2017 年にかけて全国的に下降傾向となっているのに対し，福

表 5-1　被災地における婚姻率と離婚率の推移（‰）

		2010 年	2011 年	2012 年	2013 年	2014 年	2015 年	2016 年	2017 年
全国	婚姻率	5.5	5.2	5.3	5.3	5.1	5.1	5.0	4.9
	離婚率	1.99	1.87	1.87	1.84	1.77	1.81	1.73	1.70
岩手県	婚姻率	4.3	4.1	4.3	4.2	4.3	4.1	3.9	3.8
	離婚率	1.76	1.56	1.52	1.55	1.45	1.53	1.49	1.49
宮城県	婚姻率	5.1	4.9	5.3	5.2	5.1	4.9	4.8	4.6
	離婚率	2.00	1.65	1.71	1.80	1.65	1.72	1.63	1.62
福島県	婚姻率	4.7	4.4	4.7	4.7	4.5	4.7	4.6	4.3
	離婚率	1.96	1.69	1.64	1.67	1.64	1.70	1.73	1.71

（資料）厚生労働省「人口動態統計」.
　（注）上段が婚姻率，下段が離婚率を示す.

島県では離婚率がわずかではあるが上昇している。これは，震災をきっかけに離婚に関する何らかの変化が時間差をともないながら宮城県と福島県で生じた可能性を示唆している。⁽²⁾

(3) 東日本大震災と結婚・離婚・家族に関する先行研究

　ここで，東日本大震災と結婚・離婚，そして家族も含めた先行研究を整理しておきたい。日本における結婚は，家族を形成するという意義が大きく，結婚と家族の関係性はきわめて強いとされる。⁽³⁾そこで，東日本大震災と結婚・離婚・家族に関する研究や調査などの成果を**表5-2**にまとめた。

　その中では，東日本大震災後，全国的に家族や恋人を大切にしたいという意識の高まり，結婚したい（子どもを持ちたい）という意識の高まりなどが指摘され，それは男性より女性において顕著であった。また，震災をきっかけとする意識の変化や結婚観の変化などは数ヶ月で収束したという見解や，被災地では震災後に結婚を考える余裕がないという声も多かった。また，震災をきっかけとする離婚については「慣れない生活のストレス」，「家族の優先度」，「実父母を大事にするという親に関する問題」，「経済的な悪化による将来への不安」が要因として指摘されていた。さらに，被災地における避難生活で，仮設住宅へ入居するにあたっての世帯分離の問題が指摘されるとともに，震災の影響がマイナス面だけでなく，コミュニケーションに関する実証的な研究を通じて，肯定的な影響も存在することが明らかにされている。

(4) 考察課題とその方法

　婚姻率と離婚率の推移，および先行研究の整理を踏まえ，本章では3つの課題を検討・考察したい。第一に，震災離婚のきっかけとして「実父母を大事にするという親に関する問題」が指摘されていたことに着目する。宮城県や福島県の離婚率が近年に上昇傾向であったが，避難生活において家族の世代間分離が生じ，その中で土地・家への愛着や親子・夫婦関係におけるバランスの取り方などの問題も考えられる。これらの要因・背景として，東北日本地域におけ

表 5-2　震災と結婚・離婚・家族に関する先行研究

文献とその目的・方法	明らかになったこと
電通（2011） 全国20〜60代男女1,200名を対象として「震災をきっかけとした人間関係の変化」について調査を実施（2011年6月）。	震災をきっかけに「これまで以上に大切にしようと思った人間関係がある」と答えた割合は男性（68%）よりも女性（80%）が高い。「大切にしようと思った」相手で最も多いのは親。独身で恋人がいる人の7割以上が「恋人」。父親は「配偶者」と「子ども」がともに7割弱だが、母親は「子ども」が9割で「配偶者」が7割。
プレジデント社（2011） 20〜40代の独身男女2,125人に対してインターネットを通じて「震災後の結婚・家族」に関するアンケート調査を実施（2011年7月）。	震災後に「結婚したい気持ちが高まった」割合は20・30代の男性で2割強、女性で4割強、「子どもを持ちたい気持ちが高まった」割合は20・30代の男性で2割、女性で4割弱、「親を大切に思う気持ちが高まった」割合は20・30代の男性で4割弱、女性で6割強。震災後に女性が男性に生命力や頼りがいを求める意識は高まっているが、経済力を重視する意識は変わらずに高い。
白河（2011） 「東日本大震災をきっかけに女性たちの中で何が変わったか？」を明らかにするため、首都圏の女性たちへの取材を通じて結婚・恋愛・婚活などを通して検証する。	東日本大震災は女性の結婚観を次のように変えた（老後やいざというときのために結婚したい→今すぐ結婚したい、経済的に頼りになる人がいい→がれきに埋もれても助けてくれる人がいい、仕事の都合などで別居でもいい→そばにいたい、相手の親に干渉されたくない→家族で助け合いたい、価値観が同じ人がいい→多少価値観が違っても困難を協力して乗り越えて行ける人がいい）。
三浦（2012） 震災が夫婦の愛情や絆をどう変えたのか、それを知ることが現代の結婚観を見つめ直すことになると考え、東京近郊・宮城県・福島県でインタビューを試みる。	外国人妻において震災後に帰国したか残ったかは出身国によって大きく異なる。震災後に結婚への意識が高まったと言われるが「結婚どころではない」という答えが多かった。震災離婚における要因として、慣れない生活のストレス、家族の優先度、実父母を大事にするという親に関する問題、経済的な悪化による将来への不安などが存在する。
竹村（2013） 避難生活時の「世帯分離」を手がかりに東日本大震災が家族にもたらす影響を考察する。	仮設住宅で避難生活をしている20%以上が世帯分離しているような状況は家族に対する経済的負担も大きい。家族のライフステージが変化するときに世帯分離がどのように影響するのか考えていく必要がある。
栗田他（2015） 3組のインタビュー調査を事例として震災カップルの成立と動因を考察する。	震災カップルが誕生する背景には「外的要因」（生活空間の共有・生活の不便さ・金銭面の困難や援助・健康面の不調や配慮・周囲の人からの後押し）と「内的要因」（前向きな人生観への変化・子ども養育パートナーとしての意識・周囲の人への思い）が存在する。
浅井（2015） コミュニケーションに関する調査から宮城・岩手・福島と他地域を比較し、震災カップルの特徴を明らかにする。	被災3県ではコミュニケーションを促進させる要因として「震災の影響」が含まれており、震災の影響がカップルのコミュニケーションに肯定的な影響を与えている。

る「直系家族制」の意識・価値観も影響している可能性があるのではないだろうか。現代の若者・壮年世代において，移動・結婚・家族形成と「直系家族制」の意識・価値観の関係性について追究したい。資料としては，岩手県宮古市の地域住民を対象に行った「移動経歴に関するヒアリング」の結果を用いることとする。

　第二に，震災が結婚・離婚や家族のあり方，移動を含めた人びとの生活にどのような影響を与えたのかについての理解を試みる。東日本大震災による影響については，先行研究でもさまざまな指摘や解釈が行われてきたが，体系的に整理できるだけの検討材料が蓄積されているとはいえない。また，その影響についても，首都圏と被災地では大きく異なり，津波による被害を受けた地域と放射能の影響を受けている地域でも状況は異なる。さらに，漁業で生活していた人とそうでない働き方の人における差異も考えられる。このような限界を踏まえ，本章では，東日本大震災が結婚・離婚や家族のあり方，移動を含めた人びとの生活にどのような影響を与えたのか，地域で生活する人びとの主観的な認識を把握するにとどめたい。資料としては，岩手県宮古市の市役所職員・管内教育関係者へのヒアリング結果を用いることとする。

　第三に，被災地における結婚支援について考察したい。沿岸地域が津波による大きな被害を受けた岩手県において，結婚支援に関する取り組みで東日本大震災による影響などはあったのか，また特徴や課題についても考察を試みる。資料としては，いきいき岩手結婚サポートセンターへのヒアリング結果を用いることとする。

第2節　移動・結婚・家族形成と「直系家族制」の意識・価値観

(1) 検討課題

　本節では，現代の若年・壮年世代において，移動・結婚・家族形成と「直系家族制」の意識・価値観の関係性について追究する。「直系家族制」の意識・価

値観については，きょうだいの中で第一子（基本的には長男）が跡取りとして
出身地に定着し結婚後も親と同居し，将来的に親の扶養・介護等を担い，土地・
家屋などを含めて単独・優先的に相続すべきであるという考え方としておく。
被災地において，このような意識や価値観の強いことが，震災離婚や世帯分離
の場面において，親のこと・家のことを考える傾向につながっているのではな
いかと思われる。本節では，震災離婚を経験した家族を対象に直接的な影響を
検証するのではなく，そもそもこのような意識や価値観が，現代社会において
も一定の影響力を持っているのか否かについて検討していくことにしたい。

(2)　検討課題の意義・目的

　なぜ，このような検討を行う必要性があるのか，その意義について言及して
おきたい。それは，前述のような伝統的に継承されてきた家族観に対し，現代
社会での影響力を否定する研究者が数多く存在するからである。本節での目的
は，震災離婚や世帯分離に関する問題について，これまでの研究では欠如して
いる，「直系家族制」の意識・価値観の影響という視点から考察することの必要
性を立証することであり，それが今後の展開へつながるものと期待する。

　日本の家族の地域性に関する研究は，民俗学・社会人類学・法社会学などの
分野で主に展開され，その中では「東北日本型」と「西南日本型」という 2 類
型を設定し，相続・居住・婚姻などとの連関性を捉えながら，家族の地域的多
様性を明らかにしてきた（蒲生 1960, 1979）。そのうち，「東北日本型」は単世
帯型とも呼ばれ，3 世代が同一家屋・同一世帯に居住する型である。また，「西
南日本型」は複世帯型とも呼ばれ，親夫婦と子夫婦が同じ敷地内の別棟や近隣
に世帯を分けて居住する型である。本章で取り上げている「直系家族制」の意
識や価値観は，「東北日本型」の特質として認識されてきたものである。しか
し，多くの家族社会学者は家族の地域性論に関心を示さず，アメリカ社会学の
影響を強く受けながら，戦後日本の家族は「直系家族制」から「夫婦家族制」
へ変動してきたと考えている。

　しかし，近年の「全国家族調査」の結果を分析した加藤（2009）は，東日本

に分布する「単世帯型（東北日本型）」，および，西日本に分布する「複世帯型（西南日本型）」という家族構造の2類型が依然として持続していることを明らかにしている。この知見に照らせば，研究史的な観点からは，本節における検討課題は十分にその意義を有していると考えてよい。

（3）移動経歴に関するヒアリング

　東北日本地域において，直系家族制の意識や価値観は一定の影響力を持ち続けているのであろうか。ここでは，岩手県宮古市に居住する20・30・40歳代の男女各1名に対して行った「移動経歴に関するヒアリング」の結果を用いて検討していくことにしたい。このヒアリング調査は，2018年3月に筆者が行ったものであり，調査対象者の選定は宮古市役所に依頼したが，可能な限り，宮古市に居住するとともに宮古市に実家のある方をお願いした（6名中5名はそれを満たしており，1名のみ実家が大船渡市）。ここでは，高校卒業時から現在までの進学・就職・結婚等を契機とする移動経歴を尋ね，その時の配偶関係や家族構成とともに，その選択を行った理由や将来の予定などを把握していく。その結果を整理したものが**表5-3**である。[4]

　まず，男性の諸属性について説明する。20歳代男性は，大学卒業時の就職先を実家のある宮古市（宮古市役所）に決めた理由として，長男としての責任感が最も大きなものであったと述べている。30歳代男性は県外の大学へ進学したが，就職先を宮古市（宮古市役所）に決めた理由として，出身地へUターンしたかったこと，および，家督を継ぐよう幼少期より祖父母に言われて育ったこと，の2つをあげている。ヒアリング時点において，実家の両親と祖父母が健在なこともあり，実家とは別の場所に家を新築して妻子と居住しているが，将来はその新築した家を売却し，実家に戻り家を建て直す予定とのことである。40歳代男性は母子家庭であったということもあり，結婚と同時に母親と同居し，その後は津波の被害を受けながらも，直系家族（3世代家族）での生活を続けている。家族構成は母・妻と2人の未婚の子（いずれも男子）であるが，将来的には，長男家族との同居を望んでいる。

表 5-3　移動経歴ヒアリングの結果

調査対象者	就業・移動にともなう居住状況や家族構成の動向
20歳代男性	大学卒業時に宮古市内へ就職したのは，長男なのでいずれ親の面倒をみなければという思いがあったため。結婚して宮古市内の一戸建て（賃貸）に居住している。親が元気なうちは夫婦二人での生活を希望。
30歳代男性	福島県内の大学を卒業するときに宮古市内への就職を決めたのは，小さい頃から祖父母に「この土地はお前が守っていけ」と言われ育ったため。父・母・祖父・祖母が元気であり，実家にはまだ住めないため，宮古市内に一戸建てを新築して妻子と居住しているが，将来は今の家を払って（売って），実家の土地に戻り家を建て直す予定。
40歳代男性	高校卒業時に宮古市内へ就職したのは，母子家庭なので母親を支えなければと考えたため。結婚と同時に同居し，その後に子が生まれて3世代家族となった。将来は長男に（結婚後）同居してほしいと思っている。
20歳代女性	大学卒業後から北海道で働いていたが，震災時から家族のことが頭から離れず，実家（会社）の事務の人が辞めたので戻って働かないかと親に言われ，大船渡市に帰郷。結婚後，教員である夫の転勤にともない宮古市に居住しているが，夫は長男なので，いずれは夫の出身地に戻り親と同居する予定（教員は年齢が上がると転勤がないため）。
30歳代女性	都内の大学へ進学していたがホームシックになり，卒業時には宮古市内へ就職した。賃貸の一戸建てに居住していたが，弟が宮古市へ戻ってくるため家を新築し，母・弟と居住。結婚したら家をどうするかは未定。
40歳代女性	高校卒業時，一度県外へ出た方がよいと考えて都内へ就職。同郷の夫と2人で宮古市に戻って結婚。漁業なので夫の両親と同居せざるを得なく，宮古市内の夫の実家で夫の父・母と夫と居住。東日本大震災の津波で漁業の施設がすべて流され，海を見ていると再建は難しいという考えになり，夫婦それぞれ転職した。

　次に，女性の諸属性について説明する。20歳代女性は県外の大学へ進学し，そのまま県外で就職した。しかし，東日本大震災の時に家族の元へ駆け付けられず，電話もつながらず，とても辛かったという。家族のことが頭から離れなくなり，近くにいたいと思っていたところ，大船渡市の実家へ戻るきっかけが訪れた。現在は仕事の都合上，夫と宮古市に居住しているが，夫は長男であるため，将来は夫の親と同居する予定である。30歳代女性は県外の大学へ進学したが，ホームシックになり，就職は出身地という決断に至った。話者自身も弟も未婚であり，将来のことは未定である。40歳代女性は県外で就職したが，家

族や夫の事情で宮古市へ戻った。漁業なので同居が前提となった結婚生活であり，ヒアリング時点では転職しているが，夫の両親と直系家族（3世代家族）での生活を続けている。

(4) 考察

　宮古市に居住する20・30・40歳代の男女各1名に対して行った「移動経歴に関するヒアリング」の結果を見ると，直系家族制の意識や価値観は一定の影響力を持続していると考えられる。20歳代男性は長男として親の面倒をみるという意識を明確にもち，30歳代男性は祖父母から家督を継ぐこと，すなわち，跡取りとして土地（家）を守っていくことを価値観として刻み込まれ，40歳代男性は第一子すなわち自分の長男に対して結婚後に同居することを希望している。一方，20歳代女性は夫が長男なので将来の夫の親との同居を受け入れる意識を明確にもち，40歳代女性は直系家族（3世代家族）としての居住を受け入れて実際の家族生活を過ごしている。以上のことを踏まえると，就職時や結婚時における移動の場面において，さらに老親の介護なども含めた将来の生活を展望するときに，直系家族制の意識や価値観が選択理由の1つとして考慮されているのではないだろうか。

　以上の考察は，ヒアリング対象者の多くが出身地（宮古市）に居住する，極めて少数者（6名）であることから，必ずしも代表的な事例とはいえない可能性もある。しかし，今回の調査がたとえ少数者であっても直系家族制の意識が残存する証左としては有効であると考える[(5)]。

第3節　結婚・離婚・家族形成・移動における東日本大震災の影響

(1) 本節における課題の所在

　岩手県宮古市は，2005年に宮古市・田老町・新里村が合併して誕生した市であり，2010年には川井村が編入された。同市は，豊かな自然に恵まれ，本州最

東端に位置する，面積約 1,260 平方kmほどの県最大の自治体である。歴史的には，1615 年に盛岡藩主南部利直が町割りを行い，宮古港が開港され，この地域の政治・経済の中心として発展を遂げてきた。

　しかし，1611 年に慶長三陸地震の津波による被害，1933 年には昭和三陸地震の津波による被害を受けている。さらに，2011 年に東日本大震災により，死者517 人，行方不明者 94 人，住宅等の全壊 5,968 棟など，甚大な被害がもたらされた。岩手県では東日本大震災による死因の約 90％は溺死であり，沿岸部に位置する宮古市においてもその比重が大きいと推察される。本節では，この東日本大震災が，宮古市における結婚・離婚や家族のあり方，移動を含めた人びとの生活にどのような影響を与えたのかについて考察する。

(2)　宮古市の人口に関する状況

　市へ届出された婚姻件数と離婚件数について見ると，婚姻件数は 2010 年に232，2016 年に 198，離婚件数は 2010 年に 104，2016 年に 77 となっており，近年の婚姻件数，離婚件数とも横ばいから微減傾向であり，東日本大震災の前後において大きな変化は起きていない。

　次に，「国勢調査」から総人口と世帯数の推移を見ると，総人口は 2010 年に59,430 人，2015 年に 56,676 人，世帯数は 2010 年に 22,509 世帯，2015 年に23,387 世帯であり，1 世帯当たりの人数は 2010 年が 2.64 人，2015 年が 2.42 人となっている。総人口が減少しているのは，通常の人口動態での自然減と社会減に加えて，震災（そのほとんどは津波によるもの）による自然減と社会減が加わったことが大きい。ここで注目したいのは，世帯数が増加したことである。1990 年代に入ってから，宮古市の世帯数は横ばいから微減傾向を続けていたが，2010 年から 2015 年への推移において，すなわち東日本大震災の前後において増加を確認できる。

　その背景としては，住宅全壊による避難生活において仮設住宅での世帯分離や，復興へ向けた取り組みの中で建設業に従事する単身者の転入が影響していると推察される。産業別就業人口の 2010 年から 2015 年への推移において，ほ

表 5-4　宮古市における各年 3 月の転出入者数

| 年次 | 転入数 | | | 転出数 | | | 社会増減数 |
	男	女	計(a)	男	女	計(b)	(a−b)
2011	51	71	122	152	138	290	−168
2012	159	121	280	378	363	741	−461
2013	108	94	202	371	337	708	−506
2014	144	135	279	327	299	626	−347
2015	166	157	323	307	267	574	−251
2016	160	133	293	352	294	646	−353
2017	135	115	250	370	326	696	−446
2018	121	119	240	351	275	626	−386

（資料）「東日本大震災後の人口」（宮古市市民生活部).
　（注）「住民基本台帳」に基づく集計.

とんどの産業が人口減となっている中，建設業は 2,157 人から 3,784 人へと著しく増加しているからである。

　また，「住民基本台帳」から 1 年間の転出入の状況をみると，2010 年の転入が 1,448 人，転出が 1,755 人で社会減が 307 人，2011 年の転入が 1,552 人，転出が 1,973 人で社会減が 421 人，2012 年の転入が 1,558 人，転出が 1,904 人で社会減が 346 人，2013 年の転入が 1,514 人，転出が 1,832 人で社会減が 318 人となっている。また，**表 5-4** に，宮古市における各年 3 月の転出入者数を男女別に示した。特徴として指摘できることは，転入よりも転出の方が多く社会減が顕著であること，2012 年と 2013 年の転出者数が他の年よりも多いこと，各年 3 月の転入と転出ともに女性よりも男性の方が多いことである。2012 年と 2013 年の転出者が多いことは，内陸部へ避難した人などがそのまま転出した可能性を示しているようにも思われる。

（3）結婚・離婚・移動に対する東日本大震災の影響についてのヒアリング

　前節では，公的な人口統計に基づいて結婚・離婚・移動に対する東日本大震災の影響を宮古市の事例について考察した。しかしながら，その考察を通じて把握された特徴は，当然ながら東日本大震災による影響のみではない。景気の動向や求人状況を含めた地域の雇用環境，さらには個人や家族における意識や環境の変化なども影響しているものと思われる。そこで本節では，東日本大震災が結婚・離婚や家族のあり方，移動を含めた人びとの生活にどのような影響を与えたのかについて，人口統計という客観的なデータでは得られない，住民の主観的な認識を把握する。

　上述の目的を達成するため，宮古市役所職員や管内教育関係者に対し，結婚・離婚・移動等に対する東日本大震災の影響についてのヒアリングを行った。**表5-5** はその概要を示したものである。これを見る限りでは，震災をきっかけにして結婚や離婚が増えたと主観的に認識している事実も確認できない。しかし，話者らは住居や働き方などの家族生活には一定の影響が生じていると捉えていることがわかる。また，話者らは東日本大震災の津波による被害を受けたことが出身地に定着する，あるいはＵターンするという判断を抑制したと認識しているようである。話者（1・2・5・6）へのヒアリングの結果からは，東日本大震災が家族との連帯感や出身地へ愛着もしくは帰属意識などを高める効果をもたらしたと考えられる。

表 5-5　結婚・離婚・移動等に対する東日本大震災の影響

話者	認識
1. 岩手県立大学宮古短期大学部宮古事務局就職専門員	津波被害の大きかった地域出身で，県庁を断って宮古市役所へ就職した子もいる。毎年18〜20歳の学生と接しているが，年々，震災を低年齢で経験した子になっていくと，心をどう整理してよいのかわからない子が多い印象をもつ。
2. 岩手県立宮古水産高等学校進路指導担当	仮設住宅から通う学生は多かった。震災によって家族が離れ離れなどの離婚は少ない。進路で地元を選択する場合は，地元に貢献したいという考えの学生もいるが，家族の意向がとくに強い。東日本大震災の以前は県内よりも県外への進学・就職が多かったが，震災以後は県内への進学・就職の方が多い。
3. 岩手県立宮古高等学校進路指導担当	2011年4月に入学予定だった学生が避難先の内陸部の高校へ入ってしまい，大きく定員割れしたが，それ以降は元に戻っている。
4. 宮古市役所職員	震災をきっかけとする離婚は身近で聞いたことがない。震災で家を失い内陸部へ避難し，そのまま根付いた家族はある。
5. 宮古市役所職員	地元の小中学生に震災のことを定期的に話してきたが，その中で，子どもたちが地元に残りたい，地元のために頑張りたいという子が増えたように感じる。
6. 宮古市役所職員	震災をきっかけに離婚したという家族は身近ではいない。震災をきっかけに結婚への意識が高まったという話はない。震災をきっかけに地元へ戻ったというのは身近な人(同級生や先輩)に多い。
7. 宮古市役所職員	近隣では震災をきっかけに内陸部へ避難した人はいない。震災後，漁業をやめて出稼ぎに出る人や妻が働き始めた家族もある。

第4節　被災地における結婚支援の取り組み

(1) 本節における課題の所在

　本節では，被災地における結婚支援について考察していきたい。近年，未婚
化・少子化・人口減少への対策として，県が中心となって結婚支援を行う事例
が増えている。兵庫県では，1999 年 7 月に公益財団法人兵庫県青少年本部への
委託事業として結婚支援を開始し，2006 年には「ひょうご出会いサポートセン
ター」を設置した。[7]

　野々山（2014）の同センターへのヒアリングによれば，同センターではその
支援活動において阪神・淡路大震災による影響を特段配慮しなかったという。
岩手県が主体となって実施している結婚支援では，東日本大震災による影響に
ついて配慮は行われたのであろうか。[8]また，結婚支援の取り組みにおいて，ど
のような特徴や課題が存在するのかについても考察を加える。

表 5-6　いきいき岩手結婚サポートセンターの年齢別登録者数

年齢別	20歳代	30歳代	40歳代	50歳代以上	計
男	76	335	439	187	1,037
女	74	370	122	27	593
計	150	705	561	214	1,630

（注）2018 年 3 月 25 日現在の人数.

表 5-7　いきいき岩手結婚サポートセンターの地域別登録者数

地域	県北地域	県央地域	県南地域	沿岸地域	県外	計
男	81	401	309	238	8	1,037
女	19	360	115	84	15	593
計	100	761	424	322	23	1,630

（注）2018 年 3 月 25 日現在の人数.

(2) いきいき岩手結婚サポートセンターの概要と結婚支援の取り組み

岩手県では 2014 年 6 月に人口問題対策本部（本部長は県知事）を設置し，人口減少への対応を強化するための検討を行い，2015 年 3 月にその報告を取りまとめる中で，「いきいき岩手結婚サポートセンター」を設置することを決定した。その柱となるのは「個別相談事業」であり，会員登録を行い，パソコン検索システムによるマッチングでお見合いを実施し，成婚へとつなげていく。それ以外では婚活イベント情報のメルマガ配信などの「普及啓発事業」，社員の結婚を応援する企業の募集などの「地域連携事業」が主な取り組みとなる。それを支えるのは，協賛金により運営を支援する「賛助団体」やイベントを企画・実施する企業や団体などの「出会い応援団」である。

ここで注目されるのは，2015 年 10 月のセンター開設時に，盛岡市（i-サポ盛岡）と宮古市（i-サポ宮古）にセンターが設置されたことである。2017 年には奥州市（i-サポ奥州）にも設置された。いきいき岩手結婚サポートセンターによれば，宮古市に県内 2 番目のセンターが設置された理由は，東日本大震災で大きな被害を受けた沿岸地域を支援していくという意図があったためとのことである。

i サポの 20 歳以上人口 1,000 人あたり登録者は県北地域 1.07 人，県央地域 1.97 人，県南地域 1.06 人，沿岸地域 1.96 人となっている。沿岸地域が特に多いのは，被災地域をいち早く積極的に支援するという県の姿勢も影響していると推察される。また，岩手県内で結婚支援の活動を行っている日本結婚支援協会によれば，震災後に沿岸部で行った聞き取りでは，登録者の多くがパートナーを欲しており，また，震災による不安感を募らせていたという。東日本大震災の影響によって結婚への意識が高まったか否かについては，本論でも紹介してきたように多様な解釈が行われているが，沿岸地域において人口あたりの登録者が多いという実態は，東日本大震災の影響によって結婚への意識が高まった可能性を示しているように思われる。

一方，取り組みにおける特徴や課題については，年齢別登録者数において 40 歳代と 50 歳代以上の男女差が著しく，それが全体の男女アンバランスにつな

がっていることや，40歳代以上の男性が20歳代の女性を希望する人が多く，成婚に至りにくい状況がある。次に，地域別登録者数においては，県北地域・県南地域・沿岸地域で男女差が著しく，それが全体の男女アンバランスにつながっていることや，県北・沿岸地域の女性は東北本線沿いの地域（県央・県南地域）の男性を希望する人が多く，県北・沿岸地域の男性は選ばれにくい状況があるという。このような状況に鑑みれば，県北・沿岸地域に生活する40歳代以上の男性にとってはマッチングが成立しにくい環境となっている可能性がある。

おわりに

　ここまで，東日本大震災が被災地で生活する人びとの結婚・離婚，家族にどのような影響を与えたのかについて，宮古市や岩手県などを対象として検討を加えてきた。第1節では，婚姻率と離婚率から県単位での動向を把握した結果，被災地（岩手県・宮城県・福島県）において2010年から2011年にかけて離婚率低下が大きく低下したこと，2011年から2012年にかけて婚姻率がやや上昇したことを確認し，その背景としては東日本大震災による影響も考えられることを指摘した。第2節では，宮古市での「移動経歴に関するヒアリング」の結果から，直系家族制の意識・価値観が一定の影響力を持続していることを明らかにし，震災離婚や世帯分離に関する問題について，直系家族制の意識・価値観という視点から考察することの必要性を立証した。

　第3節では，結婚・離婚・移動等に関する東日本大震災の影響について，宮古市でヒアリングを行った結果，「震災を契機とした結婚・離婚が増えたとの実感はないが，移動については津波の被害を受けたことが出身地に定着する，あるいはUターンするという判断を抑制した」と地域住民が認識していることを明らかにした。第4節では，宮古市を中心とする沿岸地域において，いきいき岩手結婚サポートセンターへの人口あたりの登録者が多い背景として，県が被災地を支援する目的で宮古市にいち早くセンターを開設したことや，東日本大

震災の津波による被害を受けた中で結婚への意識が高まったことの可能性を示唆した。

　最後に，宮古市における今後の人口動向を展望しておきたい。近年，若年層の人口流出や顕著な未婚化により，少子化と人口減少への危機感が高まっている。そのような状況の中で，宮古市としても結婚支援のイベントを開始したが，それを成婚に結び付け，ひいては人口減少を抑止する効果を持たせることは容易ではない。i サポの年齢別・地域別登録者数に示されていたように，宮古市を含む沿岸地域の男性にとっては結婚しにくい環境となっている。その環境を少しでも改善するためには，一人でも多くの若年女性が出身地に定着し，あるいは U ターンすることが重要になってくるのではないだろうか。

注

(1) 震災婚については，山田昌弘も，背中を押された「需要の先食い」だけで未婚化の構造的な問題が解決しているわけではないと捉えている（白河 2011,p.109）。

(2) 岩手県では上昇がみられず，宮城県と福島県で離婚率が上昇したということは，放射能の影響を危惧しての避難や世帯分離による理由も考えられる。本章では第 3 節において家族の視点から間接的な考察を行ったが，この部分についての詳細な分析は別の機会に譲りたい。

(3) 国立社会保障・人口問題研究所による「出生動向基本調査」（2015 年の第 15 回調査）の「結婚の利点」において最も多いのは「子どもや家族をもてる」である。

(4) ヒアリングを行った話者の職業や居住する大字などの地域については，個人が特定されてしまうことを避けるため，敢えて明示しない。岩手県内の地名については市町村単位まで明記し，県外の地名については都道府県単位で明記することにした。

(5) 第一子（多くの場合は長男）が家のことや親のことを考えながら就職や結婚を決断していくというのは，2006 年に福島県内で行った調査，2010 年に岩手県内で行った調査，2017 年に秋田県内で行った調査の中でも確認されていることを付記しておく。2010 年の調査結果をまとめたものとして（工藤 2012）を参照された

116

い。また，第4節で取り上げる，いきいき岩手結婚サポートセンターへのヒアリングにおいても，県北・県南・沿岸地域の男性は，親との同居を前提とした結婚を考えている人が多いとのことであった。

(6) この点については，第2節で取り上げた，20歳代女性（表5-3）においても，地元へ戻りたいと考える契機となったのが東日本大震災であったことを想起されたい。

(7) その後，2010年には兵庫県内10カ所に「地域出会いサポートセンター」を設置し，2011年から仲人・結婚相談型サービスを開始している。

(8) 福島県では，2015年8月より，ふくしま結婚・子育て応援センターを開設し，「オンライン型ご紹介システム」と「世話やき人制度」の二本柱で結婚支援の取り組みを行っている。その中で，マッチング時の"No"の理由を把握しているが，沿岸の相双地域ということが理由で断られている印象はないという。しかし，相双地域は登録者や世話やき人も他地域と比べて少なく，結婚支援を行う余裕がないのではないかと認識している。

(9) 岩手県の市町村別人口では，盛岡市の後に2〜5位までは県央・県南地域の自治体が続き，宮古市は県内第6位の人口規模である。

(10) 震災後の1〜2年のあいだ沿岸部で結婚支援ができなかったのは，死別者がいるのに不謹慎という感覚があったと指摘している。

(11) 宮古市は東日本大震災前後に結婚支援は行っていなかったが，2015年度から結婚支援の取り組みを開始している。また，宮古市内で漁業組合が結婚支援のイベントを開催しているが，漁業従事者の年収は市内平均より高いにもかかわらず，女性の参加者が集まらないという。

参考文献

浅井継悟（2015）「震災後に結婚したカップルのコミュニケーション」長谷川啓三・若島孔文編『大震災からのこころの回復―リサーチシックスとPTG』新曜社。

加藤彰彦（2009）「直系家族の現在」『社会学雑誌』Vol.26。

蒲生正男（1960）『日本人の生活構造序説』誠信書房。

蒲生正男（1979）「日本のイエとムラ」大林太良監修『世界の民族〈第13巻〉東南アジア―日本・中国・朝鮮』平凡社。

工藤豪（2012）「結婚動向の地域性—未婚化・晩婚化からの接近」『人口問題研究』Vol.67(4), pp.3-21。

工藤豪（2015）「文化人類学的視点からみた結婚の地域性と多様性」高橋重郷・大淵寛編著『人口減少と少子化対策』原書房。

工藤豪（2016）「未婚者像と未婚化対策のミスマッチ」清水浩昭ほか著『少子高齢化社会を生きる—「融異体」志向で社会が変わる』人間の科学新社。

栗田康史・牧田理沙（2015）「震災状況でのカップルについて」長谷川啓三・若島孔文編『大震災からのこころの回復—リサーチシックスとPTG』新曜社。

白河桃子（2011）『震災婚—震災で生き方を変えた女たち』ディスカヴァー・トゥエンティワン。

竹村祥子（2013）「東日本大震災が家族にもたらす影響について」家族問題研究学会編『家族研究年報』Vol.38。

電通（2011）「震災による人間関係の変化についての調査」電通コーポレート・コミュニケーション局。

野々山久也（2014）『婚活コンシェルジュ—結婚相談サービスのあり方を考える』ミネルヴァ書房。

プレジデント社（2011）『PRESIDENT（プレジデント)』2011.9.12号。

三浦天紗子（2012）『震災離婚』イースト・プレス。

（工藤　豪）

第6章　自然災害と地域の出生力

はじめに

　本章では自然災害と出生行動との関わりについて，地域の出生力という側面から理論的，実証的に分析することを目的とする。一般に，自然災害は家屋の損壊や電気・ガス・水道，道路などインフラの破壊，人命の損失，急激な心理的ストレスなど広範な影響を人々に及ぼす。また，自然災害の直接・間接の被害によって人命が損失される場合，避難を余儀なくされる場合，自主的に避難を行う場合などにおいて，地域の人口構造にも影響が生じることが想定される。

　このような直接的な物的被害や心理的ストレスと人々の出生行動との関係について，先行研究による理論的整理，実証的研究の参照を行い，2011年3月に発生した東日本大震災を事例として，地域の出生力にどのような変動が生じたのかについて人口学的な分析を行うこととしたい。

　第1節では自然災害を主とした突発的事象と出生行動に関する理論的研究及び先行研究について整理し，第2節では東日本大震災の概要とこれまでの研究成果についてとりあげる。第3節では東日本大震災が地域の出生力に及ぼす影響に関する分析枠組みを示し，第4節では時系列変動，地理的分布の観察，東日本大震災が地域の出生力に及ぼした因果効果を示したい。最後に，全体のまとめと東日本大震災後の地域出生力の展望について考察する。

第1節　自然災害と出生行動に関する理論と先行研究

（1）自然災害と出生行動に関する理論

　自然災害や事件・事故は人々の出生行動にどのような影響を及ぼすであろうか。Cohan and Cole（2002）や Rodgers *et al.*（2005）等の議論をもとに5つの理論及び影響について以下のように整理した。それぞれ①愛着理論・補償／保険理論，②脅威管理理論，③地域コミュニティ理論，④心理的ストレス理論，⑤経済状態・基盤への影響の5つである。

①愛着理論・補償／保険理論

　愛着理論（Attachment Theory）は，災害等による被害を人と人との親密さを強化することでそのショックによる損失を補おうとする効果として主に心理学で用いられている（Cohan and Cole 2002）。この理論は短期的効果として知られ，結婚や出生に対しては正の効果，離婚に対しては負の効果があると想定される。また，愛着理論の派生型として補償／保険理論（Replacement/Insurance Theory）がある（Rodgers *et al.* 2005，Finlay 2009，Nobles *et al.* 2015）。この理論では災害の規模により短期〜中期的影響を及ぼすと考えられ，人生や生命の儚（はかな）さを感じる時，それを新たな生命の誕生で補おうとする行動とされる。特に災害によって子どもが死亡した場合，その補償効果として追加の子どもを持つ傾向が高くなる。

②脅威管理理論

　脅威管理理論（Terror Management Theory）は，死が身近に迫ると感じる時（"threat to life"），人々の行動が伝統的かつ保守的な意識や行動に回帰しやすくなるという短期的効果である（Rodgers *et al.* 2005）。その結果，子どもを持って家族を増やそうとするという行動につながりやすくなることが想定されるため，出生力の上昇につながることが指摘されている（Solomon *et al.* 2000）。

③地域コミュニティ理論

　地域コミュニティ理論（Community Influence Theory）は，被災地において地

域住民や行政支援など地域コミュニティによるサポートが個人や地域の出生力に及ぼす長期的影響である（Rodgers *et al.* 2005）。地域コミュニティによるサポートがしっかりしているほど，その地域で子どもを持つ人が増える傾向があり，特に災害直撃地でその影響が大きいという。さらに，地域コミュニティによるサポートは，新たな人々との関係性の構築，コミュニティの強化を通じて，その地域の新たな「出生文化（birth culture）」（Rodgers *et al.* 2005）を生じさせ，出生力が上昇に転じる場合があるということが指摘されている。

　他方で，被災地の子どものケアが不十分であると，その後の教育達成や稼得能力に負の影響があるという指摘もある（Baez and Santos 2007, Pörtner 2008）。

④心理的ストレス理論

　自然災害時の急激な心理的ストレスの存在は，愛着理論のように人との絆を求める方向にも作用するが，逆に災害時においてパートナーの行動が頼りないものであると感じられる場合には，むしろその関係性に亀裂が入る方向にも作用する（Cohan and Cole 2002）。この理論の影響は主に個人単位で観察され，中・長期的に出生行動には負の影響が生じることが想定される。愛着理論も心理的ストレス理論も自然災害による突発的かつ不確実な状態から安定した状態を求めるための行動という意味では共通するが，被害の強度と周囲の人の対応によって異なる結果が得られることになる。

　また，災害時の急激的なストレスは出生性比の低下を生じさせることも指摘されている（Fukuda *et al.* 1998, Catalano *et al.* 2013, 南條・吉永 2014, Nandi *et al.* 2018）。Fukuda *et al.*（1998）は 1995 年 1 月に発生した阪神・淡路大震災の 9ヶ月後に出生性比が低下したことを明らかにし，その理由として急性ストレス及び精子の運動性の低下を指摘している。Catalano *et al.*（2013）や南條・吉永（2014）は東日本大震災でもそのような効果が観察されていることを明らかにしており，Catalano *et al.*（2013）は被害が大きい地域ほど男児流産の確率が高くなるため，出生性比が低下していることを指摘している。

⑤経済状態・基盤への影響

　自然災害等によって家屋の損壊，就業機会の消失など経済基盤が破壊される

ことが個人・地域へ及ぼす影響を示す（Cohan and Cole 2002, Evans *et al.* 2010, Lin 2010）。個人的影響としては，短・中期的に結婚や出生に遅延が生じることが考えられ，地域的影響としては，結婚・出産期にある人口が新たな生活・経済基盤を求めて転出してしまうことによって地域の出生力が減退することが考えられる。ただし，当該地域の特性によってその効果は複合的であり，例えば第1次産業割合が高い場合や高学歴層が少ない地域においては子どもの労働・社会保障需要が高いため，補償効果がみられる場合もあるという指摘もある（Finlay 2009）。

(2) 自然災害と出生行動に関する先行研究

次に，自然災害が出生行動に及ぼす影響に関する先行研究について具体的にみていきたい。Nandi *et al.*（2018）は2001年のインド・グジャラート地震が個人の出生行動への効果についてDD（Difference in Differences：差分の差分）推定及びパネルデータによる固定効果モデルによる分析を行い，地震は出生確率に正の効果（補償／保険効果）がみられ，低学歴層や地方居住者等については出生間隔が短くなることが観察されたことを明らかにしている。

Nobles *et al.*（2015）は2004年のスマトラ島沖地震について，インドネシアにおける夫婦単位及び地域別データを用いて分析している。縦断調査を用いて死亡率の上昇に対する補償効果について分析した結果，子どもを亡くしている母親ほど追加出生しやすい傾向が観察され，平均的に13%の出生率の上昇効果があることを示し，地域レベルでも補償効果が観察されたことを明らかにしている。

Finlay（2009）はインド（グジャラート地震：2001年），パキスタン（北西部地震：2005年），トルコ（イズミット地震：1999年）を対象に，死亡率の上昇が出生率に与える影響についてDHS（Demographic and Health Surveys）調査等を用いてDD推定による分析を行った。その結果，子どもの死亡率の上昇が出生率の上昇に関連するという補償／保険効果が観察されたことを明らかにしている。

　Evans *et al.*（2010）は米国における熱帯暴風雨 Helene（2000 年）が出生に及ぼす効果について地域別のパネルデータを構築し，変量効果モデルで分析を行った。その結果，被害の少ない地域では出生に対して正の効果がみられるが，被害の大きな地域では出生に負の効果が観察されたことを明らかにした。被害が大きく出生に対して負の効果がみられた地域では経済状態・基盤が悪化したことによる影響が指摘されている。熱帯暴風雨の被害は家屋やインフラの破壊等，中・長期的影響を及ぼすため，そのような地域では短期的な出生力の上昇の効果が相殺され，中・長期的には出生力が低下することを示している。

　Lin（2010）は日本とイタリアを対象に長期的な出生行動への影響を分析している。日本における観察期間は 1671〜1965 年，イタリアの観察期間は 1820〜1962 年である。日本の対象地域は 13 村・1 市・1 藩であり，地域によって 1〜41 年間の欠損がある 146〜165 ケースが分析対象である。災害の種類は地震，津波，噴火であり，それぞれについて発生の有無とその規模を都道府県別レベルでデータを整理し，都道府県内の地域に同じ影響が及ぶと仮定している。従属変数は普通出生率（Crude Birth Rate：CBR）を用い，パネルデータによる固定効果モデルにて分析を行った。その結果，津波は出生率に対して負の影響があるが，地震は正の影響があることを明らかにした。さらに，災害の規模が大きくなるほどその影響が大きくなるとしている。一方，イタリアでは地震の出生率への効果は日本とは異なり，負の影響がみられ，経済状態・基盤の短期的悪化が影響したためであることを示唆している。

　Pörtner（2008）も長期的な災害の影響として，グアテマラにおける 120 年間にわたるハリケーンの発生と出生行動及び子どもの教育達成との関連について，世帯調査の結果と地域データを用いて分析している。その結果，短期的に出生力は低下するが，その後に補償／保険効果がみられることを明らかにしている。ただし，被災地の子どもの教育達成は相対的に低下することを明らかにしている。教育達成への影響については，Baez and Santos（2007）がニカラグアにおけるハリケーンの影響を分析した結果においても，災害後の子どもへのケアが不十分である場合，その後の教育水準や稼得能力が災害を経験していない子ど

もよりも低下するということを明らかにしている。

(3) 理論・先行研究のまとめ

　ここまで自然災害が個人の出生行動や地域の出生力に及ぼす影響について理論及び先行研究を概観してきた。理論的には，災害によって脅かされた日常や子どもが失われた場合の取り戻し効果（愛着・補償／保険）によって短期的に出生力が上昇する可能性が指摘されている。ただし，子どもの需要（労働需要・社会保障需要）が低い場合や地域の特性（都市−地方，産業構造等），経済基盤が失われている状況によっては中・長期的に低下する可能性もある。災害の種類では，地震は出生力を短期的に上昇させる効果があるが，津波は地域コミュニティや経済基盤を破壊するため出生力を低下させる効果を持つ可能性がある。災害等の被害には時間経過によって効果が変化することがあり，短期的効果（9ヶ月〜1年程度）と中・長期的効果（5〜20年程度）に分けることができる。また，出生行動と関連して出生性比が一時的に低下することも指摘されており，急性ストレスが男児流産に影響を及ぼすことが指摘されている。自然災害の他に停電・テロでも出生力を上昇させる効果が指摘されているが，逆に戦争や飢餓では負の効果が指摘されているなど，その効果は当該地域の状況によって異なる。

第2節　東日本大震災の概要と先行研究

　東日本大震災は2011年3月11日14時46分に宮城県三陸沖にて発生したマグニチュード9.0の大震災に伴う，地震，津波，福島第一原発事故等を引き起こした複合災害である。2021年3月10日現在，死者15,899人，重軽傷者6,167人，警察に届出があった行方不明者は2,526人である（警視庁　2021）。津波による浸水面積は561km^2（国土地理院　2011），津波被害農地21,476ha（内閣府2012）とされる。また，福島原子力発電所事故は炉心融解や放射性物質の放出

等，国際原子力事象評価尺度（INES）において最悪のレベル 7 の深刻な事故に分類された。2011 年 4 月時点で福島県内に警戒区域，計画的避難区域，緊急時避難準備区域が設定され避難が実施された。その後，避難区域は縮小傾向にあるものの，依然として避難指示区域（帰還困難区域）が設定されており，その影響はいまだ継続しているといえる。

　東日本大震災後の地域の出生力について分析している先行研究についてみると，阿部（2012, 2015）は被災 3 県（岩手県・宮城県・福島県）の出生力に関わる指標の変化について分析し，岩手県と宮城県では多少の出生力の回復がみられるが，福島県では低下している。出生数は被災 3 県とも震災前の水準に回復しておらず，過去の自然災害で見られたような，人口の「補償的回復」には至っていないと結論づけている。南條・吉永（2014）は，震災から 10 か月後の 2011年 11 月～12 月時点の出生力の減少がみられ，出生性比は予測より小さい月が多いことを指摘している。Catalano *et al.*（2013）は被害が大きい地域ほど出生性比が低下し，男児流産確率が上昇していることを明らかにしている。

　このように東日本大震災後の出生動向については，都道府県別にみた観察では短期的な出生力の上昇および人口の「補償的回復」は観察されず，心理的なストレスの影響から出生性比は若干低下していることが指摘されている。

第 3 節　東日本大震災の影響分析のための分析枠組み及びデータ

（1）分析枠組みとデータ

　本節では，東日本大震災の影響分析のための分析枠組み及びデータについて示す。分析枠組みは，①時系列変化（震災後，地域の出生力はどのように変化したのか），②地理的分布（震災後，地域の出生力分布に変化は生じたのか），③因果分析（震災が地域の出生力に与える因果効果はあるか）について分析を行う。

　地域単位は市区町村単位であり，対象とする地域数は 1,896 市区町村である

（2016 年 10 月 1 日境域）。観察期間は月単位および年単位で観察し，月単位は 2007 年 3 月から 2015 年 3 月まで，年単位は 2007 年から 2015 年とした。

データは厚生労働省「人口動態調査」の出生票を用い，届出遅れを補正した「日本における日本人」，「日本における外国人」を客体とした総人口ベースの出生数を対象とする。年単位の観察においては，分子である出生数は厚生労働省「人口動態調査」，分母である総人口は総務省自治行政局「住民基本台帳に基づく人口，人口動態及び世帯数」（2013 年まで 3 月末時点，2014 年以降 1 月 1 日）を用いた。分母人口は登録人口であるため，2015 年の避難区域にも人口が集計されているなど常住人口を示しているものではないことに留意が必要である。本分析では全期間について，日本人人口と外国人人口を合わせた総人口ベースで集計を行う。

（2）地域の出生力指標

出生力の指標は月別の観察では出生数を用い，年別の観察では小池（2010, 2017）による間接標準化指標を用いる。間接標準化指標は以下のような定式化によって作成した。

1）2011～15 年における各市区町村の年齢別出生率を標準とした標準化出生比を指標 1 とする

$$F_i(t) = \frac{B_i(t)}{\sum_{x=15\sim19}^{44\sim49} P_{i,x}(t) \cdot A_{i,x}}$$

$F_i(t)$：t 年（$2007 \leqq t \leqq 2015$，以下同）における市区町村 i の標準化出生比，$B_i(t)$：t 年における市区町村 i の出生数，$P_{i,x}(t)$：t 年における市区町村 i の x 歳人口，$A_{i,x}$：2011-15 年における市区町村 i の x 歳出生率（ベイズ推定値）

2）1）で求めた標準化出生比について，2010 年の標準化出生比に対する t 年の値の比 $FR_i(t)$ を指標 2 とする。また，同様に 2010 年の出生数に対する t 年の値 $BR_i(t)$ の比を求める

$$FR_i(t) = \frac{F_i(t)}{F_i(2010)}$$

$$BR_i(t) = \frac{B_i(t)}{B_i(2010)}$$

2）で求めた $BR_i(t)$ と $FR_i(t)$ の差 $FD_i(t)$ を指標 3 とする

$$FD_i(t) = BR_i(t) - FR_i(t)$$

指標 1 は各市区町村の 2011〜15 年の出生率（当該市区町村が属する都道府県の出生率に基づくベイズ推定値）を標準とした場合の過去の年齢別人口構成の影響を除去した標準化出生比である。標準化出生比は，標準となる年齢別出生率を当該地域の年齢別人口に掛け合わせることで得られる期待出生数と実際の当該地域の出生数との比で示される。一般に，間接標準化指標は全国一律の年齢別出生率を標準とするが，今回の分析では，当該地域の一時点の年齢別出生率を標準とすることで，各自治体固有の時系列変化を年齢別人口構成の影響を除去した上で観察することが可能となる。

指標 2 は指標 1 について観察期間の始点である 2010 年を 1 とした場合の 2011〜2015 年の比をとったものであり，1 を超える場合，2010 年に比べて年齢別人口構成が一定であると仮定した上で出生数が増加しているかどうかを示す。

指標 3 は実際の出生数の比と指標 2 の差であり，年齢別人口構成要因による出生数の増減を示す。指標 3 の値が正の場合，年齢別人口構成の影響（例えば，復興需要に伴う転入超過等）で出生数が増加していることを示し，負の値の場合は高齢化，再生産年齢の女性の転出等の影響によって出生数が減少していると考えることができる。

（3）東日本大震災による被害の類型化

東日本大震災による被害については，地震，津波，原発事故の 3 種類の災害を対象とし，それぞれの影響の度合いについて類型化を行った。

地震の影響については，震度 5 弱〜震度 7 である場合，震災の影響があると

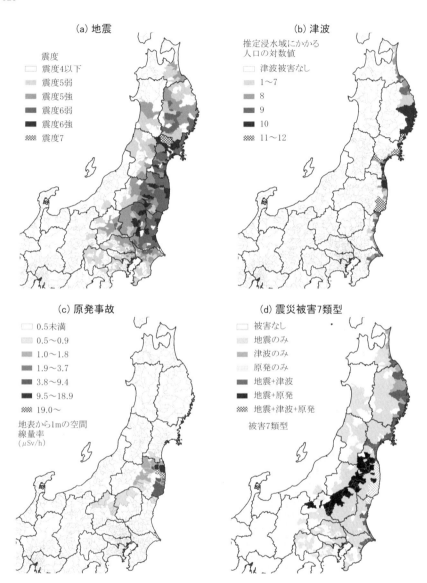

図 6-1　東日本大震災の影響についての地理的分布

(資料)（a）日本気象協会「市区町村別震度」，（b）総務省統計局「東日本太平洋岸地域のデータ及び
　　　被災関係データ」（2011 年 4 月 25 日公表値），（c）文部科学省「地表から 1m の空間線量率（μ
　　　Sv/h）」（2011 年 7〜11 月調査）．
(注)　本章で用いている図表は全て鎌田（2019）より引用している．

仮定し，地震の強さは震度 5 弱，震度 5 強，震度 6 弱，震度 6 強，震度 7 とし
て類型化した。

　津波の影響については，浸水被害が居住地域に及ぶ場合，震災の影響がある
と仮定し，津波の強さは，推定浸水域にかかる人口の対数値（総務省統計局
2011 年 4 月 25 日公表値）とした。

　最後に原発事故の影響については，地表から 1m の空間線量率（μ Sv/h）（文
部科学省 2011 年 7〜11 月調査）について，市町村別に最大線量が 0.5 以上のと
きに被害があると仮定し，空間線量の度合いについては 1）0.5〜0.9，2）1.0〜
1.8，3）1.9〜3.7，4）3.8〜9.4，5）9.5〜18.9，6）19.0〜として類型化した。**図
6-1** には各震災の被害及びそれらの複合的な影響を示す震災の被害 7 類型につ
いて地図に示した。

　対象となる 1,896 市区町村について，震災の「被害なし」1,484 地域（78.3%），
「地震のみ」の被害 323 地域（17.0%），「津波のみ」の被害 12 地域（0.6%），「原
発のみ」の被害 1 地域（0.05%），「地震＋津波」の被害 43 地域（2.3%），「地震
＋原発事故」の被害 22 地域（1.2%），「地震＋津波＋原発事故」の被害 11 地域
（0.6%）である。

第 4 節　東日本大震災は地域の出生力に どのような影響を与えたのか

（1）時系列変化：震災後，地域の出生力はどのように変化したのか

　東日本大震災前後の出生力変化について，月別出生数の変化と年次別標準化
出生比の変化について観察する。

　図 6-2 には東日本大震災の被害 7 類型別に 2011 年 3 月の出生数を 1 とした場
合の出生数の指数変化を示している。出生数の月別変化は季節変動があるため，
12 区間の移動平均を示した。移動平均は当該月と前 5 ヶ月，後 6 ヶ月の 12 区間
の平均値をもって算出した。先行研究では，災害の短期的影響は災害発生後 9
〜10 ヶ月時点で観察されることから，震災から 9 ヶ月前後の 2011 年 12 月から

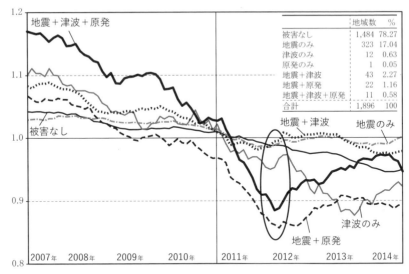

**図 6-2 被害 7 類型別, 月別出生数 (2011 年 3 月＝1) の移動平均 (12 区間)
の推移：2007 年 8 月～2014 年 9 月**

（資料）厚生労働省「人口動態調査」, 届出遅れ補正済, 客体は「日本における日本人」,「日本における外国人」.
　（注）被害 7 類型「原発のみ」は 1 地域であるため省略した.

2012 年 3 月に着目する。

　月別出生数（移動平均）の推移をみると（**図 6-2**), 2011 年後半から 2012 年
はじめに急激な落ち込みが観察される。先行研究でみられるような震災後 9 ヶ
月後の出生数の回復は短期的にはみられない。ただしこの減少には，季節変動
効果が含まれているため（月別出生数の年間の傾向は 1～3 月が少なく，7～10
月が多い傾向), その解釈は慎重に行う必要がある。震災後 4 年までの中期的傾
向では，季節変動によって 2013～14 年にも大きな減少が生じる月もあるが，被
害 7 類型別にみると震災の被害が少ない自治体ほど出生数の落ち込みは少ない
ことがわかる。「地震＋津波＋原発」地域,「津波」地域は 2011～12 年に大きな
落ち込みをみせたが，2012～14 年にかけて出生の取り戻し効果が観察される。
「地震＋津波」地域は 2013～14 年に移動平均が 1 を超える時期があり，実質的
には 2012～13 年頃に若干の上昇に転じていることがわかる。「震災なし」地域

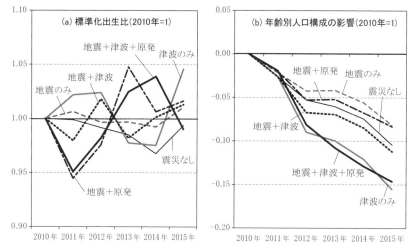

図6-3　標準化出生比・年齢別人口構成の影響の推移：2010年～2015年

（資料）厚生労働省「人口動態調査」，届出遅れ補正済み，客体は「日本における日本人」，「日本における外国人」，総務省自治行政局「住民基本台帳に基づく人口，人口動態及び世帯数」（2013年まで3月末時点，2014年以降1月1日）.2010年を1とした指標である.

は，直線的な減少傾向を示しており，震災によるショックは観察されない。

　次に2010年を1とした標準化出生比（前述した指標2に相当）をみると（**図6-3(a)**），「地震＋原発」地域及び「地震＋津波＋原発」地域は2011年に出生比の大きな落ち込みがみられるが，2012年以降は出生比の上昇（0.5％程度）が確認される。「津波のみ」地域は2011～12年に上昇が観察されるものの，その後減少し，2015年には再び上昇するなど不安定な変化をみせている。「震災なし」地域は，2011年には変化がほぼなく，その後減少傾向を示している。

　図6-3(b) には年齢別人口構成の効果（前述した指標3に相当）を示している。「震災なし」地域を含めて全ての被害地域において，年齢別人口構成の影響は減少傾向を示している。これは，少子高齢化や転出等による人口規模や年齢別人口構成等の影響によって，出生数の減少圧力が全ての地域で生じていることを示している。特に被害が大きい地域（「津波のみ」，「地震＋津波＋原発」地域）において，年齢別人口構成による出生力の減少効果が大きいことがわかる。このことは，図6-3aでみられる被災地における標準化出生比の上昇には，補償／

保険効果等によって上昇している部分と，出生数の減少よりも自然減少や若年層の転出等人口減少の効果が大きいため，相対的に出生比が上昇している部分の影響が混在している可能性があることに留意が必要である。

(2) 地理的分布：震災後，地域の出生力分布に変化は生じたのか

次に震災前後における地理的分布の変化について観察したい。年次別の標準化出生比（前述の指標 1 に相当）の変化について，(a) 2010〜11 年の変化，(b) 2011〜15 年の変化を観察したものが**図 6-4** である。観察にあたり，東日本地域のみを掲載した。

2010〜11 年の変化では，岩手県南部から福島県の沿岸部や福島県の浜通りは標準化出生比が減少している地域が多く，2011〜15 年の変化ではそれらの地域において上昇が観察されていることがわかる。

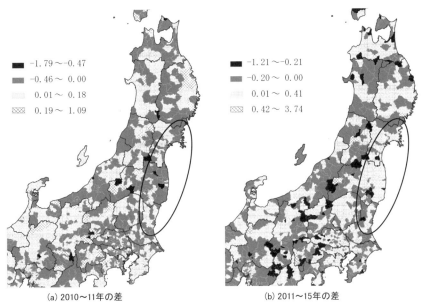

■	-1.79〜-0.47
▨	-0.46〜 0.00
	0.01〜 0.18
▧	0.19〜 1.09

■	-1.21〜-0.21
▨	-0.20〜 0.00
	0.01〜 0.41
▧	0.42〜 3.74

(a) 2010〜11年の差　　　　(b) 2011〜15年の差

図 6-4　標準化出生比の地理的分布

(資料) 図 6-3 と同じ.

(3) 因果分析：東日本大震災が地域の出生力にどの程度の影響を与えたか

　最後に，東日本大震災が地域の出生力に及ぼす影響について，先行研究で用いられている差分の差分分析（DD）による定量的な分析を行うことによって，震災の発生が地域の出生力にどの程度の平均的な因果効果を与えたのかについてみていきたい（Evans *et al.* 2008，Finlay 2009，直井ほか 2017 など）。

　差分の差分分析は，一般的には観察データにおいて因果効果を得るための準実験的デザインであり，通常 2 時点以上のパネルデータを用いて，震災の効果を，震災による影響が生じた地域における従属変数である出生力の時間を通じた平均的な変化と，震災による影響のなかった地域における出生力の時間を通じた変化を比較することで因果効果を推定する分析法である（星野 2009）。

　ここで，震災前の地域の出生力を y_a，震災による影響が生じた場合の震災後の地域の出生力を y_{1b}，震災が発生していない場合の震災後の地域の出生力を y_{0b}，自然災害発生の有無を z とするとき，従属変数である震災が生じた後の地域の出生力 y_b は以下のように示される。

$$y_b = zy_{1b} + (1-z)y_{0b}$$

さらに震災前である a 時点の測定値を $\delta = 0$，震災後である b 時点における測定値を $\delta = 1$ とすると従属変数である地域の出生力 y は以下のように定義される。

$$y = \delta y_b + (1-\delta)y_a = \delta\{zy_{1b} + (1-z)y_{0b}\} + (1-\delta)y_a$$

差分の差分（DD）は，震災による影響の有無 z と震災前後の時点 δ の組み合わせから，以下のように定義できる。

$$DD = \{E(y|z=1, \delta=1) - E(y|z=1, \delta=0)\} - \{E(y|z=0, \delta=1) - E(y|z=0, \delta=0)\}$$
$$= E(y_{1b} - y_a|z=1) - E(y_{0b} - y_a|z=0)$$

　$E(y_{0b} - y_a|z=0)$ は従属変数である地域の出生力の時間による影響の期待値，$E(y_{1b} - y_a|z=1)$ は時間と震災発生両方による影響の期待値を表し，この差分をとることで震災による因果効果を得ることができる。

　一般に，震災が発生した地域の，震災が発生しなかった場合の出生力は観察

されないため，自然災害発生が発生した地域における因果効果（TET：Treatment Effect on the Treated）は観察データからは得られない。

$$TET = E(y_{1b} - y_{0b}|z = 1)$$

しかし，自然災害が発生した地域とそうではない地域の時間変化が等しいと考えるならば（これを「平行トレンド」の仮定という），

$$E(y_{0b} - y_a|z = 1) = E(y_{0b} - y_a|z = 0)$$

となり，上記の DD の定義に適用すると以下のように TET が推定できる。

$$DD = E(y_{1b} - y_a|z = 1) - E(y_{0b} - y_a|z = 0)$$
$$= E(y_{1b} - y_a|z = 1) - E(y_{0b} - y_a|z = 1) + \{E(y_{0b} - y_a|z = 1) - E(y_{0b} - y_a|z = 0)\}$$
$$= E(y_{1b} - y_{0b}|z = 1) = TET$$

差分の差分分析によって平均的な因果効果を推定は，重回帰モデルを用いることで可能である（森田 2014）。回帰式は以下のようになる。

　　　従属変数 ＝ μ ＋ γ × 処置 ＋ δ × 時点 ＋ a ×（処置×時点）＋誤差項

各パラメータの関係は以下のようになり，a が平均的な因果効果となる（**表 6-1**）。

森田（2014）では，差分の差分分析は長期的なデータにおいては，様々な要因による複合的な効果が生じるため長期的には必ずしも妥当しないということが示されていること，さらに処置群と対照群が近い属性であることが望ましいことから，傾向スコア分析（マッチング法）と併用することを推奨している。傾向スコア分析は，自然災害発生の有無を従属変数としたロジスティック回帰分析等により共変量を調整した各地域の自然災害発生確率についての予測値（これを傾向スコアと呼ぶ）を算出し，その予測値が近い地域で震災による影響が

表 6-1　回帰式における差分の差分分析のパラメータ

	震災前a	震災後b	差
震災による影響あり	$\mu+\gamma+\delta+\alpha$	$\mu+\gamma$	$\delta+\alpha$
震災による影響なし	$\mu+\delta$	μ	δ
影響あり－影響なし	$\gamma+\alpha$	γ	α

（資料）森田（2014, p.204）「表 18-2 回帰式による DD の推定」から筆者修正.

表6-2　震災が地域の出生力に及ぼす因果効果

	(1) 係数	(1) 標準誤差	(2) 係数	(2) 標準誤差	(3) 係数	(3) 標準誤差	(4) 係数	(4) 標準誤差
因果効果								
処置	0.010 +	0.006	0.016 ***	0.006	0.012 **	0.005	0.014 ***	0.005
時点	0.006	0.004	0.007 +	0.004	0.008	0.005	0.008	0.005
処置×時点DD	−0.017 **	0.008	−0.019 **	0.008	−0.013 +	0.008	−0.014 +	0.007
共変量								
総人口(対数)			−0.002	0.001			−0.006 ***	0.002
社会増減率			−0.010 ***	0.002			−0.007 **	0.003
沿岸ダミー			−0.004	0.004			0.002	0.006
死者・行方不明者(対数)			−0.004 +	0.002			−0.004	0.005
原発から30km以内			0.015 **	0.007			0.008	0.011
切片	0.982 ***	0.003	0.997 ***	0.013	0.978 ***	0.004	1.045 ***	0.018
分析対象地域数	7584		7584		2464		2464	
F値	1.710		4.97***		1.84		4.9***	

（注）有意水準：+10% 水準，** 5% 水準，*** 1% 水準.

発生している地域とそうではない地域をペアとしてマッチングし，その差（比）の分析を通じて因果効果を推定する分析手法である。

　本分析では，平行トレンドがある程度確認され，短期的な出生力変動の観察が可能な2009年から2012年の震災直後の地域の出生力について分析する。分析モデルは（1）共変量を含まない差分の差分分析，（2）共変量を含む（1）の分析，（3）傾向スコア分析を用いた差分の差分分析，（4）共変量を含まない共変量を含む（3）の分析である。共変量には，総人口（対数），社会増減率（％），沿岸地域ダミー変数，震災における死者・行方不明者数（対数），原発から30km以内ダミー変数の6変数を用いた。

　表6-2が推定結果である。震災の因果効果を示すDDの推定結果はモデル（1），（2）では5％水準において統計的に有意な結果となっており，震災の被害があった地域は平均で0.017〜0.019の標準化出生比の低下効果がみられた。震災が発生した地域とそうではない地域の共変量の属性を傾向スコア（マッチング法）によってバランス化させたモデル（3），（4）においては，10％水準において統計的に有意な結果が得られ，標準化出生比の低下効果は0.013〜0.014であった。このように，震災によって被害を受けた地域は出生力が低下したことが因果効果として示された。

おわりに

　東日本大震災は，地震・津波・原発事故による複合的な影響があり，津波は復興の遅れを促し（主に経済基盤の破壊），原発事故は避難区域の設定を含め，依然としてその影響が続いている状況である。被災地域において震災直後は出生力の落ち込みがみられたが，その後震災の影響が強い地域（に住民票を登録する人々）において出生力の上昇が観察された。ただし，出生数自体の減少幅は震災の影響が強い地域で大きく，転出等による年齢別人口構成変化による出生数の減少よりも人口減少が大きいために相対的に標準化出生比が上昇している効果も含まれている。

　自然災害による地域の人口動態への影響は，その災害の種類や当該地域の経済基盤等の初期条件によって短期的，中・長期的な影響を及ぼすものと考えられる。東日本大震災の被害の大きい地域は沿岸部の高齢化が進んだ地域に多く，高台移転や行政機能・インフラの回復といった復興需要は短期的に認められるものの，長期的には経済機能の復興が困難な地域である可能性が高い。若者の働き口の確保なしに被災地域における定住や結婚・出産に結びつきにくいであろう。地域の出生力変動は配偶関係別人口構成の変化や再生産年齢の女性の移動の影響も受ける。今回の分析では年齢別人口構成の効果を除去した出生力の変動を行ったが，今後は配偶関係や女性の移動率等を標準化した出生力による評価も必要であろう。

　間接標準化出生比を計算するにあたり，毎年の年齢別人口が把握できる「住民基本台帳人口」を用いている。本統計は登録統計であり震災地域の人口変動の実態を示しているとは言い難い。震災の影響の評価については一定の留保が必要である。原発避難者特例法対象地域（福島県内13市町：いわき市・田村市・南相馬市・川俣町・広野町・楢葉町・富岡町・大熊町・双葉町・浪江町・川内村・葛尾村・飯舘村）では住民票を移さずに避難先の自治体から行政サー

ビスを受けることが可能であり，避難地区については，当該地域に居住せずに住民登録のみがなされている状況である。

　東日本大震災は現在も復興作業が続いている状況であり，原発事故による事後処理は継続している。地域の経済状況は中・長期的な出生力に影響を与えることが先行研究においても指摘されており，復興需要による効果の測定や復興の進度が出生力に及ぼす影響評価など，今後も研究の進展が望まれる。

　〈付記〉本章は，鎌田（2018, 2019）を元に加筆・修正したものである。元となった研究は厚生労働行政推進調査事業費補助金（政策科学総合研究事業（政策科学推進研究事業））「国際的・地域的視野から見た少子化・高齢化の新潮流に対応した人口分析・将来推計とその応用に関する研究（研究代表者：石井太・小池司朗，課題番号（H29-政策-指定-003））」による助成を受けた。

参考文献

阿部隆（2012）「東日本大震災と人口変動」，『統計』Vol.63(11), pp.9-15。

阿部隆（2015）「東日本大震災による東北地方の人口変動（続報）」日本女子大学『人間社会研究科紀要』Vol.21, pp.1-18。

鎌田健司（2018）「自然災害が地域の出生力に与える影響に関する研究―東日本大震災の影響について―」，厚生労働行政推進調査事業費補助金「国際的・地域的視野から見た少子化・高齢化の新潮流に対応した人口分析・将来推計とその応用に関する研究（研究代表者：石井太）」平成 29 年度総括研究報告書，pp.141-155。

鎌田健司（2019）「自然災害が地域の出生力に与える影響に関する研究―因果効果の推定―」，同上，平成 30 年度総括研究報告書，pp.95-104。

警視庁（2021）「平成 23 年（2011 年）東北地方太平洋沖地震の警察活動と被害状況」広報資料（2021 年 3 月 10 日）。

小池司朗（2010）「GIS を利用した戦前市区町村別出生力の分析」高橋眞一・中川聡史編『地域人口からみた日本の人口転換』古今書院，pp.169-192。

小池司朗（2017）「国内人口移動の推移と『都心回帰』の分析」，『人口学研究』Vol.53,

pp.23-45。

国土地理院（2011）「津波による浸水範囲の面積（概略値）について（第 5 報）」（2011 年 4 月 18 日）。

総務省統計局（2011）「浸水範囲概況にかかる平成 22 年国勢調査基本単位区（調査区）による人口・世帯数（地図情報）」2011 年 4 月 25 日公表。

内閣府（2012）「被災農地面積及び復旧面積（平成 24 年 3 月 11 日時点）」『平成 24 年版防災白書』。

直井道生・佐藤慶一・田中陽三・松浦広明・永松伸吾（2017）「南海トラフ巨大地震の被害想定地域における社会移動─DID（差分の差分）法による影響の検証─」ESRI Discussion Paper No.335。

南條善治・吉永一彦（2014）「東日本大震災による被災 3 県（岩手，宮城，福島）の人口動態数および移動数の時系列法による年次別月別推移の考察（付）人口移動と風評について」『NUPRI 研究報告シリーズ』No.18, pp.1-13。

星野崇宏（2009）『〈シリーズ確率と情報の科学〉調査観察データの統計科学 因果推論・選択バイアス・データ融合』岩波書店。

森田果（2014）『実証分析入門 データから「因果関係」を読み解く作法』日本評論社。

文部科学省（2011）「航空機モニタリングの測定結果について」（宮城県 7/22，栃木県 7/27，茨城県 8/31，山形県 9/8，福島県西部 9/12，群馬県 9/27，埼玉県・値が県 9/29，東京都・神奈川県 10/6，新潟県・秋田県 10/12，岩手県 11/11，青森県 11/25）。

Baez J. E. and I. V. Santos（2007）"Children's Vulnerability to Weather Shocks: A Natural Disaster as a Natural Experiment," New York: World Bank.

Catalano R., Yorifuji T., and I. Kawachi（2013）"Natural Selection in Utero: Evidence from the Great East Japan Earthquake," *American Journal of Human Biology*, Vol.25, pp.555-559.

Cohan L. C. and S. W. Cole（2002）"Life Course Transitions and Natural Disaster: Marriage, Birth, and Divorce Following Hurricane Hugo," Journal of Family Psychology, Vol.16(1), pp.14-25.

Evans R. W., Hu Y, Zhao Z.（2010）"The Fertility Effect of Catastrophe: U.S. Hurricane Birth," *Journal of Population Economics*, Vol.23, pp.1-36.

Finlay, J. E.（2009）"Fertility Response to Natural Disasters: The Case of Three High Mortality Earthquakes," *Policy Research Working Paper No.4883*, The World Bank Sustainable Development Network Vice Presidency, Global Facility for Disaster Reproduction and Recovery Unit, pp.1-32.

Fukuda M., Fukuda K., and Shimizu T.（1998）"Decline in Sex Ratio at Birth after Kobe Earthquake," *Human Reproduction*, Vol.13(8), pp.2321-2322.

Lin C.-Y C.（2010）"Instability, Investment, Disasters, and Demography: Natural Disasters and Fertility in Italy (1820-1962) and Japan (1671-1965)," *Population Environment,* Vol.31, pp.255-281.

Nandi, A., S. Mazumdar, and J. R. Behrman（2018）"The Effect of Natural Disaster on Fertility, Birth Spacing, and Child Sex Ratio: Evidence from a Major Earthquake in India," *Journal of Population Economics*, Vol.31, pp.267-293.

Nobles J, Frankenberg E., Tomas D.（2015）"The Effects of Mortality on Fertility: Population Dynamics after a Natural Disaster," *Demography*, Vol.52, pp.15-38.

Pörtner C. C.（2008）"Gone with the Wind? Hurricane Risk, Fertility and Education," *Working Paper UWEC-2006-19-R*, University of Washington, Department of Economics.

Rogers J. L., Craig A. ST. J. and R. Coleman（2005）"Did Fertility Go Up after the Oklahoma City Bombing? An Analysis of Births in Metropolitan Counties in Oklahoma, 1990-1999," *Demography*, Vol.42(4), pp.675-692.

Solomon, S., J. Greenberg and T. Pysczynski（2000）"Pride and Prejudice: Fear of Death and Social Behavior," *Current Directions in Psychological Research*, No.9, pp.200-204

（鎌田健司）

第7章　震災に伴う日本人の人口移動

はじめに

　災害の発生により，被災地域を中心とする社会経済には様々な影響が及ぶことになるが，そのなかで人口移動傾向の変化は各地域にとって最も関心が高く影響力も大きい事象のひとつであろう。震災発生直後には，被害の大きい地域から被害の小さい地域，あるいは直接的な被害を受けなかった地域への住民の避難移動が起こると見込まれ，その後の復興過程では，避難先から元の地域へ帰還する移動をはじめ，復興支援のため被災地域以外からの広域的な移動等が発生することが考えられる。とくに復興過程では，被災地域の被害状況や地理的条件等により様々な人口移動パターンが想定しうるが，震災に伴って実際にどのような人口移動傾向の変化が生じているかを把握することは，各地域における復興計画の方向性を定めるうえでも不可欠となるであろう。

　本章では，2011年に発生した東日本大震災を対象とし，震災前後における日本人の人口移動傾向の変化について分析を行う。東日本大震災と人口移動との関連を分析した研究は比較的数多くみられるが（たとえば，大和田 2012；峯岸 2012；阿部 2012, 2015；小池 2013；濱松 2014；遠藤 2015；吉永・南條 2015；熊沢ほか 2018 など），人口移動統計が限定されるうえ，被災地域が広範囲にわたることなどから，人口移動傾向の変化について解明できていない点はまだ多く残されている。小池（2013）では，原稿執筆時点までに入手可能な人口および人口移動統計を利用することによって，震災前後における岩手・宮城・福島の都道府県別および市町村別の男女年齢別人口移動傾向の変化に関する分

析を試みたが，その後 5 年以上が経過しており，新たな人口移動パターンへと移行している可能性が高い。本章では，まず最新のデータをもとに 3 県の県別人口移動傾向の状況を概観した後，市町村別の人口移動傾向について，男女年齢別にみた変化を含めて分析する。

第 1 節　利用した統計

　本章での分析において利用可能な主な人口統計および人口移動統計としては，総務省統計局「国勢調査」・「人口推計」・「住民基本台帳人口移動報告」（以下，「住基移動」），総務省自治行政局「住民基本台帳に基づく人口，人口動態及び世帯数調査」（以下，「住基人口」），各県から公表されている「推計人口」等が挙げられる。[1]

　「国勢調査」からは，市区町村別男女年齢別人口や配偶関係別人口，人口移動集計では 5 年前居住地など多岐にわたるデータが得られる。しかし，5 年ごとのデータでは震災に伴う人口移動傾向の変化を捉えることが困難である。たとえば人口移動集計に関して，震災に伴って域外に転出した人が 2015 年国勢調査時点までに元の居住地に戻った場合，5 年前居住地は「現在と同じ場所」となり，移動が発生しなかったものとみなされてしまう。「人口推計」では都道府県別の人口変化が 1 年ごとに観察できるものの，本章で主な分析対象とする市町村別のデータは公表されていない。各県から公表されている「推計人口」には，総務省統計局による「人口推計」には含まれていない各月別の市町村別人口等に関する情報が入手可能な場合があるが，県によって公表されているデータ内容等が異なるため，地域横断的な分析には利用しづらい。以上より，本章では主として，各年別かつ男女年齢別のデータが概ね統一的な基準で得られる「住基移動」および「住基人口」を利用することとした。両統計とも，本章が主眼とする日本人に関するデータが充実している点も重視した。

　また，後述する市町村別男女年齢別の純移動数および純移動率の算出にあた

り，期間中の出生数・死亡数のデータが必要となるが，これには厚生労働省「人口動態調査」の個票データを用いた。

第 2 節　岩手・宮城・福島の県別転入超過数の推移

　以下では，岩手・宮城・福島の 3 県を対象とし，「住基移動」の集計結果から得られる転入超過数の推移等についてみていくこととする。

(1) 転入超過数の推移

　3 県における転入超過数の年間推移（2008〜2017 年）を**図 7-1** に示した。小池（2013）では，2013 年 6 月までの月別転入超過数の推移から震災前後における人口移動傾向の変化について，岩手県では「震災前からの転出超過数の縮小傾向が継続」，宮城県では「震災直後における転出超過数拡大の後，2012 年には 13 年ぶりの転入超過」，福島県では「震災後に転出超過数が大幅に拡大した後，2013 年前期には概ね震災前の 2010 年の転出超過数の水準に回復」と表現

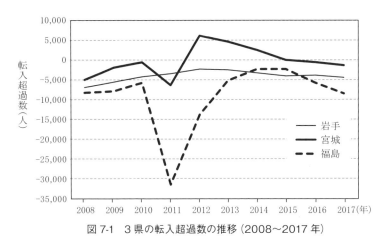

図 7-1　3 県の転入超過数の推移（2008〜2017 年）

（資料）総務省統計局『住民基本台帳人口移動報告』。
　（注）日本人について。

していた。しかしその後約5年間が経過し，3県においては新たな人口移動の局面を迎えている。

　岩手県では，2013年頃を境として再び転出超過数が拡大する傾向がみられる。宮城県では，2015年に年間で再び転出超過に転じた後も転出超過数がやや拡大するなど，一時の転入超過傾向はみられなくなっている。福島県では，2014年頃まで転出超過数の縮小傾向が継続していたが，それ以降は再び転出超過数が拡大している。つまり，直近では3県とも転出超過が強まるという共通の傾向が観察されている。

（2）男女別の転入超過数

　小池（2013）においては，3県の県別にみた人口移動傾向に男女差がみられることを指摘した。そこで転入超過数の男女差に着目し，震災前の2008年以降の推移を各年別にみると（**図7-2**），岩手県ではさほど大きな変化がないものの，宮城県と福島県においては震災発生の2011年を境に男女差が大きく広がっている。転入超過数の男女差は，宮城県では2012年にピークを迎える一方で，福島県では震災の発生した2011年を凌いで2014年がピークとなっている。震災後，

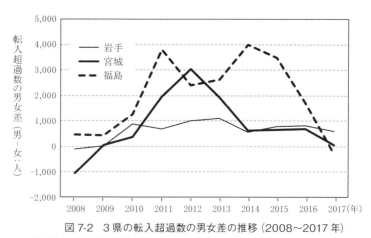

図7-2　3県の転入超過数の男女差の推移（2008〜2017年）

（資料）総務省統計局『住民基本台帳人口移動報告』．
（注）日本人について．

岩手県を含む 3 県において人口性比の上昇がみられたことは既に報告されており（濱松 2014），その主な要因は本図でみられるような男女間の転入超過数の差であるといえるが，宮城県と福島県の男性の転入数のピークには約 2 年のタイムラグがあったということになる。

(3) 考察

　上述のような県別の人口移動傾向の変化の要因が把握可能な資料は限られており，現時点でそのすべてを明らかにすることはできないが，既存文献等から推測できる要因等を交えて考察する。

　まず，宮城県と福島県の男性の転入数ピークのタイムラグについては，宮城県ではインフラ機能の復旧や港湾機能の回復など，比較的短期間での集中的な対応が必要な復興事業が中心であったのに対し，福島県では東京電力福島第一原子力発電所の事故に伴って長期間にわたる対策が必要な復興事業も加わった結果として生じたものと考えられる。一方，両県の直近における転入超過数の男女差の縮小や逆転には，主に男性の転出数増加と転入数減少が大きく寄与している。転出数増加の一因として，復興業務で一時的に転入してきていた男性の県外への転出傾向が強まったことが挙げられるだろう。たとえば福島県では，依然として帰還困難区域等が残っているものの，2014 年以降，避難指示区域が段階的に解除されており，これらの地域の除染等にあたっていた作業員が避難指示解除とともに転出したことなども考えられる。一方，転入数減少の一因としては，全国から転入する派遣職員の減少が挙げられるだろう。被災市町村においては，復興業務に従事する職員の確保を目的として，全国の自治体から臨時の職員が派遣されている。しかし，派遣職員数は 2015 年度をピークに減少しており，減少の要因として熊本地震（2016 年）や九州北部豪雨（2017 年）等大規模な自然災害が発生したため，それらに対しても職員の派遣が行われていることが指摘されている（復興庁 2018）。また，とくに県外自主避難者において元の居住地に戻りたいとする人の割合が低下していることも（山川 2017），転入数減少に影響していると考えられる。

　また，3 県における近年の転出超過数増加については，ひとつには上述の男性の人口移動傾向の変化が挙げられるが，もうひとつの要因として東京圏との[3]つながりが挙げられよう。2008〜2017 年の各年において，3 県の転入超過数の推移を東京圏と東京圏外にわけてみてみると（**図 7-3**），東京圏への転出超過数は 2011 年を除けば縮小のち拡大の傾向をたどっている。これを東京圏の転入超過数の推移とあわせてみると，2008〜2010 年では東京圏の転入超過数の縮小と東北地方の東京圏への転出超過数の縮小が重なり，2013 年以降は東京圏の転入超過数の拡大と東北地方の東京圏への転出超過数の拡大が重なっている。東京圏では，2013〜2017 年で転入超過数が約 23,000 人増加したが，このうち 4,800 人以上が 3 県からの増加分（3 県で東京圏に対して 4,800 人以上の転出超過数増加）である。近年，東京圏では全国各地からの転入超過数が増加しており，もともと東京圏への転出が卓越する東北地方では，転出超過数が増加しやすい状況となっている。「住基移動」によれば，宮城県では男性のみならず 20〜30 歳代の女性の転出超過数の増加も顕著であることから，就職や転職に伴って東京圏に転出する傾向が近年強まっているといえよう。この点がどの程度震災と関

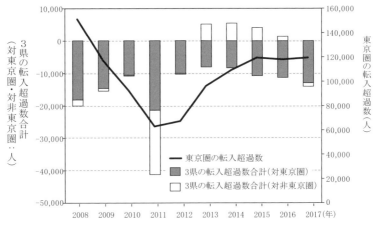

図 7-3　3 県の転入超過数と東京圏の転入超過数の推移（2008〜2017 年）

（資料）総務省統計局『住民基本台帳人口移動報告』.
　（注）日本人について.

連しているかは定かではないが，全国的に東京圏への転出超過が強まっている
状況に鑑みれば，震災と直接的には関係しない転出も多く含まれているものと
考えられる。他のデータを用いた検証が必要であるが，たとえば2020年の東京
オリンピック・パラリンピック開催の影響を強く受けた可能性が指摘できよう[4]。

　すなわち，3県における2014年以降の転出超過拡大の要因は，いわゆる「震
災特需」の反動に加えて，東京圏一極集中化の影響が大きいと考えられ，県別
にみた場合，人口移動に対して震災が及ぼした影響は時間の経過とともに低下
してきているといえよう。ただし震災復興は大半の地域において途上であるた
め，当面の間は震災前に比べ転入・転出とも活発な状態が続く可能性は高いと
考えられる。

第3節　震災前後における市町村別・男女年齢別の人口移動傾向の変化

　市町村単位で入手可能な人口移動統計は，都道府県単位と比較すれば限定的
となるため，実態としての人口移動傾向の変化は捉えづらくなる。「住基移動」
では震災前における年齢別の人口移動統計がほとんど存在しないため，震災前
後における市町村別・男女年齢別の人口移動傾向の変化の分析に「住基移動」
を利用することは困難である。したがって，各年の市町村別男女5歳階級別人
口が入手可能な「住基人口」を活用することとした。

　ところで，「住基人口」は住民票ベースでの人口移動のみが反映された統計で
あり，住民票の異動を伴わない人口移動は含まれないため，現住地ベースの人
口移動をどの程度正確に捉えているかについては検討の余地がある。住民票ベー
スでの人口移動と現住地ベースの人口移動の状況が大きく乖離している場合に
は，「住基人口」を用いた分析はほとんど意味をなさないと考える。一方，「推
計人口」は出生と死亡，および住民票ベースでの人口移動等を加減して作成さ
れていることから，2010年の国勢調査を基準とした「推計人口」による2015
年10月1日現在の人口（以下，2015年推計人口）と現住地ベースの人口移動

状況が反映された同年国勢調査人口との間の乖離が小さければ，現住地ベースの人口移動状況を表す統計として「住基人口」を用いて概ね差し支えないと考えられる。そこで，2015年推計人口と2015年国勢調査人口との比較を3県の市町村別に行った。なお2015年推計人口は，各県のホームページにおいて公表されている値を用いた。[5]

　図7-4は，2015年推計人口を基準とした場合の2015年国勢調査人口の乖離率である。帰還困難区域が境域内に含まれる福島県内の町村においては2015年の国勢調査人口がゼロまたはゼロに近い値となっており，2015年推計人口との間で大幅な乖離が生じている。また，これらの町村の周辺においても両者の乖離

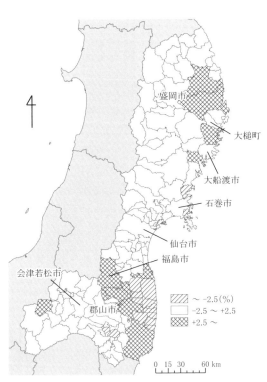

図7-4　2015年推計人口を基準とした場合の
2015年国勢調査人口の乖離率

（資料）総務省統計局「国勢調査」，各県公表「推計人口」．

が大きい地域が目立っており，住民票ベースの人口移動と現住地ベースの人口移動との隔たりが大きいことを示唆している。福島県内の市では，福島市（+3.9％），いわき市（+7.9％），相馬市（+8.8％）などにおいて比較的乖離が大きく，いずれも2015年推計人口が過小となっている。住民票上は帰還困難区域が含まれる町村にいる人々の一部が，国勢調査時点において実際にはこれらの市に在住していた可能性も高い。岩手県と宮城県では乖離が大きい市町村は比較的少なく，被災地域に含まれる岩手県釜石市（+4.4％），宮城県南三陸町

（-8.2%），同女川町（-4.5％）などが目につく程度である。本章では，乖離率が-2.5％以上 +2.5％未満の市町村（図 7-4 において白抜きの市町村）を乖離が小さいとみなし，「住基人口」において現住地ベースの人口移動が多分に反映されていると考え，「住基人口」の日本人人口データを用いた人口移動傾向の変化に関する分析を行うこととした。この結果，福島県浜通り地域や津波被害の大きかった市町村の一部は分析対象から漏れるものの，それら以外の大半の地域において「住基人口」を用いた分析が可能となる[6]。

（1）分析手法

　「住基人口」には，市区町村別男女 5 歳階級別人口が収録されているため，5年ごとにみれば年齢別の人口変化を追うことが可能である。本章では，2005 → 2010 年，2008 → 2013 年，2012 → 2017 年の 3 期間を対象として年齢別の人口移動傾向の変化を分析した。2005 → 2010 年は震災発生前の基準となる期間，2008 → 2013 年は震災発生を含んだ期間，2012 → 2017 年は震災後の期間であるから，以下ではそれぞれ，基準期間，震災期間，震災後期間と表現する。なお，いずれも日本人人口を分析対象とするが，「住基人口」は 2014 年より従前の 3 月 31 日現在人口から 1 月 1 日現在人口に変更されているため，震災後期間では期首と期末で同一のコーホートでの比較観察ができない。したがって，2011 年 3 月 31 日現在人口と 2012 年 3 月 31 日現在人口との重み付け平均値により 2012 年 1 月 1 日現在の男女 5 歳階級別人口を推定した[7]。

　分析の枠組みは，コーホート変化率により分析を行った小池（2013）に近いが，変化率は人口移動と死亡の統合的な指標であるため，本章ではより直接的に純移動率を算出することとした。純移動率を算出するには，各期間における男女年齢別の生残率または死亡数が必要となる。そこで「人口動態統計」の個票を用いて，各コーホートの 5 年間における死亡数を集計し，下記により $t \to t+5$ 年の地域 i，性 j，年齢 $x \sim x+4$ 歳 → $x+5 \sim x+9$ 歳の純移動率 $m(t)_{i,j,x}$ を求めた。

$$m(t)_{i,j,x} = M(t)_{i,j,x} \Big/ P(t)_{i,j,x}$$
$$ただし, \quad M(t)_{i,j,x} = P(t+5)_{i,j,x+5} - (P(t)_{i,j,x} - D(t)_{i,j,x})$$

ここで，$P(t)_{i,j,x}$：「住基人口」による t 年の市区町村 i，性 j，年齢 $x \sim x$+4 歳人口（日本人），$D(t)_{i,j,x}$：t 年の市区町村 i，性 j の年齢 $x \sim x$+4 歳人口の $t \rightarrow t$+5年の死亡数（日本人）である。本式の分子は，各コーホートの純移動数の推定値を表しており，合併が生じた市町村については合併後の境域によりデータの組み替えを行っている。なお，「人口動態統計」の個票を用いることによって出生数（日本人）も各期間において集計を行い，小池（2013）では分析対象外とした出生→0〜4歳についても純移動率を算出した。そのうえで，男女全年齢を通した人口移動傾向を把握するために，上記で求めた年齢別純移動数をもとに日本人の総数ベースでの純移動率 $m(t)_i$ を算出した。

$$m(t)_i = \frac{\sum_{j,x} M(t)_{i,j,x}}{\sum_{j,x} P(t)_{i,j,x}}$$

基準期間，震災期間，震災後期間の各期間において $m(t)_{i,j,x}$ および $m(t)_i$ を算出した後，震災期間と基準期間との純移動率の変化（以下，「震災－基準」）および震災後期間と基準期間との純移動率の変化（以下，「震災後－基準」）を求めることによって，市区町村別男女年齢別の人口移動傾向の変化を検証した。年齢別にみれば，現住地ベースの人口移動と住民票ベースの人口移動の間にタイムラグ等が発生している可能性も高いが，同じ住民票ベースでの時系列比較のため，人口移動傾向の変化は十分に捉えられると考えてよいであろう。

(2) 総人口ベースでの純移動率の変化

　総人口ベースでの純移動率 $m(t)_i$ について，「震災－基準」および「震災後－基準」を**図7-5**に示した。[8]

　「震災－基準」は，福島県を除く内陸部の市町村の大半でプラスになっている反面，沿岸部の市町村の大半ではマイナスとなっている。ただし震災期間は，復興事業が始まった期間も含んでいるため，比較的早い段階から復興がスター

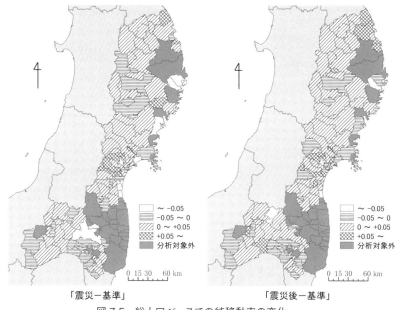

図7-5　総人口ベースでの純移動率の変化
（注）いずれも日本人について.

トした市町村等では，基準期間の純移動率を上回っているケースもみられる。
一方「震災後 – 基準」をみると，内陸部の市町村の大半では引き続き基準期間
を上回る純移動率が観察されているのに対して，沿岸部の市町村ではプラスと
マイナスが混在しており，大きな津波被害を受けた市町村の間でも異なる傾向
がみられる。

　このような震災期間・震災後期間における沿岸部の人口移動傾向の変化の差
をもたらす要因は，一概には特定できないものの，被災地域の転出率を規定す
る重要な要因のひとつとして，主に地形と人口分布に起因する浸水域の人口割
合が挙げられよう。総務省統計局では，東日本大震災関連情報として「津波に
よる浸水範囲に関する統計情報」をインターネット上で公開しており，そのな[9]
かに「浸水範囲概況にかかる人口・世帯数（2010（平成22）年国勢調査人口速
報集計による）」のデータが存在する。分析対象とした3県の市町村のなかで，

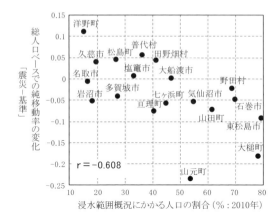

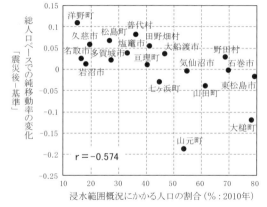

図7-6　浸水範囲概況にかかる人口の割合と総人口
ベースでの純移動率の変化の分布
（上：「震災−基準」，下：「震災後−基準」）

（資料）　総務省統計局「津波による浸水範囲に関する統計情報」．
（注）　純移動率の変化は日本人について．

浸水範囲概況にかかる人口の割合が10％以上の市町村を抽出し，浸水範囲概況にかかる人口の割合を横軸，総人口ベースでの純移動率変化（「震災−基準」および「震災後−基準」）を縦軸として散布図を描くと（図7-6），相関係数はそれぞれ -0.608，-0.574 となり，概ね浸水域の人口割合が高いほど震災期間における純移動率の低下が大きく，また震災後期間においても純移動率の回復が鈍いことがうかがえる。

浸水域の人口割合が高い市町村の震災期間における純移動率の低下は，津波被災者の市町村内における避難先の確保が困難になることが大きな要因と考えられる。また震災後期間における回復の鈍さは，「激しい人口流出によって市町村内に知り合いがいなくなり，帰属意識が薄れること」（藤田ほか 2018）などが要因として挙げられるだろう。ほかにも，地域コミュニティ機能の低下などから，直接的に津波被害に遭わなかった人々が震災後一定の期間を経て市町村外へ転出するような事態も考えられるが，詳細を明らかにするには実地調査を交えた分析が不可欠である。

(3) 男女年齢別の純移動率の変化

　紙面の都合上，男女年齢別純移動率 $m(t)_{i,j,x}$ の変化についてはいくつかの市町村を抜粋して結果を示し，若干の考察を加えることとする。津波による被害が大きかった地域として，宮城県石巻市・岩手県大船渡市・岩手県大槌町を取り上げ，「震災−基準」および「震災後−基準」を示したのが**図7-7**である。いずれも基準期間において転出超過の傾向がみられ，津波被害の大きかった沿岸地域であることは共通しているが，人口移動傾向の変化のパターンは三者三様である。

　市町村単位でみて最も人的被害の大きかった石巻市では，震災期間において男女全年齢階級で純移動率の低下がみられ，震災に伴って転出超過傾向が大幅に強まったことがうかがえる。震災後期間では若年層を中心として純移動率が基準期間を上回っている年齢階級が多く，転出超過傾向はかなり弱まっているものの，「震災後−基準」の変化は小さくとどまっている。野村（2016）によれば，同稿執筆時点で行政職員 1,500 人のうち他自治体からの応援職員が 203 人を占めており，このような形で新たな転入が発生する一方で，高層の復興公営住宅が続々と建っているにもかかわらず入居を希望する被災者が予想以上に少なく，空き室が目立つことも報告されている。その一因として，上述のような帰属意識や地域コミュニティ機能の低下が挙げられるかもしれない。大船渡市では，震災期間において大きな人口移動傾向の差は生じていないものの，20 歳代男性では純移動率が大きく上昇している。震災後期間においては，若年層を中心として男女とも純移動率の上昇が目立っており，震災を契機として転出超過が弱まる傾向がみられる。大船渡市でも被災直後から自衛隊や警察，他自治体等から多くの職員が派遣されていることが報告されており（前田 2016），その点がとくに若年男性の純移動率を押し上げているものと推察される。また大船渡市では，三陸沿岸の自治体の中では比較的中心部の被害が少なく，行政機能も維持されたため，住まいの再建に関するプログラムがスムーズに進行しており（澤田 2017），この点も転出超過傾向の弱まりに寄与していると考えられる。大槌町では，震災期間において男女全年齢階級で著しい純移動率の低下が

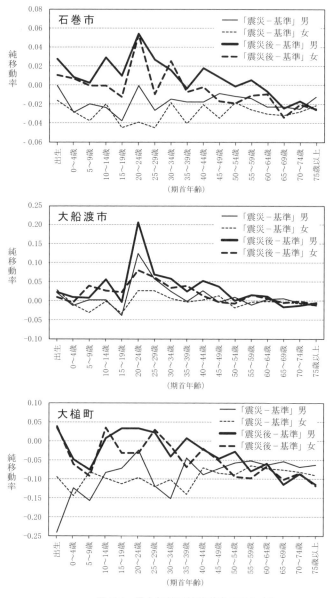

図 7-7　男女年齢別純移動率の変化 (1)
（注）いずれも日本人について.

観察されており，震災が人口移動に及ぼした影響の大きさが察せられる。また震災後期間においても，基準期間の純移動率を下回る年齢階級が多く，とりわけ高齢層で震災期間と比較しても純移動率が低下していることは注目すべきであろう。大槌町においても全国から臨時職員が派遣されており，2016 年 4 月 1 日現在で全職員 274 人のうち派遣職員が 107 人と（青木 2016），石巻市の派遣職員の割合を大きく上回っている。一方で，住宅の自力再建が叶わない高齢の被災者の多くは災害公営住宅を希望しているものの，災害公営住宅の建設は後回しにされたため（三浦 2017），高齢者の転出が増加していることも考えられる。また大槌町では高齢住民に対する買い物サービスの提供体制が課題として指摘されており（松田・松行 2016），震災により新たに「買い物難民」となってしまった高齢者が町外に転出している可能性もある。

　続いて，宮城県の中心都市である仙台市，福島県中通り地域の中心都市である郡山市，および同県会津地域の中心都市である会津若松市における男女年齢別純移動率 $m(t)_{i,j,x}$ の変化について，「震災－基準」および「震災後－基準」を**図 7-8** に示した。仙台市では，震災期間において男性を中心として純移動率の上昇がみられ，震災後期間においても純移動率の上昇が継続している。仙台市においては，沿岸部に位置する宮城野区・若林区では大きな被害を受けたものの，他の被災市町村からの転入が増加したことに加え，復興事業の広域的な拠点として全国から労働者が集まってきた（内閣府 2013）。この点は，宮城県において 2012〜2014 年に転入超過となった大きな要因ともいえよう。郡山市では震災期間における純移動率の低下が目立っているが，とりわけ若年女性と子どもの低下が著しい。福島県では東京電力福島第一原子力発電所の事故の影響により，県全域や福島市でも若年女性と子どもの転出超過傾向の傾向が強まったことが確認されたが（小池 2013），郡山市においても同様の状況であったといえる。ただし震災後期間では，女性は基準期間とほぼ変わらず，男性は基準期間よりも純移動率が上昇しており，概ね震災前の傾向へ回帰している様子が観察できる。震災直後に多く発生したとみられる母子避難は一段落した状況にあるといえよう。会津若松市では震災期間において概ね男女全年齢を通して緩や

156

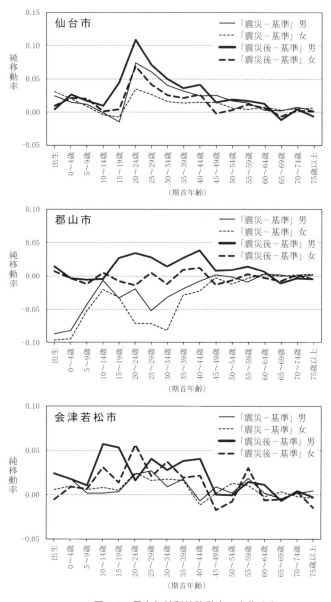

図 7-8　男女年齢別純移動率の変化 (2)

(注)　いずれも日本人について.

かな純移動率の上昇がみられ，震災後期間においてもその傾向が継続している。福島県内では，原子力発電所からの距離が近い浜通り地域や中通り地域から距離の遠い会津地域への移動が増加し，会津若松市はその主な受け皿として機能したものと考えられる（吉永・南條 2015）。図7-5からうかがえるように，中通り地域の南部では「震災後－基準」もマイナスとなっている市町村が目立っているものの，今回分析対象とした福島県の市町村を全域的にみれば，震災に起因する人口移動傾向の変化は概ね収束に向かっているとみることができよう。

　男女年齢別純移動率の変化を算出したことによって，各市町村で発生している人口移動傾向の変化を様々な側面から分析できるようになったと考えられる。一方で，本手法では5年間を通した傾向でしかみることができず，5年間のなかで生じている変化については捉えられていない点には留意する必要がある。(10)県別の分析でみてきたように，人口移動傾向は短期間で大きく変化しているが，上述のように，震災前において「住基移動」からは市町村別年齢別の人口移動データがほとんど得られないため，市町村別男女年齢別人口移動傾向について震災前後の短期的な比較分析を行うのは困難な状況にある。この点は統計上の限界であるが，震災後に関しては人口移動統計が充実してきており，今後統計が蓄積されていくにつれて多角的な分析が可能となっていくだろう。

おわりに

　本章では，主に「住民基本台帳人口移動報告」および「住民基本台帳に基づく人口，人口動態及び世帯数調査」を活用することによって，震災前後における岩手・宮城・福島の県別・市町村別の人口移動傾向の変化を分析した。県別には，とくに宮城・福島において震災直後に顕著であった男女間の転入超過数の差が近年ほぼ解消されるとともに，3県すべてで転出超過数は拡大傾向にあった。その一因としてはいわゆる「震災特需」の反動があるものの，震災とは直接関係なく，東京圏一極集中化の影響を強く受けている可能性も示唆された。

一方市町村別にみると，岩手・宮城の内陸部における転入超過傾向は概ね継続する反面，沿岸部における転出超過傾向は，市町村によってその後の変化パターンが大きく異なっていた。津波被害の大きかった市町村のなかでも比較的顕著な差異が見受けられ，その差異を規定する要因のひとつとして，市町村の総人口に占める浸水域の人口割合があると推察された。浸水域の人口割合が高ければ，津波被災者は市町村外へ転出する可能性が高くなり，その後元の居住地に戻る意思があったとしても他の住民も軒並み市町村外へ転出していることなどから，帰属意識が薄れてしまうと考えられる。

　今回分析対象とした地域においては，震災に伴う日本人の人口移動は概ね沈静化に向かっているといえるものの，正確な人口移動状況の把握が困難であるために分析が叶わなかった市町村も残っている。たとえば，2015 年 7 月に約 4 年半ぶりに避難指示が解除された福島県楢葉町では，町に住民票を置いている9 割以上の住民が町外で居住しているため（梶田 2016），住民票ベースの移動は全体の移動のごく一部しか反映されていない。また，原発事故からの避難者を対象とした調査によれば，今後も住民票を移すつもりはないと回答した人々の割合が半数を超えている（今井 2018）。こうした状況のなかでは，原発事故による被害が大きかった地域における住民票ベースでの人口移動統計を用いた分析結果は限定的とならざるを得ない。原発事故による被害が大きかった地域は，被爆による生命への影響が累積的に及ぶなどの意味で「累積性を伴うリスク」（田中 2016）が存在する性格上，津波被害が大きかった地域とは異なる復興の難題があり，それゆえに将来の人口移動パターンを見通すことも非常に困難である。したがって，様々なヒアリング調査結果や 2020 年に行われる国勢調査結果等を活用した分析が考えられるが，それらは今後の課題である。加えて重要なのは，人口移動パターンの変化の分析をいかに地域政策に活かしていくかという視点であり，たとえば各地域における復興住宅や商業活動の需要見積もり等においては，本章で行ったような分析が有意義となるであろう。地域政策立案に資する分析結果の活用方法についても，今後検討を重ねていきたい。

〈付記〉本章は，小池（2019）を元に加筆・修正したものである。元となった研究は，厚生労働行政推進調査事業費補助金（政策科学総合研究事業（政策科学推進研究事業））「国際的・地域的視野から見た少子化・高齢化の新潮流に対応した人口分析・将来推計とその応用に関する研究（研究代表者：石井太，課題番号（H29-政策-指定-003））」による助成を受けた。

注

(1)「人口推計」と「推計人口」は，公表元の機関は異なるが，同じデータが基になっている。

(2) 本章に掲載する図表は，すべて小池（2019）からの引用である。

(3) 本章での東京圏は，埼玉県・東京都・千葉県・神奈川県の 1 都 3 県とする。

(4) その後，東京オリンピック・パラリンピック競技大会は新型コロナウイルス感染拡大の影響を受けて 1 年延期され，2021 年 7 月 23 日開幕とすることが決定した（2020 年 3 月 24 日）。

(5) 3 県のうち宮城県と福島県のホームページにおいては，2015 年 10 月 1 日時点の推計人口データは存在しなかったが（2019 年 1 月 31 日時点），2015 年 9 月 1 日現在の推計人口に同年 9 月中の自然増減と社会増減を加えて同年 10 月 1 日現在の推計人口とした。

(6) 第 2 節で活用した「住基移動」も「住基人口」と同様に住民票ベースでの移動のため同様の問題を抱えるが，県単位でみれば 2015 年推計人口と 2015 年国勢調査の人口の乖離率は小さい。岩手県・宮城県・福島県の 2015 年推計人口を基準とした 2015 年国勢調査人口の乖離率は，それぞれ +0.5%，+0.4%，-0.6% である。

(7) すべての男女 5 歳階級別人口について，算出式は次のとおりである。2012 年 1 月 1 日現在の推定人口＝ 1／4 × 2011 年 3 月 31 日現在人口＋ 3／4 × 2012 年 3 月 31 日現在人口。

(8) 本図では仙台市を行政区別に表示している。

(9) https://www.stat.go.jp/info/shinsai/index.html（2019 年 2 月 27 日閲覧）。

(10)　宮城県「住民基本台帳人口及び世帯数（年報）」によれば，たとえば仙台市の

　社会増減数は 2012 年には 9,373 人であるが，2016 年には 1,630 人となっており，「震災後期間」中では転入超過数の縮小傾向が顕著である。

参考文献

青木利博（2016）「岩手県大槌町への復興支援について」『季刊都市政策』Vol.165。

阿部隆（2012）「東日本大震災と人口変動」『統計』Vol.63(11)。

阿部隆（2015）「東日本大震災による東北地方の人口変動（続報）」『日本女子大学大学院人間社会研究科紀要』Vol.21。

今井照（2018）「原発災害避難者の実態調査（7 次）」『自治総研』Vol.44(4)。

遠藤薫（2015）「大震災後の社会における『若者』—高齢化と人口移動と『孤立貧』—」『学術の動向』Vol.20(1)。

大和田哲生（2012）「広域的な人口移動における東日本大震災前後の変化：『住民基本台帳人口移動報告』に基づく集計・分析」『UDE レポート』。

梶田真（2016）「避難指示解除と復興の現実—福島県楢葉町—」『E-journal GEO』Vol.11(2)。

熊沢由美編著（2018）『東日本大震災と高齢化—宮城県沿岸部地域の経験—』同文館出版。

小池司朗（2013）「東日本大震災に伴う人口移動傾向の変化：岩手・宮城・福島の県別，市区町村別分析」『季刊社会保障研究』Vol.49(3)。

小池司朗（2019）「東日本大震災に伴う日本人の人口移動傾向の変化」『国際的・地域的視野から見た少子化・高齢化の新潮流に対応した人口分析・将来推計とその応用に関する研究』平成 30 年度総括研究報告書。

澤田雅浩（2017）「住まいの再建と地域復興の関係：東日本大震災からの大船渡市の復興プロセスを通じて考える」『NETT：North East Think Tank：北海道東北地域経済総合研究所機関誌』Vol.95。

田中正人（2016）「原発被災地における居住者の帰還実態とその背景：福島県双葉郡川内村の事例」『追手門学院大学地域創造学部紀要』Vol.2。

内閣府政策統括官（2013）『地域の経済 2013—景気回復の着実な波及をめざして—』。

野村裕（2016）「大規模津波被災自治体・石巻市の復興に携わって」『自治実務セミ

ナー』Vol.645。

濱松由莉（2014）「東日本大震災による人口移動が日本の将来の男女人口分布に与える影響」『民族衛生』Vol.80(1)。

藤田昌久・浜口伸明・亀山嘉大（2018）『復興の空間経済学―人口減少時代の地域再生―』日本経済新聞出版社。

復興庁（2018）『平成 29 年度復興人材の確保及び運用に関する調査報告書』。

前田英和（2016）「早期復興に向けた大船渡市の取り組み」『区画整理』Vol.59(11)。

松田真依・松行美帆子（2016）「東日本大震災被災地における恒久住宅への移行期における高齢者の買い物行動の実態とその支援に関する研究：岩手県大槌町を事例に」『都市計画論文集』Vol.51(3)。

三浦一彦（2017）「復興まちづくりから何を学び伝えていかなければならないか：岩手県大槌町滞在の経験から」『横幹』Vol.11(2)。

峯岸直輝（2012）「東日本大震災から 1 年間の人口移動と雇用動向」『信金中金月報』Vol.11(7)。

山川充夫（2017）「強制避難者の自主避難化を避けるために：原災避難待機制度の確立と住宅費補助の継続」『学術の動向：SCJ フォーラム』Vol.22(4)。

吉永一彦・南條善治（2015）「福島県内各市における東日本大地震後の人口と人口移動の推移」『NUPRI 研究報告シリーズ』No.20。

（小池司朗）

第8章　震災に伴う外国人の人口移動

はじめに

　2011年3月11日に発生した東日本大震災は三陸沿岸地域に未曾有の被害をもたらした。同時に福島第一原子力発電所事故が重なったこともあり，これらが要因となって被災地からの避難移動が発生することになった。東日本大震災で被災したのは日本人だけではなく発災当時に被災地に居住していた外国人も含まれる。こうした外国人も被災地からの避難移動をしていたはずであり，それは日本国内での人口移動のみならず，海外への出国という国際人口移動としても表れていたであろうと推察される。東日本大震災という自然災害によって外国人はどのような人口移動をしていたのだろうか。別の言い方をすれば，東日本大震災は外国人の人口移動にどのような影響を与えていたのだろうか。こうした疑問が本章の問題意識である。

　東日本大震災と外国人に関する言説にはどのようなものがあるだろうか。当時の新聞や雑誌の記事を見てみよう。『外国人の日本脱出続く……大使館機能の大阪移転も』（読売新聞，2011年3月18日）によると，アメリカやイギリス，フランス，ベルギー，ロシア，スペインといった各国政府がチャーター便や軍用機を日本へ派遣し，自国民を日本国外へ退避させている。『外資系企業を悩ます「フライジン」[(1)]，大震災と原発事故で脱出外国人が続出，機能不全に』（東洋経済，2011年3月29日）によると，3月16日にフランス政府が東京在住のフランス国民に国外退去か国内移動を勧告し，アメリカ国務省も同日に都内の大使館職員家族に自発的な離日や国内他地域への移動を認め，日本国内にいるア

メリカ人にも出国の検討を促している。また23日時点で在京大使館のうち25か国が一時閉鎖し，スイスやドイツ，オーストリアなどは西日本に大使館業務を移転している。『留学生続々帰国：8割去った千葉の大学「経営に影響も」』（朝日新聞，2011年4月11日）によると，帰国した留学生の多くは中国人で両親から呼び戻されたケースが多く，キャンパスが被災した東北大学（仙台市）では約1,500人の留学生の大半が震災後に帰国している。岩手大（盛岡市）も留学生約200人の8割が一時帰国をしている。

　これらの記事から読み解けるのは，被災者はもちろんのこと，直接被害にあっていないような東京在住外国人にも各国政府や親族を通じて避難が促されており，こうした動向が恐らくは原発事故に起因しているということである。避難移動が発生していたことは間違いないだろうが，それが実際にどの程度の規模や期間で行われたのかということまでは言及されてはおらず，外国人の人口移動の全体像は把握されていないと言える。

　東日本大震災に伴う外国人の人口移動の状況がマクロ的に明らかになっていないのは，外国人の人口移動に関する統計が発災当時は十分に整備されていなかったことが大きな理由だろう。[2] 後述するように外国人に係る統計は数が限られており，統計間の整合性が取れていないケースもある。さらに東日本大震災直後には，その不整合性が拡大しており，その時期の外国人の状況を捉えるのは容易ではない。こうした課題があることを認識しつつ，本章では限られた外国人統計を用い，東日本大震災の前後に生起した外国人の人口移動をマクロ的に分析して，その特徴を明らかにすることを試みる。なお，リーマン・ショックが東日本大震災発災直前の2008年に発生している。この経済変動に伴う人口移動の変化との比較が，東日本大震災という自然災害が人口移動に与えた影響を相対化する鍵となる。

　本章は以下の内容で構成される。第1節では出入国管理統計を用い，特に再入国許可の有無と国籍に着目して東日本大震災前後の国際人口移動の変化を分析する。第2節では在留外国人統計と国勢調査に基づく外国人人口の比較を中心に，外国人に関する統計の不整合性とそれが東日本大震災発災直後に大きく

拡大していることを指摘する。第 3 節では在留外国人統計による都道府県別外国人人口増加率の地域的差異の変化から，東日本大震災前後の外国人の地域別人口移動の状況を分析し，「おわりに」にて章全体を統括する。

　なお，東日本大震災による被災を原因とする人口移動と福島第一原子力発電所事故による避難を目的とした人口移動は，残念ながら統計上は区別することができない。そのため本章では，2 つの人口移動を個別に扱うことはせず，2011 年頃に生じた人口移動を東日本大震災に伴う人口移動として扱うこととした。

第 1 節　東日本大震災前後の国際人口移動の変化

(1) 外国人の国際人口移動の推移

　東日本大震災が外国人の人口移動に与えた影響を分析するにあたり，はじめに国際人口移動への影響を考えてみたい。**図 8-1** は法務省「出入国管理統計」による 1965 年以降の日本全体の各年別外国人入国超過数の推移を示している（短期滞在者[3]を除く）。外国人の入国超過数は概ね拡大を続けているが，1995 年頃と 2010 年頃に入国超過が縮小し，出国超過にもなっている。前者は，バブル経済崩壊に伴う経済状況の変化と 1995 年 1 月 17 日に発生した阪神・淡路大震災の影響であると考えられる。後者は，2008 年 9 月に生じたリーマン・ショックと 2011 年 3 月に発生した東日本大震災の影響であると見てよいだろう。1995 年の出国超過数が 15,996 人であったのに対し，2009 年が 45,991 人，2011 年が 52,506 人であり，同じ出国超過でも規模にはかなりの差がある。リーマン・ショックおよび東日本大震災による外国人の出国超過の規模が，戦後日本で最も大きいことは注目に値するが，その一方で大きな出国超過を記録しているのは 1 年間しかなく，それぞれ翌年には出国超過の大きな縮小や入国超過に転じる動きを見せている。このことからは，リーマン・ショックという経済変動と東日本大震災という自然災害が，共に外国人の国際人口移動に与えた影響が一時的であったことが示唆される。とりわけ東日本大震災後の入国超過数の拡大

（万人）

図 8-1　日本の外国人の入国超過数の推移（短期滞在者を除く）
（資料）　法務省『出入国管理統計』.

は著しく，2012 年は 15,077 人，2013 年は 32,469 人，2014 年は 55,364 人，2015 年は 92,094 人，2016 年は 110,166 人の入国超過となっている。

　リーマン・ショックによる出国超過と東日本大震災による出国超過は，それぞれどのような特徴があり，両者の比較を通して東日本大震災による出国超過はどのように位置づけられるのか。また，2012 年以降の入国超過の著しい拡大は，東日本大震災による影響を脱した結果と考えてよいのだろうか。こうした点を考えるため，以下では再入国許可の有無と国籍に着目して外国人の国際人口移動の変化を分析する。

（2）再入国許可の有無による出入国者数の推移

　まず再入国許可の有無による外国人の出入国者数の推移を見てみよう。再入国許可とは，日本に在留する外国人が在留期間の満了までに（在留期間の定めのない外国人の場合は，日本に在留し得る期間までに）再入国する意図をもって出国する場合，出国前に申請して得られる出入国管理を簡略化するための許可である。**図 8-2** の左図は，再入国許可のある外国人の出入国者数の推移を示している。東日本大震災の影響が表れる 2011 年に出国者数，入国者数がともに

急増しており，再入国許可のある外国人の国際人口移動が活発になっている。
この国際人口移動の活発化が，出国，入国ともに 2011 年の 1 年間だけ発生して
いることから考えられるのは，東日本大震災を原因とした避難移動で出国する
ものの年内には再入国するという人口移動パターンであり，避難移動していた
期間が短かったことが示唆される。「通商白書 2011」によると，再入国許可を
有する外国人の出国者数が東日本大震災前よりも多かったのは発災後 3 週間で
あること，発災 3 週間後には再入国許可を有する外国人の入国者数が震災前の
数を上回ったことが指摘されており，避難移動での出国の期間が 1 ヶ月にも満
たないほどの短期間であったと考えられる。ただし，このような短期間での再
入国をしたのは出国者の一部であり，日本で定職に就いている外国人の中には，
家族を日本国外に残して単身赴任で日本に戻る者がいたことも指摘されている
（経済産業省 2011）。

　これに対し，再入国許可のない外国人の出入国者数を見ると（**図** 8-2 の右図），
再入国許可のある外国人とは異なる推移をしている。新規入国者数（再入国許
可のない入国者数）は，2011 年が最も少なくなっているものの，2008 年をピー

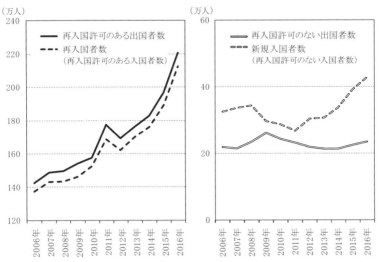

図 8-2　**再入国許可別に見た外国人出入国者数の推移（短期滞在者を除く）**
（資料）　法務省『出入国管理統計』.

クとして減少する流れの中に位置づけられる。東日本大震災の影響は 2010 年と
2011 年の新規入国者数の差であるが，それよりもリーマン・ショックの影響で
ある 2008 年と 2009 年の差の方が大きく，東日本大震災の影響が突出して表れ
ているというわけではない。また，2011 年以降，新規入国者数は増加に転じる
が，これは後述するベトナム人をはじめとする留学生や技能実習生の増加を背
景とする変化の傾向と合致している。原発処理の関係等で外国人労働者が流入
した可能性はあるが，その影響は限定的であると推察される。再入国許可のな
い出国者数の推移では，こうした傾向がより鮮明である。2008 年から 2009 年
にかけて増加し，その後は減少に転じるという変化になっており，東日本大震
災の影響と思われる変化は見られない。その後，入国者と出国者とで増加に転
じるタイミングは異なっているが，再入国許可のない外国人の国際人口移動は，
東日本大震災よりもリーマン・ショックの影響を強く受けていると考える方が
妥当であるように思われる。この点が再入国許可のある外国人の出入国者数の
推移と比較して大きく異なっている点である。

　以上を踏まえると，外国人の国際人口移動において，東日本大震災による影
響を受けていたのは再入国許可のある外国人の移動であり，かつ，その影響は
2011 年の 1 年間だけに見られた一時的なものであったと結論付けられる。それ
に対し，リーマン・ショックの影響を受けていたのは再入国許可のない外国人
の人口移動である。その影響は緩やかではあるが数年間にわたって継続してお
り，1 年間だけの変化であった東日本大震災による影響とは異なっている。図
8-1 で見たように，リーマン・ショックと東日本大震災の影響は出国超過数と
しては両者とも 1 年間しか表れていなかったが，その背景にある入国者数と出
国者数の変化には違いがある。

（3）国籍による出入国者数の推移

　次に国籍による外国人の出入国者数の推移を見てみよう。**図 8-3** は 5 つの国
籍（中国，韓国・朝鮮，フィリピン，ブラジル，その他）の別に入国者数と出
国者数の推移を示したものである。中国人は入国者数と出国者数ともに増加が

続いているが，2011 年のみ突出した増加をしている。これは図 8-2 で示した再入国許可のある外国人の出入国者数の変化と同じパターンである。中国人以外では，韓国・朝鮮人でも 2010 年から 2011 年にかけて出国者数と入国者数ともに増加しているが，その増加幅は中国人に比べて小さく，2011 年のみが突出するという変化にはなっていない。2010 年から 2011 年にかけての国際人口移動数の変化は，再入国者数が 163,408 人，再入国許可のある出国者数が 198,967 人（ともに図 8-2）であり，同期間における中国人の入国者数と出国者数の変化がそれぞれ 85,745 人，114,773 人である。中国人の出入国者の全てが再入国許可を持っているわけではないとしても，再入国許可のある出入国者の約半分は中国人であることから，東日本大震災による一時的な国外避難移動は中国人が牽引していたといえる。東日本大震災の影響と思しき変化はこの点のみであり，やはり（2）で指摘したことと同様，東日本大震災が外国人の国際人口移動に与えた影響は一時的であったと見てよいだろう。

　その一方，リーマン・ショックの影響と思われる変化はブラジル人に見られ

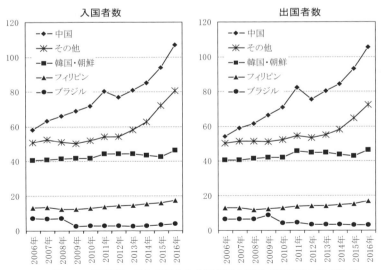

図 8-3　国籍別に見た外国人出入国者数の推移（短期滞在者を除く）
（資料）　法務省『出入国管理統計』．

る。入国者数は 2008 年まで概ね 6〜7 万人であったのが，2009 年に大きく減少して以降は 3〜4 万人程度を維持しており，リーマン・ショック前の水準に戻るような変化は見られない。出国者数は 2008 年から 2009 年にかけてやや増加し，9 万人弱にまで達している。この変化はリーマン・ショックに伴う景気悪化のためにブラジル人を中心とする外国人労働者の雇用調整が行われた結果であると推察されるが，2010 年以降は 3〜4 万人にまで減少して変化がなく，やはりリーマン・ショック前の水準に戻るような兆候は見られない。こうした一連の変化は，リーマン・ショックによる景気悪化が外国人労働者としてのブラジル人の処遇に大きく影響し，多くのブラジル人が失職して日本を離れたこと，それ以降もブラジル人が日本での就業を選択しない傾向を維持していることを示唆している。

　中国人とブラジル人の入国者数，出国者数の変動パターンからは，東日本大震災のような自然災害に伴う避難移動の影響は一時的にしか表れないのに対し，リーマン・ショックのような経済変動は国際人口移動の状況を大きく変えるきっかけとなり，その影響が短くない期間に亘って継続する可能性が示唆される。(2) での指摘と同様，リーマン・ショックと東日本大震災の影響は，出国超過数としては両者とも 1 年間しか表れていなかったが，やはり，その背景にある入国者数と出国者数の変化には違いが見られる。

　2012 年以降に入国者数，出国者数ともに大きく増加しているのは中国人と国籍その他の外国人であり，後者の中心はベトナム人である。これは留学生や技能実習生の増加を背景としており（石川編 2019），東日本大震災とは直接関係していないものの，近年の外国人の国際人口移動の新しい潮流となっている。

　以上のような国際人口移動の変化の結果として，国籍別外国人の入国超過数は**図 8-4** のような変化を見せる。ここからは東日本大震災の前後で入国超過となる外国人の国籍内訳が大きく変化していることを指摘できる。リーマン・ショック前までの入国超過を牽引していたのは中国人であり，毎年 4 万人強の入国超過数であった。リーマン・ショックの影響で 2009 年はブラジル人が大きく出国超過となり（6 万 4 千人），中国人は入国超過を継続しているが，外国人

全体では出国超過となった。2010年はブラジル人の出国超過数が縮小したことで外国人全体の出国超過数も縮小している。2011年は2009年と同規模の出国超過数に戻っているが，2009年と比較して入国超過の規模が小さく，中国人，韓国・朝鮮人，ブラジル人がそれぞれ同じくらいの規模で出国超過になるという国籍内訳の明確な変化がある。2012年以降は入国超過に転じ，その規模は年を追うごとに拡大していくが，その動向を牽引しているのは主にベトナム人であり，ネパール人とインドネシア人の入国超過数も拡大している。リーマン・ショック前に中国人が入国超過数の多くを占めていた状況とは，やはり国籍内訳が大きく変化している。

　このように東日本大震災の前後で国籍内訳に大きな変化があることが，東日本大震災による外国人の国際人口移動の変化を捉えにくくしている。東日本大震災発災以前に比べると，発災以後は中国人の入国超過数は少なくなっており，東日本大震災の影響が継続していると見ることはできる。しかし，図8-3で中国人の出入国者数はともに2011年の突出した動きを除いて一定のペースで増加を続けていることを踏まえると，やはり東日本大震災の影響は一時的なもので

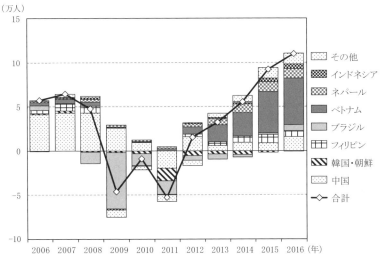

図 8-4　国籍別に見た外国人入国超過数の推移（短期滞在者を除く）
（資料）　法務省『出入国管理統計』.

あったと考える方が妥当であるだろう。また，2012年以降に入国超過数が大きく拡大しているのは，ベトナム人を中心とする新しい国際人口移動の潮流によるものであり，東日本大震災の影響を脱したことによるリバウンド的な変化ではないことは，注目すべき点である。

第2節　日本に居住する外国人人口を把握する上での課題の整理

（1）既往研究と分析の方針

　第1節で分析した東日本大震災による外国人の国際人口移動の変化を踏まえ，以降では日本国内における外国人の人口移動の地域的差異を分析する。ただし，後述するように様々な統計上の課題があるため，本節ではまず，その状況を整理する。

　東日本大震災による人口移動や人口動態の変化に関して，公的統計を利用してマクロ的に分析する既往研究が数多く報告されている[(4)]。人口移動を直接的に扱ったものとして，Abe（2014）は2010年と2011年の福島県からの転出移動者の転出先の地理的分布の変化を分析し，東日本大震災後により遠くへ移動するようになったことを明らかにしている。阿部（2015）は被災3県の人口移動を重力モデルによって分析し，東日本大震災が被災3県の人口移動の地理的パターンに大きな影響を与えたことについて明らかにするとともに，そのパターンの変化が遠距離移動の比率を高めることで東北地方全体の人口減少につながる恐れがあることを指摘している。濱松（2014）は東日本大震災に伴う人口移動が女性に偏って生じていることを指摘し，将来の男女別人口分布の地理的不均衡が拡大する可能性を述べている。小池（2013）は被災3県の人口移動は震災直後に大きな変化が見られたものの，その後は全体としては震災前の状況に回帰しつつある傾向が認められると指摘している。しかし，同一県内でも市区町村別の人口移動傾向には大きな違いがあることも指摘している。岩手県内では沿岸部から内陸部への移動が急増し，福島県内では原子力発電所に近い浜通

り・中通りから距離の遠い会津への世帯移動が少なからず発生している。また，仙台市では 20〜30 歳代の男性の大幅な転入超過が観察され，復興需要によるものと推察されている。

　しかし，外国人の人口移動を考える場合，これらの既往研究には大きな問題がある。というのも，これらの既往研究の主なデータソースは住民基本台帳人口移動報告であり，東日本大震災発災当時は外国人が含まれていなかったからである。外国人が住民登録の対象となり，住民基本台帳人口移動報告に外国人の移動数が表章されるようになったのは，月報では 2013 年 7 月以降，年報では 2014 年以降である。したがって上述した既往研究では，仮に明示されていなかったとしても，分析対象となっているのは日本人の人口移動のみであり，外国人の人口移動は一切含まれていないと解釈すべきであろう。

　住民基本台帳人口移動報告を利用できないため，外国人の人口移動に関する研究では，地域別の人口増加数による類推（是川　2008, 2009；石川　2012, 2014）や国勢調査の外国人個票データを用いた分析（石川ほか　2007，リャウほか　2007，石川ほか　2014）等が実施されてきた。第 1 節で確認したように，東日本大震災による外国人の国際人口移動の変化は 2011 年の 1 年間しか顕在化していない。日本国内の外国人の人口移動も同様の傾向がある可能性を考えると，国勢調査を用いて 5 年間の変化を分析しても実態を把握することはできないだろう。そこで各年の外国人人口増加率の地域的差異から，外国人の人口移動を類推するという方法で分析を進めることとする。

（2）各種統計による外国人人口の推移の比較

　こうした分析をするには各年別に地域別の外国人人口データを必要とするが，該当する統計が複数あるため，分析に先立ってその比較・整理をする。**図 8-5** は各年別に都道府県別の外国人人口を取得できる統計について，2005 年以降の全国の外国人人口の推移を示したものである。代表的な統計として国勢調査および国勢調査を基準にして算出される総務省統計局の人口推計（以下，国勢調査に基づく外国人人口）[5]と法務省の在留外国人統計がある。また 2013 年からは

外国人も住民登録の対象となったため，住民基本台帳に基づく人口としても外国人人口が表章されるようになっている。

　両者を比較すると国勢調査に基づく外国人人口は在留外国人統計よりも数が少ない。両統計の外国人人口が大きく異なっていることについては，国勢調査への外国人の非協力が有力な原因として指摘されている（石川編 2019）。そこで本節では，より実際の数に近いと考えられる在留外国人統計によって日本国内に居住する外国人人口およびその変化を把握する。しかし，この統計にも以下に説明するような 3 つの課題がある。

　図 8-5 の登録外国人統計の推移を見ると，短期滞在者の有無（詳細は後述）に拠らず 2008 年末をピークにして減少に転じている。この変動パターンは国勢調査に基づく外国人人口でも同様である。第 1 節で指摘した内容を踏まえて考えると，これはリーマン・ショックを原因とする変化であり，ブラジル人に見られるような外国人労働者の出国超過の影響であると推察される。東日本大震災後には国外への避難移動によって日本に居住する外国人人口が減少したというよ

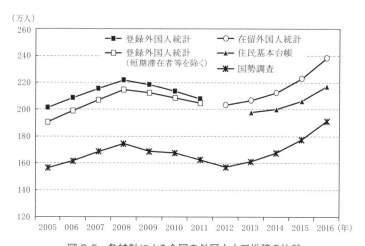

図 8-5　各統計による全国の外国人人口推移の比較

（資料）法務省『在留外国人統計』，総務省『住民基本台帳に基づく人口，人口動態及び世帯数調査』，総務省『人口推計』．

（注）登録外国人統計・登録外国人統計（短期滞在者等を除く）・在留外国人統計は 12 月末時点の人口，住民基本台帳は 3 月末時点の人口，国勢調査は 10 月 1 日時点の人口．

うに直感的には考えられるが，2008 年末以降の減少は，少なくとも外国人の総数の変化としては概ね同じペースで 2011 年末まで続いている。このことは東日本大震災に伴う外国人の人口変動が，それ以前から始まっているリーマン・ショックの影響による人口変動の中に吸収されてしまい，東日本大震災の影響だけを抽出するのが困難であることを意味している。これが 1 つ目の課題である。

　また，図 8-5 を見るとわかるように登録外国人統計と在留外国人統計は 2011 年末と 2012 年末の間に断絶がある。これが 2 つ目の課題である。2012 年版の在留外国人統計（2011 年末時点の統計）までは，外国人登録法に基づいて外国人登録をしている者を対象とした「登録外国人統計」であった。それが 2012 年 7 月に改正出入国管理及び難民認定法等が施行され，新しい在留管理制度が導入されることとなり，外国人登録法が廃止された。2013 年版在留外国人統計（2012 年末時点の統計）以降は，新しい在留管理制度の対象となる「中長期在留者」と「特別永住者」を統計の対象とするように変わっている。このように制度改正がなされたことにより，2011 年までの外国人登録者数と 2012 年以降の在留外国人人口を単純に比較できなくなってしまった。そこで当該統計を公表している法務省は出入国管理白書にて，2011 年末までの外国人登録者のうち短期滞在者等を除いた数を参考値として表章し，2012 年以降と比較できるようにしている。（図 8-5 では，この数を「登録外国人統計（短期滞在者等を除く）」としている(6)）。しかし，このようにしても 2 つの統計間で連続性が十分には担保されていない。というのも「外国人登録者数（短期滞在者等を除く）」は，在留資格のうち「短期滞在」，「未取得者」，「一時庇護」，「その他」を除いた値として計算されているが，「3 か月以下の在留期間が決定された人」を除くことができないためである。また登録外国人統計では在留資格別人口が男女別に表章されていないため，男女別の「外国人登録者数（短期滞在者等を除く）」は利用者の手では計算できない。

　こうした統計対象の変化が東日本大震災のおよそ 1 年後に起こったことで，東日本大震災による外国人の人口変動を分析することに問題が生じている。つまり，2008 年以降の外国人人口の減少がいつまで続き，いつから増加に転じた

のかがわからない状態になっている。これは，東日本大震災の影響と考えられる外国人人口の減少が 2011 年末までしか見られなかったのか，それとも 2012 年末まで継続したのかがわからないことを意味する。国勢調査に基づく外国人人口では 2012 年が減少の底になって増加に転じているが，上述したように，そもそも国勢調査が外国人人口を十分に把握できていないという課題があるため，在留外国人統計でも同様の変動パターンとなっているとは直ちに判断できない。

　3 つ目の課題として指摘するのは，第 1 節で扱った出入国管理統計との不整合である。**図 8-6** は図 8-5 で示した外国人人口のうち，在留外国人統計（旧登録外国人統計）と国勢調査に基づく外国人人口の増加数，および図 8-1 で示した出入国管理統計による入国超過数を示している。外国人人口増加数と入国超過数には外国人の自然増加数分の違いはあるが，それを踏まえても変動パターンが一致しているようには見えない。2008 年から 2011 年までの変化を比較すると，在留外国人統計では短期滞在者の有無に拠らず 2008〜09 年，2009〜10 年，2010〜11 年の 3 期間で徐々に人口減少が拡大しているのに対し，出入国管

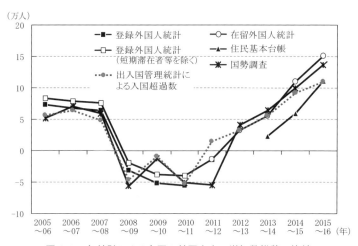

図 8-6　各統計による全国の外国人人口増加数推移の比較

（資料）法務省『在留外国人統計』，総務省『住民基本台帳に基づく人口，人口動態及び世帯数調査』，
　　　　総務省『人口推計』，法務省『出入国管理統計』.
　（注）登録外国人統計・登録外国人統計（短期滞在者等を除く）・在留外国人統計は 12 月末時点の
　　　　人口，住民基本台帳は 3 月末時点の人口，国勢調査は 10 月 1 日時点の人口.

理統計では 2009〜10 年に一度減少（出国超過）が解消に向かう。これは，出入国管理統計による入国超過数ではリーマン・ショックと東日本大震災の影響がそれぞれ 1 年間で突出して表れるのに対し，在留外国人統計（旧登録外国人統計）による外国人人口増加数にはそうした動きが見られないという差異があることを意味している。その一方で，国勢調査に基づく外国人人口の増加数は，出入国管理統計による入国超過数とほぼ同様の値および変化のパターンを示している。この点を見ると，国勢調査に基づく外国人人口は，外国人人口を絶対数として十分に把握できてはいないものの，出入国管理統計との整合性は取れているといえる。

　2011〜12 年の変化は別の様相を呈している。出入国管理統計の入国超過数は増加に転じて 15,077 人となり，東日本大震災の影響が消失したように見えるのに対し，在留外国人統計は 13,693 人，国勢調査に基づく外国人は 54,576 人の減少となっており，東日本大震災の影響が継続しているように見える[7]。2012〜13年以降はいずれの統計でも増加量が拡大する方向に変化しており，統計間の離齬はない。出入国管理統計に誤りがないとするならば，これらの統計間の比較から考えられるのは，東日本大震災の発災直後には多くの混乱があり，各地方自治体における外国人の登録状況が不正確なものになっていた可能性である。あるいは，第 1 節(1)で見たような再入国許可を得て短期間のみ国外避難していた外国人が，登録状況の変更をせずに出国，再入国をしていたことも影響した可能性がある。いずれにせよ，日本国内の外国人の人口移動の地域的差異を考えるにあたっては，分析に用いる在留外国人統計のデータにこうした課題があることを踏まえて結果を解釈すべきである。

第 3 節　外国人人口増加率の地域的差異

　外国人人口に関する統計にはいくつかの課題があることを認識しつつ，本節では都道府県別外国人人口の増加率の都道府県間比較，時系列比較を通して東

日本大震災前後に発生した外国人の地域別人口移動を類推する。外国人人口として用いるのは在留外国人統計である。だだし、2011 年末以前は登録外国人統計を用い、2011 年末の登録外国人統計と 2012 年末の在留外国人統計は連続しているものとして人口増加を捉えることとする。**図 8-7** は、2006 年末以降の 1 年毎の都道府県別外国人増加率を地図上に示したものである。各年 12 月末時点の人口を用いて算出しているため、この値は期末年の 1 年間の増加率を意味する（例えば 2008〜09 は、2008 年 12 月末から 2009 年 12 月末までの増加率）。凡例は四分位数で示しており、増加率が小さい（減少率が大きい）ほど濃い色で表されている。本節では、そのうち最も色の濃い第 1 四分位数未満のグループ（以下、第 1 グループ）に焦点を当て、その分布の変化を分析する。

2007〜08 年の第 1 グループは、秋田県（−1.6％）、山形県（−1.7％）、福島県（0.0％）、長野県（−1.1％）、福井県（−3.6％）、京都府（−0.2％）、大阪府（0.0％）、奈良県（0.1％）、和歌山県（0.0％）、鳥取県（−3.2％）、島根県（−8.1％）、佐賀県（−1.6％）である。2008〜09 年の第 1 グループは福島県（−5.5％）、群馬県（−6.4％）、富山県（−8.0％）、石川県（−4.7％）、福井県（−5.9％）、長野県（−10.7％）、岐阜県（−9.3％）、静岡県（−9.5％）、愛知県（−6.0％）、三重県（−7.5％）、滋賀県（−11.3％）、鳥取県（−4.8％）である。2008〜09 年はちょうどリーマン・ショックによる影響が顕在化する期間であり、2006〜07 年に比べて第 1 グループの県が外国人労働者の多い中部地方に集中しているのが大きな特徴である。加えて、減少率も以前よりも明確に拡大している。

次にリーマン・ショック後の推移を見ると、2009〜10 年の第 1 グループは、青森県（−7.0％）、秋田県（−6.4％）、山形県（−5.3％）、福島県（−6.8％）、山梨県（−5.0％）、長野県（−8.1％）、岐阜県（−7.2％）、静岡県（−7.9％）、三重県（−5.3％）、滋賀県（−7.6％）、愛媛県（−7.3％）、長崎県（−5.7％）である。リーマン・ショック直後の影響が表れていた 2008〜09 年に比べると、東北地方にも該当する県が見られるようになっているが、中部地方に集中するという地域分布は維持されている。これは 2007〜08 年の地域的差異とは異なっており、リーマン・ショックの影響が少なからず継続していたと考えられる。2010〜11 年は

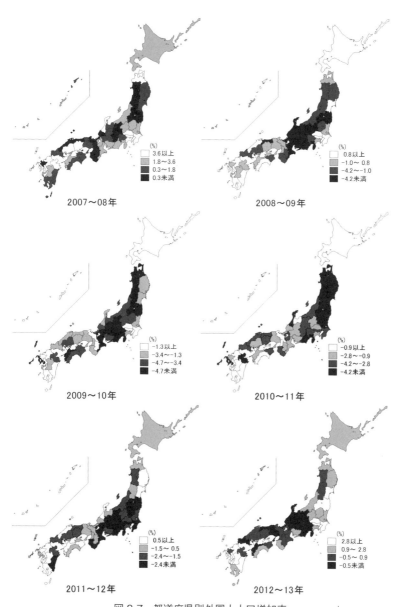

図 8-7　都道府県別外国人人口増加率

（資料）法務省『在留外国人統計（旧登録外国人統計）』.
　（注）凡例は四分位数.

東日本大震災の影響が表れる期間であり，第1グループの分布はそれ以前と大きく異なっている。該当するのは青森県（-10.5％），岩手県（-15.5％），宮城県（-13.2％），秋田県（-6.6％），山形県（-5.2％），福島県（-15.1％），茨城県（-5.2％），栃木県（-4.6％），石川県（-4.5％），静岡県（-4.6％），大分県（-5.0％），長崎県（-4.5％）である。東北地方と北関東に集中して分布しており，被災3県の減少率は特に大きく，日本海側の県との差異もある。これは，東日本大震災をきっかけとした国内外を問わない外国人の移動が発生したと見てよいだろう。しかし，この地域分布の傾向は継続しなかった。2011～12年の第1グループは福島県（-3.8％），栃木県（-3.3％），千葉県（-4.3％），東京都（-3.0％），長野県（-5.7％），岐阜県（-3.2％），静岡県（-5.9％），三重県（-5.4％），滋賀県（-2.5％），和歌山県（-2.6％），宮崎県（-4.3％）である。リーマン・ショックの影響が出ていたのと同じように，地域分布は中部地方に集中するように変わっている。被災3県の中で福島県は外国人人口の減少が続いているが，岩手県と宮城県は人口増加に転じており，外国人人口の増加率の変化で見る限り，東日本大震災に伴う外国人の避難移動は見られなくなっている。2012～13年の第1グループは富山県（-2.1％），石川県（-0.6％），福井県（-4.2％），山梨県（-2.7％），長野県（-2.5％），岐阜県（-1.7％），静岡県（-2.4％），兵庫県（-0.6％），鳥取県（-1.0％），山口県（-0.8％），愛媛県（-0.8％）であり，岩手県と宮城県に1年遅れて福島県も第1グループから外れ，外国人人口が増加に転じている。中部地方に第1グループが集中するような地域分布であり，比較的リーマン・ショック後の地域分布に近い。

　以上の分析結果から示されることは，都道府県単位で外国人人口の増加率の地域的差異を見る場合，2008～09年からリーマン・ショックの影響と思われる分布，すなわち中部地方に外国人人口の減少率の小さい県が集中する分布が見られる点である。これは製造業に従事する外国人労働者の人員整理に伴う変化と考えられ，第1節で確認したブラジル人や再入国許可のない外国人の出入国傾向と関連している。このような中部地方に集中するという地域分布が変化したのは，東日本大震災の影響が表れる期間に当たる2010～11年であり，この期

間は被災 3 県を始めとした東北地方全体で外国人人口の減少率が大きい。これ
は震災をきっかけとした外国人の国内外への避難移動が生起していたことを示
していると解釈できよう。しかし，そうした東北地方からの人口減少率が大き
いという地域的差異が表れたのは，震災直後の期間のみである。2011〜12 年以
降は再び外国人人口の減少率が大きい県が中部地方に集中するようになり，東
北地方の人口減少率は相対的に小さくなる。こうした地域的差異がリーマン・
ショックの影響を受け続けている結果であるかは判然としないが，第 1 節で分
析した外国人の国際人口移動の動向と同じように，やはり東日本大震災が外国
人の人口移動に与えた影響は一時的なものであったということは，本節の分析
からも明らかである。避難移動として語られるような自然災害による人口移動
パターンの変化が一時的であるのに対し，経済変動に伴う人口移動パターンの
変化は継続的であるということは指摘できるかもしれない。

おわりに

　本章では自然災害が外国人の人口移動に与える影響を考えることを目的とし
て，リーマン・ショックという経済変動による変化と比較しつつ，東日本大震
災による外国人の人口移動の変化を明らかにすることを試みた。

　国際人口移動では，リーマン・ショックと東日本大震災が原因と考えられる
外国人の出国超過の拡大は，ともに 2009 年と 2011 年の 1 年間にのみ見られる
一時的なものであった。しかし，その中身には違いがあり，東日本大震災に伴
う外国人の出入国の変化の特徴として，再入国許可のある外国人の人口移動が
急増したこと，その多くが中国人であることが明らかとなった。そして，その
移動が 2011 年のうちに出国と入国が行われるような短期的なものであったこと
も同時に明らかとなっている。これに対し，リーマン・ショックに伴う外国人
の出入国の変化の特徴は，再入国許可のない外国人の人口移動の変化であり，
ブラジル人を代表とするような外国人労働者の雇用調整を背景とするものであっ

た。東日本大震災に伴う変化が1年間だけ突出して見られたのに対し、リーマン・ショックに伴う変化は緩やかに継続しているという点も両者の差異として指摘できる。

　都道府県別に見た外国人人口増加率の地域的差異では、リーマン・ショックの影響が表れる2008〜09年以降、外国人人口の減少率が大きい県が中部地方に集中するという分布が継続しているが、東日本大震災の影響が表れる2010〜11年のみ東北地方に集中するという分布に変化していた。このことは東日本大震災という自然災害をきっかけとした外国人の国内外への避難移動が1年間だけ顕在化したということを意味しており、やはり一時的な人口移動パターンの変化であったことを示している。それと比較して、リーマン・ショックという経済変動による外国人の人口移動パターンの変化は継続的であると示唆される結果となった。

　これらの分析結果に共通しているのは、東日本大震災が外国人の人口移動に影響を与えたと考えられるのが2010〜11年の1年間だけであり、一時的あるいは短期的な影響であったという点である。これは出国超過の極端な拡大は2008〜09年のみではあるものの、リーマン・ショックに伴う変化が、数年間にわたって継続するのとは対照的である。

　以上のような分析結果の一方で、リーマン・ショックの影響が極めて大きかったために、東日本大震災の影響が震災直後しか顕在化しなかったという可能性は否定できない。また、最近のベトナム人の増加など、外国人の出入国状況が変わったこともあり、東日本大震災の影響が2012年以降に完全に消失したか否かは判然としない。しかしながら、突出した変化が発災直後の1年間のみであったという点は注目すべきであるし、自然災害が外国人の人口移動に与える影響に関する重要な知見であろう。ただし、これらの分析結果が第2節で指摘したような外国人統計の不正確さを解決することなしに導き出されていることは、留意しなければならない。

　外国人が住民登録の対象となったことで、外国人統計の正確さは向上するはずである。住民基本台帳人口移動報告にも外国人の人口移動が詳細に表章され

るようになったことで，これまでは困難であった精緻な外国人の人口移動分析
も可能となった。既にいくつかの研究成果が公表されており（清水ほか 2016,
中川ほか 2016），今後の展開が期待される。

　ちょうど本稿執筆中に出入国管理及び難民認定法（入管法）が改正され，単
純労働力としての外国人労働者の受け入れ拡大が決定された。間違いなく外国
人人口の増加が予想される中，こうした状況の変化に地方自治体はうまく対応
していかなければならないだろう。そこにあって外国人の居住状態や人口動態
を正確に把握することが行政サービスの向上に貢献するだろうし，ひいては大
規模な自然災害時の迅速・良好な対応にも繋がっていくものと考えられる。

注

（1）フライジンとは，fly＋ガイジンの造語であり，日本から逃げようとする外国人を
　　意味している。
（2）第 2 節でも指摘するように，外国人が住民登録の対象となり，住民基本台帳人口
　　移動報告に外国人の人口移動が表章されるようになったのは月報では 2013 年 7
　　月以降，年報では 2014 年以降である。
（3）入国管理局によると，在留資格の短期滞在は，「本邦に短期間滞在して行う観光，
　　保養，スポーツ，親族の訪問，見学，講習又は会合への参加，業務連絡その他これ
　　らに類似する活動」と定義され，在留期間は「90 日若しくは 30 日又は 15 日以内
　　の日を単位とする期間」となっている。観光客や会議参加者等がこれに該当する。
（4）公的統計を利用したマクロ的な分析の他にも，被災者へのインタビュー等を通し
　　た質的研究による人口移動の分析もある。
（5）実際には国籍総数と日本人の人口が表章されており，外国人人口はそれらの差と
　　して計算している。
（6）登録外国人統計の 2012 年度年報では「外国人登録者数（短期滞在等を除く。）」と
　　いう表記であったが，2013 年度年報以降では「外国人登録者数のうち中長期在留
　　者に該当しうる在留資格をもって在留する者及び特別永住者の数」という表記に
　　なっている。

（7）ここで示している在留外国人統計の値は，2012 年の在留外国人統計の値と 2011 年の登録外国人統計（短期滞在者等を除く）の差である。

参考文献

阿部隆（2015）「東日本大震災と人口変動（続報）」『日本女子大学人間社会研究科紀要』Vol.21, pp.1-18。

石川義孝・リャウ，K.-L.（2007）「わが国在住外国人による都道府県間移動からみた目的地選択」石川義孝編『人口減少と地域―地理学的アプローチ―』京都大学学術出版，pp.227-259。

石川義孝（2012）「外国人の国内人口移動」『統計』Vol.63（4）, pp.10-15。

石川義孝（2014）「日本の国際人口移動―人口減少問題の解決策となりうるか？―」『人口問題研究』Vol.70（3）, pp.244-263。

石川義孝・竹下修子・花岡和聖（2014）「2005～2010 年における新規流入移動と国内移動からみた外国人の目的地選択」『京都大学文学部研究紀要』Vol.53, pp.293-318。

石川義孝編（2019）『地図で見る日本の外国人〈改訂版〉』ナカニシヤ出版。

経済産業省（2011）『通商白書 2011』，p.224。

小池司朗（2013）「東日本大震災に伴う人口移動傾向の変化―岩手・宮城・福島の県別，市区町村別分析―」『季刊社会保障研究』Vol.49（3）, pp.256-269。

是川夕（2008）「外国人の居住地選択におけるエスニック・ネットワークの役割―国勢調査データを用いた人口移動理論からの分析―」『社会学評論』Vol.59（3）, pp.495-513。

是川夕（2009）「日本における外国人の人口移動及びその分布」『統計』Vol.64（9）, pp.34-39。

清水昌人・中川雅貴・小池司朗（2016）「市区町村における外国人の転入超過と人口流出」『E-journal GEO』Vol.11（2）, pp.375-389。

中川雅貴・小池司朗・清水昌人（2016）「外国人の市区町村間移動に関する人口学的分析」『地学雑誌』Vol.125（4）, pp.475-492。

濱松由莉（2014）「東日本大震災による人口移動が日本の将来の男女人口分布に与える影響」『民族衛生』Vol.80（1）, pp.12-16。

リャウ，K.-L.・石川義孝（2007）「日本への流入外国人による目的地選択」石川義孝編『人口減少と地域—地理学的アプローチ—』京都大学学術出版会，pp.261-289。

Abe, T.（2014）"Population Movement in the Tohoku Region after the Great East Japan Earthquake Disaster," *Science Reports of Tohoku University, 7th Series (Geography)*, Vol.60(2), pp.83-92.

（丸山洋平）

第9章　洪水浸水想定区域の人口学的特性

はじめに

　2018年7月に発生した西日本豪雨による大規模水害は，洪水による人的被害の大きさを我々に再認識させる結果となった。特に岡山県倉敷市真備町（以下，真備地区）においては死者が51名に達したが，そのうち65歳以上の高齢者は約9割，災害時に支援が必要な「避難行動要支援者[1]」は約8割を占める。このことは，真備地区の人口学的特性，特に高齢化の進行がその人的被害を拡大した可能性を示唆する。一方，同地区の実際の浸水域は，国ならびに都道府県が公表している洪水浸水想定区域とほぼ一致していたことが明らかになっている（国土交通省 2018）。以上の点から，洪水による人的被害を最小化するためには，洪水浸水想定区域（以下，浸水想定域）の人口学的特性を把握しそれを防災ならびに避難計画に生かすことが極めて重要であることがわかる。

　災害時の避難行動の観点からいえば，高齢者は当然ながらハンディキャップを有しており，その結果，これまでの多くの豪雨災害において死者・行方不明者に占める高齢者の割合が高い事実が明らかになっている（たとえば，牛山ほか 2011；牛山・横幕 2013, 2015）。こうした研究群は，被災者の人口学的特性に関してさまざまな知見を与えており大変貴重であるが，防災上は，既に被災した人口集団だけでなく被災しうる人口集団の人口学的特性を把握することもきわめて重要と考える。そこで本章では，居住者が水害の被災者となりうる浸水想定域を対象にその人口学的特性について論じる。しかしながら，浸水想定域の人口学的特性に関する先行研究は極めて少なく，管見では，秦・前田

（2020）の研究が唯一である[2]。秦・前田は，国勢調査人口を用いて 1995〜2015 年における浸水想定域の人口の推移を示し，その人口が 3,390 万人から 3,539 万人に約 4.4％増加したことを明らかにした。これに対して，津波浸水想定域の人口についての考察は複数存在しており（たとえば，橋本 2014），浸水災害に関しては津波による被害のほうが注目されてきたといえよう。一方，海外では津波以外の浸水災害にも関心を向けられている。たとえば米国では，2005 年に同国南東部に襲来したハリケーン・カトリーナによる人口学的インパクトに関する一連の研究群が蓄積されてきた（たとえば，Swanson 2008, Henderson *et al.* 2009）。Swanson（2008）は，コーホート変化率法[3]を用いて Zip コード別地域[4]を単位とする人口推計を行い，同ハリケーンが襲来しなかった場合の人口と実際の人口を比較することによって，その人口学的インパクトを算出した。

　前述したような，真備地区の浸水想定域における人的被害は，同地区が特別に高齢化していたために生じたのか，それとも，同地区の人口学的特性は浸水想定域としては一般的であり，同様の被害は全国の浸水想定域で生じうるのであろうか。さらには，そうした特性は将来的にどのように変化するのであろうか。こうした命題について検討することは，日本の大規模水害に対する防災・避難計画を策定する上で極めて重要であると考える。しかし，秦・前田（2020）は，浸水想定域の人口構造ならびにその将来人口推計に言及していない。そこで本章では，特に高齢化の観点から，浸水想定域の将来にわたる人口学的特性を非浸水想定域と比較して明らかにすることを目的とし，その議論の過程で上記の命題に言及する。

　以下では，まず第 1 節において洪水浸水想定区域の定義の詳細について解説したあと，第 2 節において上述したような人口学的特性を把握するための分析方法について説明し，第 3 節においてその分析結果について論じる。最後に「おわりに」において分析結果の総括を行う。

第1節　洪水浸水想定区域とは

　洪水浸水想定区域は水防法に基づき，次のように定義される。すなわち，「国または都道府県が，洪水時の円滑かつ迅速な非難を確保し，または浸水を防止することにより，水災による被害の軽減を図るため，当該河川が氾濫した場合に浸水が想定される区域として指定したもの」をいう。水防法では，この区域を指定するための対象河川と想定する降雨の規模を定めている。

　対象とする河川については，2001（平成13）年改正水防法では洪水予報河川を意味していたが，2005（平成17）年改正水防法では洪水予報河川に加えて水位周知河川を含めることとなった。ここでいう洪水予報河川とは，国または都道府県が，流域面積が大きい河川で，洪水により重大または相当な損害を生ずるおそれがある河川として指定したものを指す。また，水位周知河川とは，国または都道府県が，洪水予報河川以外の河川のうち，洪水により重大または相当な損害を生ずるおそれがある河川として指定したものを指す。

　想定する降雨の規模については，2005（平成17）年改正水防法では，「河川整備の目標とする降雨」を意味していたが，2015（平成27）年改正水防法では，「河川整備の目標とする降雨」に「想定し得る最大規模の降雨」が加えられた。ここでいう河川整備の目標とする降雨とは，河川の流域の大きさや想定される被害の大きさなどを考慮して定められる降雨を指す。たとえば，一級河川の主要区間では概ね100〜200年に一度発生する降雨，都市河川では概ね50〜100年に一度発生する降雨，その他の河川では概ね10〜50年に一度発生する降雨を意味する。また，想定し得る最大規模の降雨とは，近隣の河川における降雨が当該河川でも同じように発生するという考えに基づき，降雨の特性が似ている15の地域それぞれの地域おいて過去に観測された最大の降雨量により設定されたものを表す。

　以上のように定義される浸水想定域は，河川管理者（国土交通大臣または都道府県知事）が「浸水想定区域図」として公表した地図に示されるが，本章は

その区域の人口学的特性を把握することが目的であるので，その区域と人口統計データを結び付ける必要がある。そのため本章では，浸水想定域をデジタル化したデータ，すなわち，国土交通省国土政策局国土情報課のポータルサイト「国土数値情報ダウンロードサービス」において提供されている「浸水想定区域データ」を分析に用いる。ただし，このデータの作成年度は 2012（平成 24）年度であるので，その対象河川と想定する降雨量については 2015（平成 27）年改正水防法の改正点は適用されていない。すなわち，降雨の規模としては「河川整備の目標とする降雨」のみが想定され，「想定し得る最大規模の降雨」は想定されていない。以下，本章で浸水想定域という場合は，国土数値情報の「浸水想定区域データ」（2012 年作成版）が指示する範囲を指すものとする。同データは，GIS（地理情報システム）の利用を前提としたデータ形式を有しており，GIS を用いれば，「国土数値情報ダウンロードサービス」はもとより，後述するポータルサイト「地図で見る統計（統計 GIS)」において提供されるデータなどと組み合わせて，複合的な分析が可能となる。

　なお，浸水想定域は概念的には地理学における氾濫原に近い。氾濫原とは，日本地誌研究所（1989）によれば，「洪水時に，流水が平常時の流路からあふれ出して，一面に氾濫する低平地」として定義される。陸地の低平地の多くは，洪水によって運ばれた堆積物によって形成されたものであり広い意味での氾濫原に相当する。氾濫原は，人間によって河川改修がなされる時代よりもはるか以前の洪水によって形成された圏域を含み，当然ながらその中には，今日，洪水によって氾濫する危険がほとんどない場所もある。したがって，一般には浸水想定域は氾濫原に比べて相当に小さい圏域であると考えられる。

　図 9-1 は岡山県における浸水想定域の分布を示したものである。この図をもとに浸水想定域と氾濫原の関係の一例を示したい。岡山県は，瀬戸内海に面した沿岸部から鳥取県との県境にかけて徐々に標高が高くなる地形を有している。同県を水平方向に大きく 4 つの帯域に分割すれば，おおむね，最も南側の帯域は岡山平野を中心とする低平地，中央の 2 つの帯域は丘陵地や比較的低い山地の中に盆地が点在する地域，最も北側の帯域は比較的高い山地とみなすことが

できる。これらの帯域を縦方向に3つの主要河川（児島湾に河口を有する吉井川・旭川，および，水島灘に河口を有する高梁川）が流れている。岡山県はほぼ全域がこの3河川およびその支流の流域に含まれる。一方，最も南側の帯域は低平地であるのでほぼ氾濫原とみなされるが，岡山県の浸水想定域の大部分は図からわかるとおりその帯域に分布している。その分布は，特に岡山市と倉敷市の中心市街地付近（両市役所付近）に集中しており，同帯域の兵庫県側および広島県側，さらに，両市の中心市街地の南側にはほとんど分布していない。同帯域以外では，

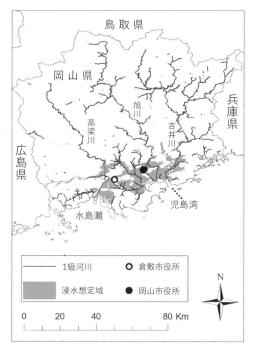

図 9-1　岡山県における浸水想定域の分布

中央の2つの帯域に線状に分布していることが確認できるが，これらはすべて上述の3河川またはその支流に沿って分布している。以上のことから，浸水想定域は基本的には氾濫原内に分布するものの氾濫原に比べてかなり小さい圏域であり，また，中心市街地との重複が広範囲に及ぶとみられることから非浸水想定域に比べて人口密度が相当に高いと考えられる。

第2節　分析方法

本章では，真備地区，岡山県，全国および都道府県別の浸水想定域について，それらの将来にわたる人口学的特性を非浸水想定域との違いに着目して明らか

にし，その過程で「はじめに」で提示した命題の検証を試みる。その際には主に高齢化に関する2つの指標を用いて分析する。その1つは老年人口（65歳以上人口）の割合すなわち高齢化率であり，もう1つは2010年の老年人口を100としたときの各年の老年人口を指数化した値（以下では「高齢者人口指数」と呼ぶ）である。本節では，これらの一連の分析を行うための方法を解説する。

（1）浸水想定域と小地域人口統計

　上記の分析を行うには，GISを用いて浸水想定域と地域人口統計を重ね合わせる必要がある。一般に，浸水想定域の形状は市町村の境界よりもはるかに細かいので，その範囲の人口を把握するには相当に小さな地域を単位とする人口統計が不可欠である。そこで本章では，総務省統計局が整備している，政府統計ポータルサイトe-Statの「地図で見る統計（統計GIS）」からダウンロードした小地域人口統計とその境界データを用いて，浸水想定域の人口の把握を試みる。小地域とは，一般に市区町村よりも小さな地域を意味するが，上記サイトの小地域はいわゆる町丁・字を指す。なお，このポータルサイトから得られる地域人口統計は男女5歳階級別の人口である。

　図9-2は，岡山県倉敷市付近の浸水想定域と小地域の分布を示したものであり，そのうち小地域の境界は2010年時点の境界データに基づいて描かれている。図9-2に掲載した2つの地図は同じ範囲を示しており，左側の地図において倉敷市と同市真備町，および同市に隣接する岡山市と総社市の位置が確認できる。一方，右側の地図は小地域とその地理的重心の位置を示しており，その上に，上述の「浸水想定区域データ」から得られた浸水想定域の範囲を重ね合わせている。これらの位置情報をGISを用いて処理すれば，各小地域の重心のうち特に浸水想定域内に位置する重心を容易に判定することができる。右の地図では，この判定に従って浸水想定域内の重心をより大きな点で表した。本章では，地理的重心が浸水想定域内に位置する小地域，すなわち大きな点で重心が表された小地域を浸水想定域とみなし，そうでない小地域を非浸水想定域とみなす。この前提は，小地域の地理的重心の位置に各小地域の人口がすべて集

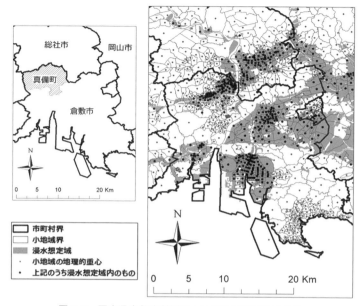

図9-2　岡山県倉敷市付近における浸水想定域の分布

中していると仮定することと同義である。浸水想定域と非浸水想定域の人口は，それぞれ該当する小地域の人口を積算することによって推定できる[5]。本章では，こうした方法を用い上記ポータルサイトからダウンロードした 2010 年小地域人口に基づいて，浸水想定域と非浸水想定域における，同年の男女 5 歳階級別人口を推定する[6]。なお，浸水想定域と非浸水想定域の面積についても人口と同様の考えに基づき，それぞれ該当する小地域の面積を積算して求める。したがって，本章で論じる浸水想定域の細部の形状は実際のものとは多少異なることに注意されたい。

(2)「全国小地域別将来人口推計システム」とその利用

　「地図で見る統計（統計 GIS）」から得られる小地域人口統計は，あくまで国勢調査の結果から集計されたものであるので，このデータのみでは本章の目的である浸水想定域の将来人口推計にまで言及することができない。一方，一般

に小地域の将来人口推計はしばしば推計値が極端に不安定になることから，日本はもとより世界的にみてもほとんど試みられてこなかった。

　これに対して，筆者は全国レベルで小地域単位の将来人口推計を初めて実施し，2016年にその結果を「全国小地域別将来人口推計システム」の正規版（ver.1.0）としてウェブ上に公開した（井上 2016）。筆者はこの推計を行うにあたって，人口推計に必要な2つの人口統計（コーホート変化率と子ども・女性比）を平準化する方法を提案し（Inoue 2017），この方法に基づいて上記システムを構築している。人口推計に用いた手法はコーホート変化率法である。同システムは，上記サイトからダウンロードできる2010年小地域の境界を単位として，同サイトから入手できる2005年と2010年の小地域人口に基づいて，2015〜60年における小地域別の男女5歳階級別将来推計人口を算出し，その値を公開した。対象とする小地域は，全国の21.7万あまりの町丁・字である。同システムは，将来推計人口を自治体ごとにcsv単位でダウンロードできるほか，人口密度，高齢化率，人口増加率などの各種の地図を閲覧できる。このシステムの詳細については井上（2018a）を参照されたい。なお，本章で利用したのは2017年に公開された正規版（ver.2.0）である。[7]

　同システムから得られるのは，2010年小地域の境界を単位とした将来推計人口であるので，前項（1）で述べたものとまったく同じ方法を用いて，浸水想定域の2060年までの将来推計人口を算出できる。こうして，浸水想定域ごとに2010〜60年における推計人口が求められる。さらに，それらの人口を年次別・都道県別に集計し，それらの値を年次別・都道府県別総人口から差し引けば，非浸水想定域の人口が算出される。このようにして得られた浸水想定域・非浸水想定域別人口に基づき，様々な地域スケールにおいてそれらの特性を比較すれば，本章の目的を達成することはもちろん，冒頭で示した命題「真備地区の浸水想定域の人口学的特性は浸水想定域としては一般的であり，同様の被害は全国の浸水想定域で生じうるのか。さらには，そうした特性は将来的にどのように変化すると予想されるのか」を検証することが可能となる。

第3節　分析と考察

　本節では，まず（1）において全国の浸水想定域の人口学的特性とその今後の変化傾向を把握したあと，（2）において真備地区と岡山県の浸水想定域の人口学的特性に焦点を当てて考察を行い，最後に（3）において都道府県別浸水想定域の分析と考察を行う。上述したように，以下の議論は，日本の全小地域をその地理的重心が浸水想定域に位置するか否かによって二分し，それぞれの人口と面積を積算して得られた値に基づいている。

（1）全国の浸水想定域の人口学的特性

　表9-1は，全国の浸水想定域・非浸水想定域別の人口と面積を浸水深別に示したものである。人口については2010〜60年における50年間の推移も示されているが，そのうち2010年については国勢調査小地域別人口，2015年以降は上述の「全国小地域別将来人口推計システム」の人口をもとに算出されている。この表に基づいて，人口と面積に関して浸水想定域と非浸水想定域の比を求めると，人口が2010年時点で約1：2.5であるのに対して面積は約1：17.3となっ

表9-1　全国の浸水想定域・非浸水想定域別人口および面積

年次等の区分		浸水想定域計						非浸水想定域
		全浸水深計	浸水深 (0.0〜0.5m)	浸水深 (0.5〜1.0m)	浸水深 (1.0〜2.0m)	浸水深 (2.0〜5.0m)	浸水深 (5.0m以上)	
人口（千人）	2010	36,311	12,775	7,654	9,053	6,427	401	91,747
	2015	36,220	12,719	7,637	9,042	6,423	399	90,884
	2020	35,658	12,493	7,521	8,914	6,339	391	88,976
	2025	34,797	12,160	7,342	8,711	6,203	380	86,490
	2030	33,714	11,747	7,116	8,454	6,031	366	83,508
	2035	32,454	11,273	6,853	8,152	5,826	350	80,072
	2040	31,142	10,780	6,577	7,838	5,614	334	76,518
	2045	29,789	10,275	6,291	7,511	5,393	319	72,935
	2050	28,319	9,732	5,980	7,153	5,151	303	69,217
	2055	26,731	9,151	5,645	6,762	4,886	287	65,363
	2060	25,068	8,546	5,294	6,352	4,606	269	61,424
面積（平方キロ）		20,386	6,317	4,816	4,895	3,864	495	352,311

ており，人口の比と面積の比に大きな差があることがわかる。このことは，浸水想定域の人口密度が非浸水想定域に比べて大幅に高いことを意味する。2010〜60年における人口の変化を2010年を100としたときの指数で比較すると，2060年時点の浸水想定域の指数が69.0に対して非浸水想定域では66.9となり，浸水想定域の減少幅のほうがわずかに小さい。同様の指数を浸水深別（0.0〜0.5mから5.0m以上）に示すと，順に66.9，69.2，70.2，71.7，67.1となり，浸水深5.0m以上の圏域の減少幅が最も大きいものの浸水深が大きくなるほど減少幅が縮小する傾向が認められる。以上の傾向は，2010年時点の高齢化率（％）である程度説明できる。浸水想定域が21.8に対して非浸水想定域は23.5であり，また，浸水深別（0.0〜0.5mから5.0m以上）に示すと，順に21.7，21.6，21.6，22.1，24.2と浸水深5.0m以上の圏域が他の浸水深に比べてやや高く，2010年の高齢化率が高いほうが2010〜60年における人口の減少幅が大きい。しかし，浸水深0.0〜0.5mから2.0〜5.0mまでの圏域では2010年の高齢化率と2060年の指数の間に一定の傾向は認められない。

(2) 倉敷市真備町と岡山県の浸水想定域の人口学的特性

　本項では，人口密度，高齢化率，高齢者人口指数の3指標に基づいて，真備地区と岡山県の2010〜60年における浸水想定域の人口学的特性を非浸水想定域と比較して考察する。その際，全国の同期間における傾向との比較も行う。

　真備地区は，行政的には倉敷市の6地区の1つであり旧・岡山県吉備郡真備町の範囲を指す。図9-2からわかるように，同地区は総社市側にせり出した横長の長方形の形状をしており，地区中央部を東西方向に浸水想定域が分布している。前述のように，この浸水想定域は，2018年7月に同地区で生じた水害の浸水域とほぼ一致しているが，その水害は高梁川の支流の小田川の氾濫によるものである。倉敷市には，真備地区以外に3か所ほど大きな浸水想定域が確認できるが，そのうち最も広い北東部の浸水想定域は同市の中心市街地をほぼ包含する。岡山県の浸水想定域の分布については，前節の（1）において記述したとおりである。

　図 9-3 は，真備地区，岡山県，全国にお
ける浸水想定域・非浸水想定域別の人口密
度の変化を示したものである。浸水想定域
の人口密度をみると，岡山県と全国の値は
2010 年と 2060 年のいずれの時点も近似し
ており全般的に同様の変化をしているが，
真備地区の値（1,309 人／平方キロ）は，
2010 年時点で岡山県および全国に比べて
4 分の 3 弱の水準しかなく，その後の低下
の速度も大きい。その結果，2060 年の値
（820 人／平方キロ）は岡山県および全国
の 3 分の 2 ほどの水準に低下し，明らかに
過疎地域の特徴を呈する。非浸水想定域の
人口密度をみると，真備地区と全国は
2010 年時点でほぼ同じ値を示すが，2060
年時点では真備地区の値がかなり低くな
る。また，岡山県は真備地区および全国に
比べると全般的に低い値を示している。非
浸水想定域の人口密度に対する浸水想定域
の人口密度の比を 2010 年と 2060 年につい
て求めると，真備地区，岡山県，全国の
2010 年の比は順に 5.2，11.2，6.8，2060 年
の比は順に 5.9，13.7，7.1 となり，岡山県
の比が際立って高いことがわかる。一般
に，ある地域において，都市的地域（人口
が集積している地域，小規模な市街地を含
む）と浸水想定域が重複するほど浸水想定
域の人口密度を上昇させ，逆に非浸水想定

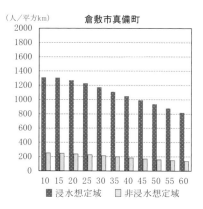

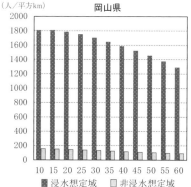

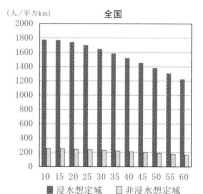

図9-3 倉敷市真備町・岡山県・全国における
浸水想定域・非浸水想定域別人口密度
の変化（2010〜2060 年）

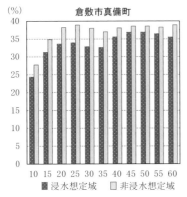

(%)
倉敷市真備町

■ 浸水想定域　□ 非浸水想定域

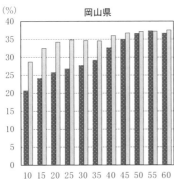

(%)
岡山県

■ 浸水想定域　□ 非浸水想定域

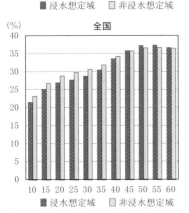

(%)
全国

■ 浸水想定域　□ 非浸水想定域

図9-4 倉敷市真備町・岡山県・全国における
浸水想定域・非浸水想定域別高齢化率
の変化（2010〜2060年）

域の人口密度を低下させると考えられるので，岡山県では都市的地域の大部分が浸水想定域に含まれることが示唆される。

　図9-4は，真備地区，岡山県，全国における浸水想定域・非浸水想定域別の高齢化率の変化を示したものである。まず，高齢化率に関して3地域に共通する傾向について考察する。図9-4によれば，浸水想定域，非浸水想定域を問わず3地域のいずれも，2010〜15年と2035〜40年の期間における高齢化率の上昇幅がほかの期間に比べてきわだって高いことがわかる。それらの上昇幅（単位：パーセントポイント）は，浸水想定域，非浸水想定域の順に，2010〜15年では真備地区（6.9，7.1），岡山県（3.4，3.9），全国（3.6，3.6），2035〜40年では真備地区（2.9，1.1），岡山県（3.5，1.5），全国（3.1，2.4）である。これらの期間は，それぞれ団塊の世代と団塊ジュニアが老年人口に参入する期間に相当するので，まさにその影響が表れたといえる。2010〜15年では，全国に比べて岡山県の上昇幅に大きな差異はないが，真備地区の上昇幅は浸水想定域，非浸水想定域を問わず大きい。この事実は，同地区の総人口に占める団塊の世代のシェアが全国よりも高いことを示唆する。2035〜40年では，岡山県の浸水想定域の上昇幅は全国より大きく，非浸水想定域

の上昇幅は全国よりかなり小さいことがわかる。このことは，岡山県では団塊ジュニアが浸水想定域に偏在しその集中の度合いが全国よりも強いことを示唆する。次に，真備地区の高齢化率に関する特徴について考察する。同地区の高齢化率は，岡山県および全国に比べてどの年次も全般的に高く，同地区が高齢化の著しい過疎地域であることがわかる。その値は，浸水想定域と非浸水想定域のいずれも 2015〜35 年と 2045〜55 年にかけて低下傾向にあるが，これは，同地区において長期間にわたり過疎化が続いたため，老年人口に新たに参入するコーホートの規模が縮小傾向にあるためと考えられる。つづいて，岡山県の高齢化率に関する特徴について考察する。同県は，浸水想定域と非浸水想定域の 2035 年までの差が全国と比べてきわめて大きい。その期間では，浸水想定域の高齢化率は全国よりも低く，逆に非浸水想定域の高齢化率は全国よりも際立って高い。岡山県の非浸水想定域の高齢化が著しく進行するのは，同圏域が都市的地域とほとんど重ならずほぼ農村的地域に位置するためと考えられる。この点は，図 9-3 から示唆される事実と一致する。

図 9-5 は，真備地区，岡山県，全国における浸水想定域・非浸水想定域別の高齢者人口指数の変化を示したものである。まず，

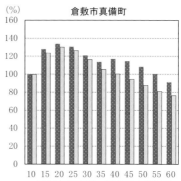

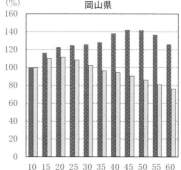

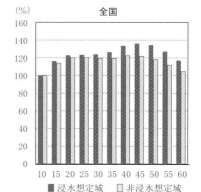

図9-5 倉敷市真備町・岡山県・全国における浸水想定域・非浸水想定域別高齢者人口指数の変化（2010〜2060 年）

高齢者人口指数に関して3地域に共通する傾向について考察する。図9-4によれば，浸水想定域については3地域のいずれも，2010〜15年と2035〜40年の期間における高齢人口指数の上昇幅がほかの期間に比べて相対的に高いことがわかる。しかし，非浸水想定域の2035〜40年の期間については，全国ではわずかに上昇するものの真備地区と岡山県では低下しており，高齢化率とは異なる結果となった。これは，真備地区と岡山県では団塊ジュニアが浸水想定域に偏在するため，非浸水想定域ではかれらによる老年人口を押し上げる効果が弱いことを意味する。それにもかかわらず，2035〜40年において非浸水想定域の高齢化率が上昇したのは（図9-4），65歳未満人口が老年人口よりも大きく減少したためである。次に，真備地区の高齢者人口指数に関する特徴について考察する。同地区の高齢者人口指数は，浸水想定域，非浸水想定域を問わず2020年以降低下傾向にあり，長期にわたる過疎化の結果として新たに65歳以上に参入するコーホートの規模の縮小が強く影響したためと考えられる。つづいて，岡山県の高齢者人口指数に関する特徴について考察する。同県では，非浸水想定域の値が2020年以降低下していくのに対して浸水想定域の値は2045年まで上昇傾向を示しており，結果として2020年以降，その差が拡大している。このような傾向は全国では確認できない。こうした現象が生じるのは，上述したように，岡山県では都市的地域が浸水想定域にきわめて偏在しているからであると考える。井上（2014, 2018b）によれば，老年人口は大都市圏や都市的地域では21世紀半ばまで増加し続ける一方，非大都市圏や農村的地域では2020年代から減少し始めることが指摘されている。すなわち，岡山県の老年人口の変化に関しては，浸水想定域が都市的地域の特徴を有し，非浸水想定域が農村的地域の特徴を有するといえる。

（3）都道府県別浸水想定域の分析と考察

　岡山県では，都市的地域が浸水想定域に偏在していることが，高齢化の進行に関して浸水想定域と非浸水想定域の間に大きな差異をもたらすと考えられる。本項では，この考えを一般化した仮説，すなわち「都市的地域の浸水想定域へ

の集中度が高いほど，高齢化の進行に関して非浸水想定域との間の差異が拡大する」ことが全国規模で成立するか否かについて検証する。以下では，岡山県と同様の傾向を有する県を抽出したあと，相関分析によって仮説の検証を行う。

　まず，高齢化率と高齢者人口指数のそれぞれについて，全国の「浸水想定域の値－非浸水想定域の値」（以下，浸水・非浸水差）を求め，その絶対値が大きい 3 つの年次を選ぶ。結果として，高齢化率については 2020, 25, 30 年，高齢者人口指数については 2045, 50, 55 年が選択されるが，それらの浸水・非浸水差は前者が負値，後者が正値となる。**表 9-2** は，これらの年次に関して，高齢化率については浸水・非浸水差の下位 5 県（すなわち，負値かつ絶対値が大きい上位 5 県），高齢者人口指数については浸水・非浸水差の上位 5 県を示したものである。この表によれば，岡山県は高齢化率については 45 位以下，高齢者人口指数については 3 位以内に入っており，いずれも浸水・非浸水差がきわめて大きいことがわかる。また，表 9-2 に掲載の県は神奈川県を除きいずれも西日本の県であり，なかでも中国地方の県が過半を占めていることがわかる。この事実は，中国地方の県では岡山県と同様に都市的地域が浸水想定域に集中的に分布していることを示唆する。

　次に，上述の仮説が全国規模で成立するかを検証するため，人口密度を都市的地域の特徴の強さを表す変数とみなし次のような相関分析を行う。すなわち，3 つの変数「2010 年における人口密度の対数値の浸水・非浸水差」[8]，「2020, 25,

表 9-2　県別にみる高齢化率・高齢者人口指数に関する浸水想定域と非浸水想定域の差

高齢化率に関する浸水想定域と非浸水想定域の差:下位5県				
年	47位	46位	45位	44位	43位
2020	岡山	島根	鹿児島	広島	山口
2025	鹿児島	島根	岡山	広島	山口
2030	鹿児島	島根	岡山	徳島	広島
高齢者人口指数に関する浸水想定域と非浸水想定域の差:上位5県				
年	1位	2位	3位	4位	5位
2045	岡山	鹿児島	広島	島根	鳥取
2050	鹿児島	岡山	広島	島根	神奈川
2055	鹿児島	岡山	広島	島根	神奈川

30 年における高齢化率の浸水・非浸水差」、「2045, 50, 55 年における高齢者人口指数の浸水・非浸水差」をそれぞれ a, b, c とおいたとき、a と b, a と c の相関係数を算出する。結果的には、a と b の相関係数は 2020, 25, 30 年の順に −0.63, −0.64, −0.65, a と c の相関係数は 2045, 50, 55 年の順に 0.57, 0.54, 0.54 となり、いずれも一定の相関が認められた。この事実は、2010 年における浸水想定域と非浸水想定域の人口密度の差が大きいほど、その後の高齢化率と高齢者人口指数の差も広がることを意味し、上述の仮説が全国規模で成立することを示すものである。

　最後に、岡山県を含む中国地方の県において都市的地域が浸水想定域に偏在する理由について検討する。前述したように、一般に都市的地域は低平地に位置するのでその大部分は氾濫原に立地する。氾濫原は、文字通りかつて幾度となく氾濫した地域であるが、のちに人間の手によって河川改修等の治水事業がなされ、その一部は基本的に洪水による浸水が生じない地域となった。一方、中国地方は中小河川がほとんどであり、一般に中小河川の洪水対策は大河川に比べて優先順位が低いことから、氾濫原のうち「洪水による浸水が生じない地域」が他地方に比べて相対的に小さく、結果として都市的地域が浸水想定域に偏在することになったと考えられる。

おわりに

　本章の目的は、真備地区、岡山県、全国および都道府県別の浸水想定域に関して、特に高齢化の観点から、その将来にわたる人口学的特性を非浸水想定域と比較して明らかにすることであった。さらに、その議論の過程において「はじめに」で提示した、真備地区の浸水想定域の人口学的特性に関する命題の検証を試みた。

　以下では、まず、浸水想定域と非浸水想定域の人口学的特性の差異について得られた知見を述べる。本章では、都道府県を単位として、「2010 年時点にお

ける浸水想定域と非浸水想定域の人口密度の差」と「その後における浸水想定
域と非浸水想定域の高齢化の差」の相関分析を行った。その結果，「都市的地域
の浸水想定域への集中度が高いほど，高齢化の進行に関して非浸水想定域との
間の差異が拡大する」という規則性が全国規模で成立することが示された。さ
らに，岡山県を含む中国地方においてそうした差異が特に大きいことがわかっ
た。その背景には，中国地方は中小河川がほとんどであり，一般に中小河川の
洪水対策は大河川に比べて優先順位が低いため，結果的に都市的地域が浸水想
定域に集中して立地していることがあると考えられる。

　つづいて，「はじめに」で提示した命題の検証結果について述べたい。真備地
区は，中核市であり中国地方で 3 番目の人口を有する倉敷市に属するものの，
その浸水想定域は人口学的には典型的な過疎地域の特徴を有する。人口密度に
ついては岡山県および全国の浸水想定域より大幅に低く，また 2010～60 年にお
ける低下の速度も大きい。老年人口をみると，2010～15 年に急増し多数の団塊
の世代が居住していることを示すが，2035～40 年の変化は小さく団塊ジュニア
は相対的に少ない。老年人口は 2020 年以降減少に転じるが，それ以上の速さで
総人口が減少するため，高齢化率は 35％前後の高い水準を維持する。以上のこ
とから，真備地区の人口学的特性は浸水想定域としては必ずしも一般的ではな
く，結果的に 2018 年の水害において人的被害を増大させた可能性がある。さら
に，同地区の将来人口推計をみても依然として人的被害のリスクは全国に比べ
て高い状態が続く。なお，同地区については，2018 年の水害を受けて洪水に対
する緊急対策事業が始動しそのリスクが大幅に低減することが見込まれるが，
全国の浸水想定域において同様の人口学的特性を有する地域は非常に多い。近
年の気候変動によって集中豪雨の規模と頻度が増加すると懸念されていること
もあり，そうした浸水想定域における洪水対策が急務となっている。

　本章では，紙幅の都合で大都市圏の浸水想定域についてほとんど論じなかっ
たが，近年の気候変動によってこれまでの想定を超える洪水が大都市圏でも発
生する可能性が高まっている。前述したように，大都市圏の浸水想定域は老年
人口の規模とその増加数が大きく，そうした洪水が深刻な人的被害をもたらす

リスクが高いので，しかるべき対策が急務である点は過疎地域と何ら変わらない。

〈付記〉本章は，JSPS 科研費（基盤研究(B)）（研究代表者：井上孝，課題番号：16H03525 および 20H01396）による研究成果の一部である。

注

(1) 災害対策基本法の 2013 年改正を期に用いられるようになった用語であり，災害発生またはその恐れがある場合に自ら避難することが困難であり，その円滑かつ迅速な非難の確保を図るためにとくに支援を要する者を指す。介護保険制度において要支援以上の認定を受けている者，身体または知的障害者などが主な対象者であり，市町村はその名簿の作成が義務付けられている。要支援以上の認定を受けている者のほとんどは 65 歳以上すなわち高齢者であるので，必然的に避難行動要支援者の多くは高齢者である。

(2) 秦（2020）は，この研究論文が掲載された雑誌の次号に同様のテーマの論文を寄稿しているが，その内容は事実上，秦・前田（2020）の研究の紹介に近い。

(3) 2 つの人口統計値（コーホート変化率と子ども・女性比）を用いて人口推計を行う手法であり，Hamilton and Perry（1962）によって定式化された。この手法は，出生率，死亡率，純移動率等の仮定を必要とするコーホート要因法に比べて，必要とする人口統計値が 2 つのみなので小地域の推計に適している。この手法の詳細は山口編（1989）を参照されたい。

(4) 米国における郵便番号を意味する。

(5) 小地域の区画のうち浸水想定域の面積に応じて人口を配分する，いわゆる面積按分法のほうがより正確な推定が可能であるが，本章で扱う人口統計は 2010 年から 60 年までの男女 5 歳階級別人口であるため，面積按分法の場合は計算量が膨大になる。そのため，本章ではより簡便な，地理的重心を用いた推定方法を採用することにした。

(6) 2019 年現在において同ポータルサイトからは 2015 年小地域人口もダウンロード可能であるが，本章では 2010 年の小地域人口とその境界データを用いた。なぜ

なら，本章では後述する「全国小地域別将来人口推計システム」（ver.2.0）からダウンロードした値を小地域別の将来推計人口として利用しており，このバージョンでは 2010 年の小地域の境界に基づいて推計がなされているからである。

（7）同システムは，2019 年 6 月に ver.3.0 がリリースされている。この版では，2010 年と 2015 年の小地域別人口に基づいて，2020〜65 年における小地域別将来推計人口を算出し，その値ならびに各種の地図を公開している。

（8）人口密度は都市的地域と農村的地域の格差が大きいので対数を取った後にその差を求めた。

参考文献

井上孝（2014）「首都圏における高齢化の進展」井上孝・渡辺真知子編著『首都圏の高齢化』原書房，pp.1-27。

井上孝（2016）『全国小地域別将来人口推計システム』（正規版 ver.1.0），（http://arcg.is/1LqC6qN）。

井上孝（2018a）「全国小地域別将来人口推計システム」正規版の公開について」『E-journal GEO』Vol.13(1), pp.87-100。

井上孝（2018b）「全国小地域別将来人口推計システム」のデータを用いた都市・農村別推計」『統計』Vol.69(10), pp.49-52。

牛山素行・高柳夕芳・横幕早季（2011）「年齢別に見た近年の豪雨災害による犠牲者の特徴」『自然災害科学』Vol.30(3), pp.349-357。

牛山素行・横幕早季（2013）「発生場所別に見た近年の豪雨災害による犠牲者の特徴」『災害情報』Vol.11, pp.81-89。

牛山素行・横幕早季（2015）「2014 年 8 月広島豪雨による犠牲者の特徴」『自然災害科学』Vol.34（特別号），pp.47-59。

国土交通省（2018）『平成 30 年 7 月豪雨による被害等の概要』（大規模広域豪雨を踏まえた水災害対策検討小委員会配布資料），（https://www.mlit.go.jp/river/shinngikai_blog/shaseishin/kasenbunkakai/shouiinkai/daikibokouikigouu/1/pdf/daikibokouiki-gouu_01_s2.pdf）。

国土交通省国土政策局国土情報課『国土数値情報ダウンロードサービス　浸水想定区域データ』，（http://nlftp.mlit.go.jp/ksj/gml/datalist/KsjTmplt-A31.html）。

総務省統計局『地図で見る統計（統計 GIS）』。（https://www.e-stat.go.jp/gis）。

日本地誌研究所編（1989）『地理学辞典〈改訂版〉』二宮書店。

橋本雄一（2014）「北海道における津波浸水想定域人口の推定」『北海道大学文学研究科紀要』Vol.144, pp.31-65。

秦康範・前田真孝（2020）「全国ならびに都道府県別の洪水浸水想定区域の人口の推移」『災害情報』Vol.18(1), pp.107-114。

秦康範（2020）「洪水浸水想定区域の人口の推移とその特徴」『災害情報』Vol.18(2), pp.165-168。

山口喜一編（1989）『人口分析入門』古今書院。

Hamilton, C. H. and J. Perry（1962）"A Short Method for Projecting Population by Age from One Decennial Census to Another," *Social Forces,* Vol.41(2), pp.163-170.

Henderson, T. L., M. Sirois, A. C.-C. Chen, C. Airriess, D. A. Swanson, and D. Banks(2009) "After a Disaster: Lessons in Survey Methodology from Hurricane Katrina," *Population Research and Policy Review*, Vol.28(1), pp.67-92.

Inoue, T.（2017）"A New Method for Estimating Small Area Demographics and Its Application to Long-term Population Projection," Swanson, D. A. ed., *The Frontiers of Applied Demography*, Springer, pp.473-489.

Swanson, D. A.（2008）"The Demographic Effects of Hurricane Katrina on the Mississippi Gulf Coast: An Analysis by Zip Code," *Journal of the Mississippi Academy of Sciences*, Vol.53(4), pp. 213-231.

（井上　孝）

第10章　人口推計と災害予測

はじめに

　地震や豪雨，火山噴火などは自然現象であるため，その発生を回避すること
はできないが，これらの自然現象そのものやこれらがもたらす災害は予測でき
るのだろうか。実際，これらの発生する時期，地域，規模といった要素は，気
象状況や火山活動，プレートの動きなどから，せいぜい発生の数日前程度の極
めて直前でしか予測できず[1]，先の3要素を限定できるだけの高い確度で，しか
も効率的な災害対策や安全な避難ができるだけの十分な時間を事前において予
測することは現在の科学的知見からは難しい。

　ただ，これらの自然現象のなかでも地震に関してはプレートの構造的な動き
から周期性をもつために，ある程度長期的な予測の研究も進んでいる。特に南
海トラフ地震と呼ばれる，静岡県沖から四国，九州にまたがる海溝（トラフ）
沿いで同時に発生するであろうとされているマグニチュード9級の地震に関し
ては，その発生間隔や震源域にはばらつきがあるものの，この南海トラフで約
100〜150年間隔で繰り返し発生して特に注目されている。また，過去の記録で
は，南海トラフ沿いのある領域で大規模な地震が発生すると，残りの領域でも
連動して地震が発生しており[2]，今後もその可能性が高い。南海トラフの領域内
でマグニチュード8〜9級の巨大地震が30年以内に発生する確率は70〜80%で
あるとされている（地震調査研究推進本部 2013）。また，南海トラフ沿いの想
定震源域周辺では，平時からプレート境界面で「ゆっくりすべり（スロースリッ
プ）[3]」という固着状況の変化が観測されており，これが通常とは異なる場所や状

態で発生することを察知して大規模地震の予測に役立てられると考えられている。このように，南海トラフ地震に関しては，予測の可能性やそれが及ぼす被害の地域的な広さや規模の大きさの点から，政府としてもこの地震そのものとその被害を予測するべく特別に注力している。

　内閣府（防災担当）の有識者会議は，2011 年 3 月の東日本大震災の津波被害を受け，南海トラフ地震の津波高・浸水域等および被害想定に関する大幅な見直しに着手し，その結果を 2012 年 8 月に公表した（内閣府（防災担当）　2012）。それによると，全国の死者数の合計が最大となる，いわゆる「最悪のケース」では死者数が 32 万 3,000 人であり，そのうち津波による死者は 23 万人とされた。警察庁によると東日本大震災の死者数が 2020 年現在，1 万 5,899 人，行方不明者 2,529 人の合計 1 万 8,428 人であるから，それと比較すると，いかに甚大な人的被害であるかがわかる。

　しかし，その報告書においても，「今回の被害想定は，阪神・淡路大震災や東日本大震災等の大きな地震による被害状況等を踏まえて検討してきた手法により推計を行ったものであるが，各項目の被害想定手法は必ずしも確立されたものではない。また，東日本大震災による被害状況についてはまだ十分に検証できていないのが現状である。このため，今後，東日本大震災等の検証作業を進めることとあわせて，被害想定手法についても不断の点検・見直しを行い，必要に応じて，被害想定は修正すべきものである」（内閣府（防災担当）　2012）とされており，実際，愛知県や宮崎県のように，人口の動向や建物の耐震化，津波避難施設の増設といった減災施策のほか避難行動に関する意識など，その後の変化を考慮して，独自に被害想定を見直している地域自治体もある。そこで本章では，この南海トラフ地震によってもたらされる人的被害の想定結果を人口学的視点から見直すことを目的とする。具体的には，その被害想定の算出過程において，適切な人口統計，人口推計に基づいて検証するとともに，政府による被害想定の算出後に公表された人口統計の確定値や人口推計の将来値などを適用して前提条件を適宜変更し，人的被害想定を改めて試算することによって，この南海トラフ地震の災害予測について特に人口学的視点から再検討する。

第1節　被害想定の前提条件の設定について

(1) 被害想定の前提条件となる要因

　まず，地震の正確な発生年次は予測不可能であり，もちろん季節や時間帯など地震発生の詳細なタイミングやシーンなども特定はできないため，予測に際してはさまざまな前提条件に応じた多様なケースで被害を想定する必要がある。

　また，政府や自治体，企業，地域住民などによる防災・減災対策によって被害想定を減少させる統制可能な要因もあるが，特に政府や自治体においては，限られた予算の範囲内で他の経済政策とのバランスも考慮しなければならない。つまり，発生頻度が極めて低い災害の対策に関わる予算が，経済的，金銭的な被害想定額に見合うものであるのか，人命を金額で計ることはできないため，人的被害ゼロを目標にする政策が経済的に妥当であるのか，防災・減災対策を実施する判断が難しいところである。また交通インフラやライフラインなどの整備は，生活の利便性を上げるものの，構築物の増加は被害量も増やすジレンマとなることは留意しなければならない。これらの要因は統制可能であるために前提条件としては流動的であり，被害想定の結果も大きく変動させることになる。

　他方，統制が困難な要因となる被害想定の前提条件としては，高齢化，人口移動，人口分布などの人口要因である。ただ，これらの要因を統制することは困難ではあるが，比較的安定して推移するために，長期的な将来の被害想定に大きな誤差をもたらすわけではなく，むしろ真の予測値に近づけるためには，これらの要因の変化は被害想定へ積極的に取り入れられるべきである。

(2) 人的被害に及ぼす要因としての津波

　地震による人的被害として死亡に至らせる要因には，建物倒壊，津波，火災などがある。もちろん前提条件によって死亡者数は異なるが，図10-1は都府県

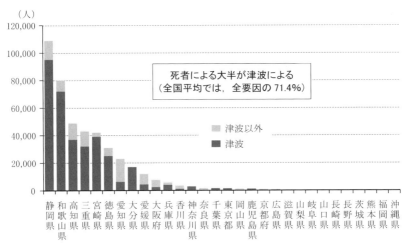

図 10-1 都府県別で死者数が最大となるケースの死者数（津波の要因と津波以外の要因別）
（資料）内閣府（防災担当）（2012）.

ごとに前提条件を変えて，全国合計ではなく都道府県別に死者数が最大となる
ケースで，各都道府県における死者数を津波の要因と津波以外の要因別に示し
たものである。同資料によれば，建物倒壊による死者数の多い愛知県や愛媛県，
また建物倒壊，津波，火災による死者数がほぼ同数である大阪府などもあるが，
図 10-1 を見ると，ほとんどの県で津波による死者数の割合が非常に高く，全国
平均では全要因の 7 割以上が津波による死亡であると想定されていることが示
されている。そこで，本章でも人的被害については津波による死傷者数の予測
過程を中心に検討する。

第 2 節　南海トラフ地震における政府による
人的被害想定の前提条件

（1）震度分布と津波の分布

南海トラフ地震の津波による死者数に関して，政府による人的被害の算定方
法の過程を改めて確認する。南海トラフ地震において死者数が最大で 32 万 3,000

人とされたケース（以
下，「最悪ケース」）の
想定方法について検討
したいが，地震動に関
して2つの前提条件，
発生時刻と風速による
組合せに関して6ケー
スの前提条件があり，
それら組み合わせに
よってその被害の想定
結果は大きく異なる。
また，人的被害につい
ては，それらに加え津
波発生時の早期避難率の
2つの前提条件で異な
る。

　この「最悪ケース」の
地震動に関する前提条件
としては，図10-2に示
されるような，強震動
生成域(4)を最大限陸側に引
き寄せた「陸側ケース」
の震度分布を想定してい
る。人が居住する陸側

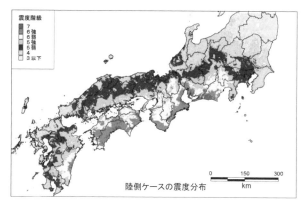

図10-2「最悪ケース」における震度分布

（資料）内閣府（2012）.

【ケース①「駿河湾〜紀伊半島沖」に大すべり域を設定】

図10-3　「最悪ケース」における津波の分布

（資料）内閣府（2012）.
　（注）図内の実線内が断層すべりの発生域.

に強震動生成域が位置するため，それだけ被害が甚大となる。また，津波の前
提条件としては図10-3に示されるように，駿河湾から紀伊半島沖に大すべり域
や超大すべり域が設定され(5)，東海地方が大きく被災するケースとされている。

（2）発生のタイミングとシーン

　さらに津波の到達時間や浸水開始時間など，津波からの避難の可能性という津波リスクの回避状況，また季節，天気，平日や休日の違い，時間帯といった津波発生時のシーンの違いや，そのシーンの浸水域における避難所要時間，そして人口分布といった発生時の前提条件に応じて結果が適宜修正される。たとえば，冬は夏に比べて歩行速度が2割低下して，避難開始時間が5分遅れる。また夜間は昼間の避難速度の80％に低下し，避難開始時間もやはり5分遅れるといった違いがあると仮定される。

　次に死者数（死亡数）の算定方法について説明する。まず浸水域に地域メッシュを設定して，そのなかでも津波浸水状況から避難が必要なメッシュを特定する。そこへさらに避難先メッシュまでの距離やその間の浸水深，また避難速度，避難開始時間などを考慮して，発災時の所在地から安全な場所まで避難完了できない人の割合を算出し，避難ができないと判定された者に対して，後述の死者率関数を適用して，死者数（死亡数）が算定される。また地震発生時の人口分布としては，総務省『社会生活基本調査』より時間帯別人口が利用されている。

　このような前提条件の違いから，全国の死者数の合計が最大となる「最悪ケース」としては，季節が冬，時間帯は深夜で，風速は秒速8メートルとする気候条件が設定され，避難行動としては，2割が直接避難，5割が用事後避難，3割が切迫避難あるいは避難しないという早期避難者比率の低いケースが設定される。

第3節　死者率関数の推定

（1）浸水深と死亡率との関係

　津波によって浸水した地域の地面から水面までの高さを浸水深とよぶ。本節では，想定される最大の浸水深値と死亡率との関係を示した関数である死者率関数について検討する。

　図 10-4 および図 10-5 に示されているように，浸水深と避難行動の関係として
は，これまでの水害の調査結果や実験データから，人間は膝（0.5 メートル）よ
り下であっても浸水があれば 5 割程度の人が，また浸水深が膝より上の高さに
なるとほとんどの人が避難困難となり，さらに流速が上がるとその可能性も増
すことがわかっている。

　ほぼ同様に，陸域における津波の浸
水深と避難行動に関する政府の被害予
想の前提としては，浸水深が 0.3 メー
トル以上になると人は動くことができ
ずに避難行動もとれなくなり，1 メー
トル以上の浸水深で津波に巻き込まれ
た場合，ほとんどの人が死亡すると想
定されている。すなわち，浸水深 0.3
メートル未満では死亡率はゼロである
が，浸水深 0.3 メートル以上で死者が
発生し，浸水深 1 メートル以上では全
員が死亡，すなわち死亡率 100％の上
限値が設定され，その間の死亡率につ
いては正規分布の累積分布関数から補
間推定されて津波の浸水深値別の死者
率関数が推定されている。

　なお，死者率関数上における死者率
100％未満では全員が死亡ではなく負
傷した者も発生するが，そのうち重傷
者と軽傷者の構成比は，死者 202 人に
達した 1993 年の北海道南西沖地震にお
ける奥尻町の人的被害の事例から，そ
れぞれ 34％と 66％に設定されている。

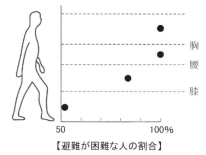

図 10-4　浸水深に対して避難が困難な
　　　　人の割合

（資料）国土交通省（2016）.

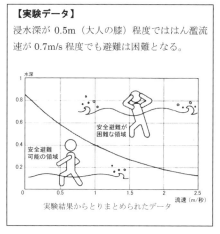

図 10-5　氾濫流速と浸水深との関係から
　　　　洪水避難時に水中歩行できる領域

（資料）国土交通省（2016）.

（2）死者率関数の推定方法について

　政府による南海トラフ地震の被害想定で用いられた死者率関数について再検討したい。この推定については，国際協力機構（Japan International Cooperation Agency：JICA）の報告書にもまとめられているように 2004 年インドネシアのスマトラ島沖地震津波におけるバンダアチェにおける浸水深と死者率とのデータから関係式が推定された（JICA 2005）。ただ，このデータの分布に基づいて正規分布で回帰すれば，**図 10-6** に示した越村ほか（2009）のように，緩やかな

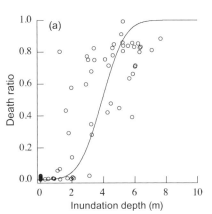

図 10-6　越村ほかの推定による死者率関数
（資料）越村ほか（2009）.

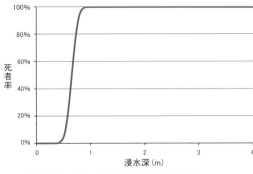

図 10-7　政府の推定による死者率関数
（資料）内閣府（2012）.

S 字カーブの関数式が推定されるはずであるが，政府の推定では，**図 10-7** のようにほぼ垂直的な形となる推定式が採用された。このような推定式を採用した理由は以下のように説明できる。バンダアチェのデータは，津波に直接巻き込まれた人達だけの死者率ではなく，あくまでも当時，被災した人達の浸水深と死亡率との関係を居住地ベースで表したものである。その人達は津波襲来時に何らかの被災はしたはずであるが，必ずしも居住地で被災したとは限らない。すなわち，このデータには，津波襲来時にたまたま内陸側にいて津波による死亡を回避できたものの，それ以外の理由によって死亡した人も含まれており，そうした死亡時の状況が

考慮されていない。したがって，このデータをそのまま用いて，津波に遭遇した際の浸水深による死者率を推定することはできない。他方，このデータにおいて，浸水深 1 メートル程度でもおよそ 80％の死者率になっているプロットもあり，これは他のプロットと比較して，浅い浸水深にもかかわらず極端に高い死者率となっている。これはほぼ避難しないか避難できない状態で津波に巻き込まれた現実を示しているとも言える。実際，図 10-4 および図 10-5 のデータに加えて，浸水深 2m 以上で木造家屋の半数が全壊し，3 メートル以上で木造家屋のほとんどが全壊するとも言われているため，図 10-6 に見られるように 3 メートルでも死者率が 20％程度とする関数は過小推定といえよう。

　このように死者率関数の推定過程において検討されたように，津波被害によって死亡した場合の人口属性との関係では，被害の発生場所と人口の分布との整合性が取りにくい。つまり，津波は広範囲で発生し，巻き込まれて流されてしまうために，津波によるほとんどの死亡者の被災場所は不明となるため，死亡者の居住地により分析せざるを得ない。これは，後述のように，被災地域の人口構造変化を被害想定に反映させるうえで問題となることは留意しておきたい。

第 4 節　人口の年齢構成を考慮した死者数の推定について

（1）人的被害補正係数の算定

　次に，南海トラフ地震における被害想定に関して人口学的に注目すべき点は，年齢区分別に想定されている避難行動の可能性である。政府による南海トラフ地震の被害想定では，東日本大震災で被災した各地域における人的被害の結果に基づいて，高齢であるほど避難の意識が高く，地震発生直後に避難する割合は高い傾向があるものの，歩行速度など避難行動や身体能力，また浸水に対する身体的な耐久能力などの違いから，65 歳以上ならびに 75 歳以上の者の死者率はより若い年齢に比べて高いとされている。

　南海トラフ地震における政府の被害想定では，この年齢による死亡リスクの

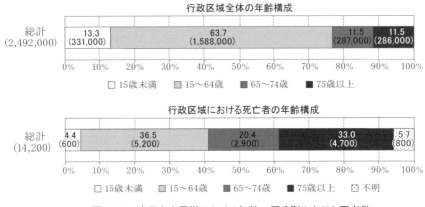

図 10-8　東日本大震災における年齢 4 区分別の人口と死者数
（資料）　国土交通省（2011）.

差がその地域の年齢構造に応じて反映されるように，各市町村の年齢区分別人
口割合ごとにウェイトが付けられた人的被害補正係数が市町村別に求められて
いる。

　実際に，人的被害補正係数の関係式における年齢区分別重み係数は，**図 10-8**
にあるように，国土交通省（2011）による，岩手，宮城，福島の被災 3 県 37 市
町村における年齢区分別死者数（4 区分，但し，不明分の死者数は各年齢区分
に対して按分して計算）の結果を基に推定されている。

　具体的には，図 10-8 に示されている東日本大震災の被災地（3 県 37 市町村
の範囲）における年齢区分別死者数（4 区分），および，2010 年の「国勢調査」
における同被災地の年齢 4 区分人口を用いて，次式のように求められている。

年齢4区分別死者率(a)＝被災地の年齢4区分別死者数／被災地の年齢4区分別人口(2010年)
平均死者率(b)＝被災地の総死者数／被災地の総人口(2010年)
年齢区分別重み係数＝ a ／ b

　その結果，求められた年齢区分別重み係数は，15 歳未満人口では 0.34，
15〜64 歳人口では 0.62，65 歳〜74 歳人口では 1.79，75 歳以上人口では 2.81 と

された。このことは，たとえば 75 歳以上の高齢者は全世代の平均に比べて 2.81 倍死亡しやすいという解釈になる。

　この結果を用いて，次式のように，被災地内の各市町村の年齢区分別人口比率にそれぞれ対応する年齢区分別重み係数を乗じることによって，人的被害補正係数が求められる。

市町村iの人的被害補正係数

$= \sum j$（市町村iの年齢区分別人口比率×年齢区分jの重み係数）

$=$ 15歳未満人口比率（i）×0.34＋15〜64歳人口比率（i）×0.62＋65歳〜74歳人口比率（i）

　　×1.79＋75歳以上人口比率（i）×2.81

(2) 被害想定に及ぼす人口構造変化の影響について

　このように算定された人的被害補正係数を，先述の基本となる死者率関数から推定された市町村別死者数に乗じることによって，最終的な補正済の市町村別死者数が得られる。

　この計算過程から明らかなように，政府による南海トラフ地震の津波被害の想定においては，各地域の人口の年齢構造の変化が，実質的に人的被害の想定結果に影響することになる。そのため，地震の被害が大きいとされる東海，東南海，南海地域における各市町村の年齢構造がさらに高齢化すれば，津波に巻き込まれる可能性がより高いと想定される高齢の死傷者数も増加することになるはずである。しかし，現在多くの津波災害で想定されている人的被害の補正係数における年齢別人口割合は，調査年次が 2010 年の「国勢調査」に基づくものであり，その後の高齢化の影響は反映されていない。また地震が何年後に発生するかは特定できないにしても，将来人口推計に基づく将来の年齢構造の状況が反映されているわけでもなく，人口学的にみれば，地震や津波が 2010 年時点に発生する前提で人的被害が想定されていることには留意すべきである。

　以上を踏まえたうえで，自然災害が及ぼす被害の予測に対して，人口学的視点からはどのような改良が可能であるか検討してみたい。

第5節　人的被害の再試算

（1）南海トラフ地震による人的被害の再試算の方法

　ここで津波による人的被害補正係数が 2010 時点の市町村別年齢構造によって
ウェイトづけられているのに対して，その後の年齢構造変化（高齢化）が，被
害の想定結果にどれほどの影響を及ぼすかを確かめるため，新たな被害想定結
果として次の再計算を試みた。

　想定地域内の全 1484 市町村について，2015 年〜2040 年までの年齢構造とし
て，2015 年は総務省「国勢調査」，2020 年から 2040 年までは国立社会保障・人
口問題研究所『日本の地域別将来推計人口』（平成 25 年 3 月推計）の数値を用
いて，人的被害補正係数における年齢区分別比率の 4 区分（年少人口，生産年
齢人口，前期高齢者人口，後期高齢者人口）から各年次の市町村別人的被害補
正係数を求めた。なお，市町村が合併されている場合には編入された地域の年
齢構造係数を用いた。

　なお，純粋に人口要因による影響の差分だけを比較するために，政府による
「最悪ケース」におけるすべての市町村に関して，市町村別の津波要因のみの補
正後死者数を，いったん 2010 年の人的被害補正係数で除して補正前死者数に戻
した後，各年次（2015 から 2040 年までの 5 年毎の年次）の人的被害補正係数
を乗じることによって改めて補正してから，津波以外の要因による死者数を合
計して，全要因の市町村別補正後死者数の合計とした。

　なお，死亡の要因別の補正後死者数の公表値は都道府県別までであって，各
ケースのすべての市町村別，死亡の要因別の補正後死者数は未公表であるため，
今回，内閣府（防災担当）から原データを入手して計算した。したがって，こ
こで補正された死者数は，津波による死者数のみであって他の要因については
補正されていない。

(2) 再試算の結果と検討

再試算の結果，**図10-9**に示されているように，全国の死者数が最大となる「最悪ケース」で比較すると，2010年時点では確かに政府の試算とおり，死者数が32万3,000人程度であるが，高齢化する年齢構造の変化を考慮した再試算では，全国の死者数は，2015

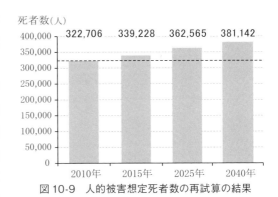

死者数（人）

図 10-9　人的被害想定死者数の再試算の結果

年現在の年齢構造であれば33万9,228人となる。これは政府が人口構造に関して経時的に変化なく，固定的であるいう前提で被害を想定している32万3,000人から比べると5%増の約1万7,000人程度多くなり，この規模は東日本大震災の死者数と行方不明者数を合わせた数値にも近いものである。さらに将来の2040年の年齢構造であれば，政府想定の約18%増の38万1,142人にもなる。

おわりに

このように，自然災害による被害のなかでも人的被害の想定に関して，特に年齢ごとに被害の影響の度合いに差をつけるよう考慮している場合には，被害を受けると想定されている当該地域の高齢化などの構造変化や人口減少，人口移動などの変化も織り込むことによって，被害想定の結果の妥当性を高めることができよう。

今回試算した南海トラフ地震における人的被害補正係数の年齢区分別の重み係数についても，死亡者の年齢構成の参考として算定の基礎データとなった東日本大震災の被災37市町村の多くが，全国平均と比較すると高齢化が進んでいるわけであるから，本来であればその地域の年齢標準化をして年齢構造の偏り

を除去すべきであろうし，将来において発生することを考慮すれば，今後の高齢期平均余命の伸長も死亡率に影響を及ぼすと考えられる。

　また，地域の人口分布の年齢構造に応じた津波の避難行動の想定についても，年齢別の避難速度は同一年齢層であれば今後とも同程度の速度であるとするよりも，むしろ平均余命の伸びにより，避難意識が高まるとともに避難速度も上がると想定したほうが妥当であろう。そして年齢構造の違いは津波だけではなく，火災や建物倒壊による死亡を避ける避難行動にも影響が及ぼされるはずであるが，これらの人口要因についても政府の試算においては考慮されていない。さらには，屋内滞留人口と屋外滞留人口の比率の時間帯に応じた変化についても人口学的にさらに精緻化が可能であろう。

　今回は南海トラフ地震に焦点を当てて分析を試みたが，他にもたとえば首都直下地震として，マグニチュード7クラスの地震が今後30年以内に70％の確率で起きると予測されている。そこでは，冬の夕方，風が強い日という前提条件で最悪の被害をもたらした場合，全壊または焼失する建物は61万棟に上り，このうち火災で焼失するのは約41万2,000棟，死者は約2万3,000人にのぼり，その7割に当たる約1万6,000人は火災が原因で死亡すると想定されている。また，関東大震災を引き起こしたことで知られる大正関東地震は相模トラフのプレート境界に沿って発生したと考えられる相模トラフ沿い地震であり，この地域ではマグニチュード8クラスの大正関東地震タイプの地震が200〜400年間隔で発生しているが，前回の発生から約100年が経過しており，もし発生すれば首都地域の広域にわたり大きな揺れが予想される。このように，さまざまな地震が想定され甚大な被害予測がなされているが，今回のように特に人的被害予想については人口学的観点も取り入れ，より妥当な被害予測を促進すべきであろう。また，地震以外の自然災害の被害想定の算出過程における人口統計の利用方法について再検討すべきであろう。

　〈付記〉本研究にあたり，内閣府（防災担当）から未公表データの提供や手法の
　　詳細な解説などのご協力をいただきました。ここに謝意を申し上げます。

注

(1) 東海地震は，監視体制の整備により，地震発生直前（2～3 時間から 2～3 日より前）の予知の可能性があるわが国唯一の地震とされている。

(2) 南海トラフ沿いで発生した大規模地震の直近の 2 事例では，東側の領域で大規模地震（1854 年の安政東海地震，1944 年の昭和東南海地震）が発生した後，それぞれ 32 時間後，2 年後に残る西側の領域で大規模地震（1854 年の安政南海地震，1946 年の昭和南海地震）が続けて発生している。

(3) 通常の地震では，断層が高速にすべり，地震波を放射するのに対して，ゆっくりすべり（スロースリップ）は，地震波を放射することなく，ゆっくりと断層が動いて地下のひずみエネルギーを解放する現象であり，2000 年代初頭から検出が可能となっている。プレート境界の断層では，ゆっくりすべりと高速なすべり（通常の地震）のお互いの影響を及ぼし合っていて，ゆっくりすべりの観測が地震予測に生かされると考えられている。

(4) 断層面のなかで特に強い地震波（強震動）を発生させる領域を強震動生成域と呼ぶ。

(5) 震源断層で生じる食い違いを「断層すべり」といい，大きな断層すべりが生じた領域を「大すべり域」，そして「大すべり域」のなかでも特に大きく滑る領域を「超大すべり域」と呼ぶ。

(6) 対象の被災 3 県 37 市町村は次の通りである。岩手県（12 市町村）は，洋野町，久慈市，野田村，普代村，田野畑村，岩泉町，宮古市，山田町，大槌町，釜石市，大船渡市，陸前高田市。宮城県（15 市町村）は，気仙沼市，南三陸町，石巻市，女川町，東松島市，松島町，塩竈市，七ヶ浜町，利府町，多賀城市，仙台市（但し，沿岸部である宮城野区，若林区のみ），名取市，岩沼市，亘理町，山元町。福島県（10 市町村）は新地町，相馬市，南相馬市，浪江町，双葉町，大熊町，富岡町，楢葉町，広野町，いわき市。

参考文献

国土交通省（2011）『東日本大震災の津波被災現況調査結果（第 2 次報告）』（https://www.mlit.go.jp/common/000168249.pdf）。

国土交通省（2016）『水害ハザードマップ作成の手引き』（https://www.mlit.go.jp/river/basic_info/jigyo_keikaku/saigai/tisiki/hazardmap/suigai_hazardmap_tebiki_201604.pdf）。

国立社会保障・人口問題研究所（2013）『日本の地域別将来推計人口』（平成 25 年 3 月推計）（http://www.ipss.go.jp/pp-shicyoson/j/shicyoson13/6houkoku/houkoku.pdf）。

越村俊一・行谷佑一・柳澤英明（2009）「津波被害関数の構築」『土木学会論文集 B』vol.65(4), pp.320-331。

地震調査研究推進本部（2013）『南海トラフの地震活動の長期評価（第二版）について』（https://www.jishin.go.jp/main/chousa/13may_nankai/nankai2_setsumei.pdf）。

東京都（2012）『首都直下地震等による東京の被害想定（平成 24 年 4 月 18 日公表）』（https://www.bousai.metro.tokyo.lg.jp/taisaku/torikumi/1000902/1000401.html）。

内閣府（防災担当）（2012）『南海トラフの巨大地震による津波高・浸水域等（第二次報告）及び 被害想定（第一次報告）について』（http://www.bousai.go.jp/jishin/nankai/taisaku_wg/pdf/shiryo.pdf）。

原井光一郎・梅津貴弘（2013）「津波シミュレーション〜予測評価と対策検討例〜」『OGI Technical Reports』vol.21。

JICA（2005）"The study on the urgent rehabilitation and reconstruction support program for Aceh Province and affected areas in north Sumatra (urgent rehabilitation and reconstruction plan for Banda Aceh City) in the Republic of Indonesia: final report (1); Vol.2 -Main report."

（和田 光平）

第11章　人口と災害対策

はじめに

　アジア太平洋地域は災害が多く，1900年以降，犠牲者約2,000人以上の災害は50を超える（APEC 2018）。日本の面積は世界の1%に満たないが，マグニチュード6以上の地震の約2割が起きていると言われる。自然災害は，戦争や疫病のように人口動態にも影響しうる規模ではなくとも人々を脅かしてきた。同時に災害の背景には人口急増や都市集中が見え隠れする。

　自然災害の概念は，その影響を被る人口と不可分である。大地震も周囲に人もその財産もなければ自然現象に留まり，大都市では地方より多くの人口を脅かす大災害となる。小規模災害にも着実な対応が必要であるが，災害関連の制度は，被災者等の数に応じた対応を定めるものも多い。法令上の自然災害の定義は一様ではないが，災害対策基本法は，災害について「暴風，竜巻，豪雨，豪雪，洪水，崖崩れ，土石流，高潮，地震，津波，噴火，地滑りその他の異常な自然現象又は大規模な火事若しくは爆発その他その及ぼす被害の程度においてこれらに類する政令で定める原因により生ずる被害」とし，人災も対象とする。自然災害の概念は，国によっても異なり，例えば防災機関が象などの獣害にも対処する国もあり，社会的背景と切り離せない。

　災害対策としては，まず災害応急対応が注目されるが，災害予防，災害復旧等幅広い。国際連合が1990年代を「国際防災の10年」と定めた主眼は，地震等の自然現象は防ぎ得なくとも，防災の取組によりその被害を軽減できるという，「減災」Disaster Reduction の考え方の普及にあった。日本は国連決議の共

同提案国となり，また，防災に関する国連会議を3回招致し，2015年の第3回世界会議（於仙台市）は「仙台防災枠組2015-2030」を採択した。

　災害対策は，影響の大きな災害に則したものとなり，例えば地震や火山噴火は考えにくいベトナムでは，水害や干ばつ対策を中心に農村整備省が防災を主管する。内陸国モンゴルで津波被害はないが，寒雪害により家畜が大量死する。他方，インドネシア，フィリピン，そして日本などは，気象災害とともに地震，火山噴火などの対策も要する。日本はさらに雪害があるが，近年干ばつには見舞われていない。

　災害対策は人口動向や分布にも左右される。農村人口が大半であった時代，冷害や干ばつは農政の主要課題であり，都市化が進めば土地利用や不燃化，耐震化等都市・住宅行政の役割が大きくなり，洪水，内水氾濫，高潮対策等のインフラ整備も大規模化する。人口密度が高まれば，同程度の自然現象であってもその影響は大きくなる。例えば，都市化の進む1960年代末に，民法学者我妻栄は，水害について当時問題化していた公害とも比べつつ対談した中で，次のように語っている。「昔から地震，雷，火事，おやじ，といっていましたように，地震や火事の災害はあったわけですが，地震なんかでも都市化した社会では，その災害のあらわれ方が非常に違うのだろうと考えられます。火事でも同じことで，住宅の過密状態では，昔は問題とならなかった小さい火事でも死亡者がでる。」[(1)]。また，第三次全国総合開発計画（1977年，以下「三全総」）は，大都市や周辺の開発等により，地震や洪水などの天災が増幅され「いわば人災として大きな被害を発生させる可能性」に言及している。

　本章では，第1-4節において人口と都市化の動向に関連づけつつ主な防災の取組をたどる。まず，都市も農村も人口が急増する中で新たな災害対策が模索された第二次世界大戦直後を概観した後（第1節），過密・過疎が顕著となる1960～80年代の都市と地方各々に関わる取組を例示し（第2節），次に阪神・淡路大震災以降（第3節），及び人口減少社会を迎えた東日本大震災以降（第4節）に着目する。最後に第5節では災害対策と人口情報について言及する。

第 1 節　人口急増期の自然災害と災害対策基本法の成立

（1）人口急増と相次ぐ自然災害

　1947 年に総人口約 8 千万人中約 2,586 万人と推計された市部人口は，1955 年には約 5,053 万人と倍増する。この頃，三河地震，枕崎台風，南海地震，カスリーン台風，福井地震，アイオン台風，ジェーン台風，ルース台風，西日本大水害，南紀豪雨，1953 年台風 13 号，洞爺丸台風等をはじめ，犠牲者が数百，数千に上る災害が相次いだ。その背景は多岐に及ぶ。戦争中の国土の荒廃と終戦後の天然林伐採，復員や引揚による約数百万人の流入増に加えて，合計特殊出生率が 4.5 前後に，年間出生数が 270 万人弱にも及んだ 1947〜49 年の第 1 次ベビーブーム期の著しい自然増，さらに，過剰人口による居住に適さない地域における住宅建設，資材不足による質の低い土木工事，復旧に追われ長期の見通しのある事業実施が困難であったこと，また，気象情報が未発達であったこと，などである。

　新憲法下の制度への移行過程にあった折，1946 年 12 月の南海地震，1947 年 9 月のカスリーン台風への無策の批判も受け，同年 10 月，第 1 回国会で，国が地方公共団体や日本赤十字社等と協力して応急的救助を行うための災害救助法が成立した。収容施設，食品，生活必需品の給与，医療，助産，埋葬等を，都道府県知事が原則，現物で行うこととされ，後に，応急仮設住宅の設置，被災者の救出，死体の捜索等も加えられる。平時は生活保護法により国民の最低生活を保障し，非常時にはこの法律により罹災者を救助し，両法相まって国民生活の保護を図る趣旨であり，旧厚生省が所管した。[2]同法成立以前は，災害救助に際して関係者の連絡も密とはいえなかったため，関係省庁による中央災害救助対策協議会等の規定も含まれていた。

　1945〜47 年の災害被害価額は，水害が年平均 1,500 億円（1950 年価額），その他災害を含めると国民所得の 5％内外などと推計され（経済審議庁計画部 1954），災害復旧費は重い財政負担となっていた。国土保全について，治水三

法（河川法（1896年），砂防法（1897年），森林法（1897年））に加え，復旧のための制度として，1951年に公共土木施設災害復旧事業費国庫負担法が制定された。一方，治水予算は，1960年には治水治山緊急措置法及び治水特別会計法が制定され，以降計画に基づき進められることとなる。幾多の災害を経る中，水防法，消防法，警察官職務執行法，自衛隊法等が整備され，応急措置は一通りは可能となったが，関係省庁や地方との連絡調整については，総理府審議室が担ってはいたものの，災害対策を組織化する必要があった。災害の度に財政特例が定められ災害対策関連法令は250にも上り，これらを総合的に運用する仕組も欠けていた。日本学術会議は政府に対し，1950年に「防災に関する総合調整機関の設置について（申入）」，1959年に「防災に関する総合調整機関の常置について（勧告）」を行った。

(2) 災害対策基本法の成立

1959年9月の台風第15号（伊勢湾台風）は，防災への配慮が不十分なまま市街化した低地に，観測史上最大の高潮が暴風・暴浪を伴い夜間に来襲し，愛知，三重を中心に犠牲者は5,098人に上った。中部日本災害本部（本部長副総理）が愛知県庁内に置かれ対応した。1961年に伊勢湾台風の教訓から定められた災害対策基本法（以下「基本法」）は，関係機関相互の連絡が不十分であったことから，国，地方公共団体，公共機関，住民等の協力による，総合的な災害対策の枠組を定めた。内閣総理大臣を長とし，全閣僚，指定公共機関の代表，学識経験者による中央防災会議を設置し，都道府県，市町村も各々防災会議を設けることとされた。中央防災会議は「防災基本計画」を作成し，指定行政機関及び指定公共機関は「防災業務計画」，地方公共団体には各々の防災会議による「地域防災計画」の作成が義務づけられた。さらに，災害の度に国庫負担率嵩上げ等の特例が設けられてきたことを踏まえ，財政特例制度の合理化について定め，これを受け翌年激甚災害に対処するための特別の財政援助等に関する法律が制定された。

基本法は，防災上一次的責務を担う市町村を重視した。1960年頃には，新憲

法下での地方の防災体制も整えられた。戦後市町村は，中学校の設置管理，社会福祉等新たな事務を担うこととなり，規模合理化のため合併が進められ，1万を超えていた市町村は 1953〜61 年の間に 3,472 となった。消防は自治体消防となり（1948 年消防法），国においては 1960 年の自治省設置に伴い外局の消防庁がおかれ，63 年には救急体制の整備も始まった。

第 2 節　過密・過疎と自然災害

　1960 年代，地方から都市への人口移動が本格化し，人口 100 万人以上の都市は 55 年 5 都市，75 年 9 都市，85 年 10 都市となる。1962 年の最初の全国総合開発計画（以下「一全総」）は既成大集積地帯等の安全を強調し，69 年の新全国総合開発計画（以下「新全総」）は，急速な都市化と国土利用の大きな変化により，災害の被害が大きくなる可能性を指摘した。

　1960 年代以降，犠牲者が 1,000 人を超える水害はなかったが 100 人を上回る被害，中小河川の水害，土砂災害は頻発した。また，人口の大都市集中も背景に，64 年の東京オリンピック渇水などの都市型渇水がみられ水資源開発が急がれた。1968 年のえびの・吉松地区地震及び十勝沖地震，74 年の伊豆半島沖地震，78 年の伊豆大島近海地震及び宮城県沖地震等の地震のほか，火山噴火，雪害も続いたが，70 年代後半から 80 年代にかけて犠牲者が 100 人を超える災害は限定的となる。

（1）人口の都市集中と地震

　終戦後 420 万戸の住宅不足といわれたが，1950 年代後半以降宅地開発が進み，宅地面積は 72 年のピーク後も 80 年代を通じて年間 1 万ヘクタール以上増加し，65 年からの 30 年間に倍増する。1954 年に土地区画整理法が制定され，翌年には住宅建設と宅地の大規模供給を目的に日本住宅公団が発足した。1960 年代半ばには各地でニュータウン開発が，70 年代にはベビーブーム世代の世帯形成が

始まる。1968年の都市計画法制定，70年の建築基準法集団規定の全面改正など都市計画の基礎も整った。一全総は過密地域の市街地の高層化，不燃構造化促進について，新全総は大都市の防災性確保のため，木造建築の禁止や避難緑地・避難道路整備について，三全総は密集市街地，巨大な地下街，地下埋設物，高密度の産業施設等による防災性の低下等について，各々記述した。

　1950年には，戦災復興も進む中，建築基準法施行令に耐震基準が定められた（いわゆる旧耐震）。戦災も教訓に，建築物の不燃化，耐火性向上のため，1952年に耐火建築促進法が制定され，災害防止と土地の合理的利用が図られた。大都市の発展に伴う地震対策として，密集市街地や木造家屋の火災のほか，地下街や高層ビル，危険物を扱う工場，石油，都市ガス等可燃物対策なども課題となる。1964年の新潟地震による新潟市臨海部石油コンビナートの大規模火災・液状化の後，65年に消防法が改正された。1960年代には高層建築物の施工技術も発展する。1968年の十勝沖地震，75年の大分地震，78年の宮城県沖地震の後，80年に建築基準法施行令は改正され新耐震基準が導入された。1971年のサンフェルナンド地震による大都市の地震防災の教訓から，同年，中央防災会議は，適正な土地利用による過密解消，不燃化等を核に「大都市震災対策推進要綱」を定めた。

　地震予知について当時各種学説が提起された中，1964年文部省測地学審議会建議「地震予知研究計画の実施について」が示され，68年の十勝沖地震後，予知研究が進められることとなり，翌年，地震予知連絡会（国土地理院長私的諮問機関）が発足した。南海トラフ沿いでは，1944年の昭和東南海地震，46年の昭和南海地震以降年月を経ており，マグニチュード8クラスの東海地震の可能性が指摘されていた。1976年の地震学会秋期大会での，駿河湾付近を地震空白域とする指摘の後[3]，東海地震は社会問題ともなり，78年の大規模地震対策特別措置法（以下「大震法」）により，東海地震の直前予知を前提に，地震予知連絡会東海地域判定会の結果を踏まえ，閣議了承の上警戒宣言が布告されることとされた。

　大規模地震対策は災害対策の体制強化を促した。1983年，臨時行政調査会は，

国政の最重要課題である防災について，総合性・統一性の確保，大規模地震等緊急時の対応などの機能強化を答申し（第 5 次答申），翌年国土庁に（長官は国務大臣）防災局が置かれた。後に 2001 年の中央省庁再編に伴い，防災担当の特命担当大臣が新設され，内閣府政策統括官（防災担当）が防災に関する基本的な政策，大規模災害発生時の対処に関する企画立案及び総合調整を担うこととなる。

(2)　都市化の進展と水害・土砂災害

　1950 年代には，宅地需要が急増し都市近郊の水田や原野の開発，河川流域の市街化により，コンクリートに覆われた不浸透域が拡大し，中小河川の氾濫，内水氾濫が問題化した。郊外の丘陵や危険な崖付近なども開発された。1958 年狩野川台風による集中豪雨は，関東南部で崖崩れや中小河川の氾濫による大きな被害をもたらした。これを機に土砂災害対策が進展し，同年，都市周辺の地滑り被害を家屋移転なども含めて防ぐため地すべり等防止法が制定された。また，1961 年全国的梅雨前線豪雨による兵庫，神奈川両県の被害について，不完全な宅地造成による崖崩れなどが指摘されたことを背景に，宅地造成等規制法が制定され，さらに，建築行政，宅地行政等分野毎に対応してきた急傾斜地崩壊について，危険な区域を指定し総合的に取り組むため，69 年には急傾斜地の崩壊による災害の防止に関する法律が制定された。

　治水については，1896 年制定の河川法は各都道府県知事が国の機関として管内河川を管理することとしてきたが，新憲法下の公選知事は地域住民の利益を代表する立場となった。このため，都道府県を跨る河川について，水系一貫した観点から治水を進め，また，治水と利水の調和も図りつつ広域的に水資源を開発利用するための枠組が求められた。施工技術も進歩し，大規模ダムによる治水には水系全体の計画を要した。1964 年に河川法は全面改正され，治水・利水両面からの水系一貫した体系が作られた。

　治水の取組が進む一方で，1960〜70 年代も流域の開発は続き，雨水が地下に浸透せず河川や下水道に短時間に流れ込む量が増え，以前は水害に至らなかっ

た規模の降雨による氾濫など，70年代半ば，都市型水害が問題となった。洪水氾濫防御対象区域は国土の約10％，区域内の居住人口は1960年には総人口の40.9％，70年52.4％，85年には63.6％と推計されていた（1972, 73年建設白書）。

　第一次石油危機前後を境に安定成長期に入ると，高度成長の負の側面，公害問題が顕在化する。環境問題への関心も高まり，ダム建設の環境への影響や，都市河川の水質などが社会問題となったほか，水害について行政の責任を問う訴訟が多数提起された。1977年の河川審議会「総合的な治水対策の推進方策についての中間答申」には，洪水を防ぐためには堤防を高くするなど河道のみに着目するのではなく，流域全体の土地利用を含めた総合的な視点を重視する考えが示された。また，1981年の「河川環境管理の在り方について（河川審議会答申）」は，治水，利水とともに河川環境を河川管理の対象と位置づけ，総合的に管理する必要性を指摘し，河川法改正につながる。

（3）過疎化と地方の災害

　次に過疎化が進む地方にも関わる事項を例示する。まず第一に，災害に伴う移住に着目すると，明治時代には被災住民の北海道入植も行われ，1889年十津川水害後の，奈良県十津川村から北海道現新十津川町への約2,500人の移住は，2011年紀伊半島豪雨の折に再度注目された。地方の過疎化が進んだ1960〜70年代，山林の手入れが滞り土砂流出が増える中，消防団の維持も困難となる地域が各地でみられた。1972年7月の集中豪雨の被害は32府県に及び，被災者等からの，安全な場所での生活再建の要望を受け，同年，過疎地域の集落移転事業に倣った防災のための集団移転促進事業に係る国の財政上の特別措置に関する法律が成立した。防災集団移転事業は，被災集落が集落ごと移転する場合，支援する制度であり，被災していなくとも，居住に適さない区域，建築基準法上の災害危険区域の住居の集団移転にも適用され，過疎集落の移転事例も多い。後に東日本大震災後の高台移転等にも活用されている。

　第二に豪雪地帯に言及すると，日本海側の地域では，雪害や除雪作業中の事故などが繰り返されてきた中で，1960年12月末からの「36豪雪」（死者24人）

には災害救助法が適用された。激甚災害に指定された 1968 年 1〜2 月の「38（さんぱち）豪雪」（死者 228 人）では多数の集落が孤立し，2 月には雪崩や融雪による洪水が発生した。「36 豪雪」を機に，災害対策とともに雪の多い地域の振興のため 1962 年に豪雪地帯対策特別措置法が制定された。これにより豪雪地帯及び特別豪雪地帯が指定され，計画に基づき地域の産業等基礎条件の改善が図られている。豪雪地帯，特別豪雪地帯は各々24 道府県 532 市町村，201 市町村，国土面積の 50.8％，19.8％，人口の 15.0％，2.4％に上る（2020 年 4 月 1 日。人口は 2015 年国勢調査）。

　最後に，火山噴火災害等に伴う集団避難の事例を 4 つとりあげる。1986 年 11 月 15 日に伊豆大島三原山が 12 年ぶりに噴火し，21 日夜の大規模噴火後，全島に島外避難指示が出され，22 日朝にかけて約 1 万人が避難した。海上保安庁巡視船 23 隻，海上自衛隊艦船 12 隻，東海汽船の船舶 6 隻が島に向かい，内 13 隻が延べ 17 往復し避難者を輸送した。12 月 19 日に避難指示は解除され 22 日にかけて全員帰島した。また，1990 年 11 月には雲仙普賢岳が 198 年ぶりに噴火し，翌年 5 月に火砕流は人家付近に到達した。6 月 3 日の火砕流による島原市の死者・行方不明者は 43 人に上り，人家の多い地域に初めて警戒区域が設定され，約 4,000 人が数か月以上避難生活をおくった（この噴火災害全体の死者・行方不明者は 44 人）。2000 年 3 月の有珠山噴火災害では，27 日には火山性地震が増え，29 日に避難指示が出され，最大 15,815 人が避難指示・勧告の対象となった。JR 北海道が列車を折り返し運転し迅速に避難が行われ，人的被害はなかった。5 月以降避難指示・勧告は順次解除された。この年 6 月には，三宅島雄山の噴火活動が始まり，9 月 1 日に全島避難が決まり，翌日から 3 日間で東京都内に避難した。当初 3 ヶ月程度での帰島が期待されていたが，避難は 4 年 5 ヶ月に及び，2005 年 2 月の避難指示解除後，4 月までに避難者の約 7 割が帰島した。[4]なお，地震や豪雨，これに伴う土砂災害により孤立した中山間地域の集団避難も見られる。2004 年 10 月 23 日の新潟県中越地震後，最大 10 万人以上が避難した。土砂災害による交通寸断などにより，中山間の集落が多数孤立し，旧山古志村からは 2,000 人以上がヘリコプターで翌年合併予定であった長

岡市に全村避難し，全ての避難指示解除には2年半を要した。

　自然災害による，市町村を超えた集団避難，長期避難は繰り返されている。災害対策上は，避難指示発令や警戒区域設定，避難者対応をはじめ農地や家畜の問題等多数の課題がある。一方，人口の観点からも，自然災害による長期避難が稀ではないことに鑑みると，災害に伴う人口移動の把握は一つの課題と考えられる。過疎と災害の観点に立ち戻れば，災害時に孤立する可能性がある農業，漁業集落は，内閣府（2009）によれば約3割弱となっている。過疎地域の防災や避難，復興といった課題は，人口減少社会に向かう中，重みを増していく。

第3節　大都市と大震災

(1) 阪神・淡路大震災

　1995年1月17日，淡路島北部を震源とするマグニチュード7.3の兵庫県南部地震により，神戸その他で震度7が観測された（死者6,434人，行方不明3人）。100万都市の被災は関東大震災以来，県庁所在都市の被災は1946年の南海地震（和歌山，高知），1948年の福井地震以来，神戸市では1938年阪神大水害と戦災以来の大災害となった。兵庫県の人口は，同年2月，約1万7,000人の転出超過，神戸市の人口は前年の約152万人から10万人近く減少し震災前の水準に戻るのは2004年であった。死者の8割以上は建物倒壊などによる圧死であり，老朽住宅や密集市街地延焼の犠牲者が多く，また，コンクリートの橋脚の崩壊等インフラ被害が大きかった。

　基本法成立後初めて直面したこの大震災の教訓を踏まえ，同法は同年6月と12月に大幅改正され，災害対応体制は充実した。まず，官邸に情報が十分伝わらず初動が遅れたことから，災害緊急事態の布告がなくとも著しく異常かつ激甚な非常災害の場合は緊急災害対策本部を設置できること，本部長（総理大臣）は指定行政機関の長に指示できることなどが定められた。また，従来，大災害

時に運用上おかれてきた政府現地対策本部等について明定された。さらに，地方公共団体の防災対策の強化，ボランティアによる防災活動に関する規定等がおかれた。

　同時に，国の初動体制を強化するため，関係省庁からなる緊急参集チーム創設をはじめ，以降，内閣情報調査室内閣情報集約センターによる情報収集の 24 時間化，内閣危機管理監の設置，官邸危機管理センター設置等も進められた。

　大震災の年は延べ 100 万人を上回るボランティアが活躍し，ボランティア元年と呼ばれ，その重要性と，同時に課題も明らかとなった。基本法改正では，自主防災組織の育成，ボランティアによる防災活動の環境整備，高齢者，障害者への配慮等が定められた（2013 年改正により努力義務）。大震災以降，自助，共助の重要性の認識は高まり，防災に関する内閣府の世論調査では，自助，共助，公助のうち重視すべき対策として，公助とする回答は 2002 ～ 17 年の間に24.9％から 6.2％に減少したが，自助は 18.6％から 39.8％に，共助は 14.0％から24.5％に各々増加した。大震災時に家族にけが人がいると回答した者の大半が消防隊員等ではなく家族や近所の人に助けられた，という日本火災学会（1996）の調査結果は繰り返し引用されてきた。また同調査によれば，負傷現場での手当は，何もしなかった者を除くと，自分で，家族，または友人・知人，による場合が 4 割を超えた。一方，復興の際の分散転居により地域の相互扶助機能が失われ，高齢者の生活再建や小規模企業の経営再建に困難が生じたことなども指摘された。地域のつながりが弱まる中での防災が，以降課題となっていく。

　大震災では，当時の耐震基準を満たさない建築物倒壊が際立っていたことなどから，1995 年に建築物の耐震改修の促進に関する法律が定められ，多数者が利用する一定規模以上の既存建物所有者は耐震診断や改修に努めることとされた。また，密集市街地等の再開発を進めるため，1997 年に密集市街地における防災街区の整備の促進に関する法律が定められ，さらに翌年，1994 年ノースリッジ地震後の米国の動向も踏まえ，構造物の材料や工法等を具体的に示す仕様規定から，構造物に求められる「性能」を規定する方向に建築基準法が改正された。

　なお，大震災を契機に1998年に被災者生活再建支援法が成立した。従来，被災者支援の原則として，国は個人資産である住宅再建等は支援しなかったが，一定規模以上の災害により住宅が全・半壊した世帯等に対し，都道府県が相互扶助のため拠出した基金を活用し被災者生活再建支援金が支給されることとなった。

(2) 地震対策と首都

　大震災の後，大規模地震はどこでも起こり得る前提で，地震対策を総合的に進めるための地震防災対策特別措置法が1995年に制定され，地震調査研究推進本部が総理府に置かれた（現文部科学省）。大震法の仕組がある東南海・南海地震については，2002年に東南海・南海地震に係る地震防災対策の推進に関する特別措置法（以下「東南海・南海法」）が施行され，1都2府18県652市町村が防災対策推進地域に指定された。2003年には初めて国が被害想定を示し，これをもとに「東南海・南海地震対策大綱」が決定された。

　首都圏の人口は，1950年の約1,300万人から90年には3,000万人に増加した。東京では関東大震災をはじめ200～300年周期のマグニチュード8クラスの海溝型巨大地震，その間にマグニチュード7クラスの地震が数回発生してきた。切迫性が指摘されてきた南関東地域直下の地震について，1988年に「南関東地域震災応急対策活動要領」，1992年に「南関東地域直下の地震対策に関する大綱」が定められ，各々大震災後の1998年に改訂された。

　その後，インターネットや情報通信技術，物流や金融の高度化・国際化などを背景に，首都中枢機能維持や企業防災などの対策強化が求められ，一方，定点観測網の充実，データの蓄積などにより，詳細な被害想定に基づく対策の具体化がある程度可能となった。2003年には，中央防災会議首都直下地震対策専門調査会が首都直下のマグニチュード7クラスの地震像を明らかにし，その被害想定も行われた。この内，東京湾北部を震源とするマグニチュード7.3の地震では，最大死者数約1万1,000人，建物全壊棟数約85万棟，経済被害は当時の国家予算の約1.4倍，発生時刻や風速等に左右されるものの火災による死者

は死者全体の最大 55％，帰宅困難者は 1 都 3 県で最大約 650 万人という結果となった。これを踏まえ 2005 年に首都直下地震対策大綱が，翌年には首都直下地震の地震防災戦略が定められ，10 年間で死者数と経済被害額を半減させる減災目標，住宅耐震化率 90％を目指す具体目標などが示された。

　防災の観点から東京一極集中を見直す，首都機能移転等の考えも示されてきた。1977 年三全総は，東京一点集中型の国土構造は，大震災など災害対処の視点から根本的再編成が必要とし，1987 年第四次全国総合開発計画（以下「四全総」）は，緊急時に東京圏の機能の一部を支援，補完する仕組を検討するとした。1990 年には「国会等の移転に関する決議」が衆参両議院で採択され，1992 年国会等の移転に関する法律は，大規模災害に対処する上での緊急性等に配慮するとした。

　大震災後の「国会等移転調査会報告（1995 年）」は，首都機能の被災による関東大震災時のパニックなどから，災害対応力強化や，国の保有する情報のバックアップ機能の先行整備などを指摘した。1996 年の「国会等の移転に関する法」は一部改正され，前文に大規模災害時の災害対策の中枢機能確保の重要性が示された。総理府に国会等移転審議会が設置され，候補地選定の検討段階へと進んだが，その後，国会等の移転は，国と地方の新たな関係，防災，危機管理のあり方など密接に関連する諸問題に一定の解決の道筋が見えた後，大局的観点から検討し決定すべきとされ，以降検討の焦点は分散移転や防災，危機管理機能の中枢の優先移転等に移る。

（3）新たな動き──環境重視，ソフト対策，ライフライン，事業継続

　1990 年代，地球環境重視が世界の潮流となる中，94 年に環境基本法，97 年に環境影響評価法が制定される。四全総は，人口の都市集中などにより希薄化した人と水の関わりを再構築し，利用と保全が調和するような，水系の総合的管理の必要性を指摘した。1996 年の河川審議会提言「社会経済の変化を踏まえた今後の河川制度のあり方について」を踏まえ，翌年の河川法改正で「河川環境の整備と保全」が治水，利水と共に目的に加わり，河川行政は大きく転換し

た。海岸法も 1999 年改正で海岸環境の整備と保全が目的に加わるなど環境重視の流れとなっていく。1998 年の 5 番目の全総計画「21 世紀の国土のグランドデザイン（以下 21GD）」は，水循環の健全性回復の方策を検討するとした。

1990 年代の終わり頃から，ハード整備とともに土地利用規制などソフト施策が一層重視されるようになる。土砂災害については，1982 年の長崎大水害（死者・行方不明者 299 人）を機に，砂防施設等ハード整備だけでなく警戒や避難といった対策も進められ，99 年の広島土砂災害（広島県内の死者 32 人）の後には，ハード対策と共に，危険箇所の周知，警戒避難体制の整備，住宅等の新規立地抑制，既存住宅の移転促進などを行う土砂災害警戒区域等における土砂災害防止対策の推進に関する法律（以下「土砂災害防止法」）が制定された。

1999 年には，6 月の梅雨前線豪雨により福岡市でビル地下階などが，7 月の集中豪雨により東京都で住宅地下室が浸水し，いずれも死者が出た。1960〜70 年代を中心に開業した地下街の多くは，洪水の危険の伴う沖積平野の大都市にある。「2000 年東海豪雨」では地下鉄等の浸水，停電，電話の通信不調等が被災した。21 世紀初頭には，環境配慮，ハード対策と共にソフト対策への着目，さらに，ライフラインや中枢機能の継続といった課題も重要性を増していく。2001 年の同時多発テロ等を機に，官民による事業継続の取組が始まり，「首都直下地震対策大綱」に反映される。さらに，地震に留まらず災害時の機能継続のため，首都中枢機関は業務継続計画策定を求められ，2007 年に「中央省庁業務継続ガイドライン」が示された。

第 4 節　人口減少社会と自然災害

（1）東日本大震災

2004 年は 10 月 23 日新潟県中越地震（死者 68 人）のほか台風や集中豪雨も多く，自然災害による犠牲者が 300 人を超えた。この後，総人口は減少に転じ，2011 年 3 月 11 日に発生した東日本大震災は，日本が人口減少社会に入り最初

に経験した大災害となった。関東大震災（約 10 万 5,000 人），明治三陸地震（約
2 万 2,000 人）に次ぐ死者の大多数は，津波によるものであった。12 都道県に
及ぶ被災地の多くが人口減少の進む地域であり，人口減少社会の防災について
多くの課題を提起した。なお，この年は 8 月の紀伊半島豪雨の犠牲者も 100 人
近くに上った。

　発災直後の 14 時 50 分に官邸対策室が設置され，15 時 14 分には緊急災害対
策本部（本部長は内閣総理大臣）が初めて設置された。翌日宮城県に現地対策
本部，岩手県と福島県に現地連絡対策室が，17 日には緊急災害対策本部の下に
被災者生活支援特別対策本部（後に被災者生活支援チーム）が置かれた。津波
の浸水範囲は 6 県 62 市町村に及び，大規模な救出・救助が行われた。太平洋岸
の道路は寸断されたため，内陸の東北自動車道を軸に沿岸部への横軸を確保す
る「くしの歯作戦」により，最低限の瓦礫処理や簡易な段差修正等により救援
ルートを開く，道路啓開が行われた。津波を考慮し高台に整備され部分供用さ
れていた三陸沿岸道路等高速道路は迂回路として活用され，日本海側の幹線道
路網は被災した太平洋側ルートを代替した。災害時に一部区間の途絶による全
体の機能不全を防ぐため道路ネットワークの多重化等を図る 21GD のリダンダ
ンシーの考えが活かされた。

　4 月に設置された東日本大震災復興構想会議は，6 月に「復興への提言」をと
りまとめ，また，東日本大震災復興基本法が施行され，これに基づき内閣に復
興対策本部が設置された。「提言」を踏まえた「東日本大震災からの復興の基本
方針（7 月 29 日東日本大震災復興対策本部決定）」は，地域の創意工夫を活か
す復興特区制度や自由度の高い交付金等の考えを示し，これに則り東日本大震
災復興特別区域法が 12 月に成立した。翌年 2 月には内閣総理大臣を長とする復
興庁が設置され，3 月に福島復興再生特別措置法も成立した。復興期間は 2020
年度まで，2015 年度までは「集中復興期間」，2016〜20 年度は「復興・創生期
間」とされ，約 47 万人に上った避難者は，2021 年 4 月 9 日時点で約 4 万人と
なった。なお，復興庁設置期間は延長され，2021〜25 年は「第 2 期復興・創生
期間」とされた。

　大震災の後，基本法は 2012 年と 13 年に改正され，阪神・淡路大震災後以来の全面改正となった。主な改正点としては，まず，減災を基本とする基本理念，また，自助，共助，公助による防災について明定された。また，被災者を支援すべき行政が被災した経験から，地域コミュニティによる共助の重要性が認識され，地区居住者等は，地区の自発的防災活動に関する地区防災計画を提案できることとされた。さらに，住民の判断で多くの命が救われた「釜石の奇跡」のような例から，住民の責務として災害の教訓伝承が明記されたほか，防災教育が努力義務とされた。このほか，内閣総理大臣による災害緊急事態の布告があった際の規定，市町村役場の被災の経験等から，都道府県，国の役割に関する規定が拡充・新設された。町村・都道府県を超えた広域避難のための調整規定や，市町村長が都道府県知事に物資供給の要請等ができることとし，そのいとまがないと認められる時には，知事や国の判断で可能とする「プッシュ型支援」も定められた。

　また，切迫した危険からの「避難場所」と避難生活のための「避難所」の区別が明確でなかったため，災害の種類毎の「指定緊急避難場所」の指定・周知がなされ，避難支援の名簿整備が個人情報保護の制約等から十分ではなかったことに鑑みた避難行動要支援者名簿の作成等が定められた。避難者保護に関しては，家族等からの安否照会には，個人情報保護条例に関わらず市町村は一定範囲で回答できることなども定められた。さらに，市町村長は，住家被害の程度等を証明する「罹災証明書」を遅滞なく交付することとされた。罹災証明書は，被災者生活再建支援金や義援金の給付等の判断材料として活用されてきたが，法令上明確な位置づけがなく自治事務として行われていた。被災者台帳を作成することも定められた。

　なお，災害の定義規定に，2006 年の竜巻被害を踏まえ第 1 回改正で竜巻が加えられた。また，第 2 回改正で，異常な現象毎に指定緊急避難場所を指定するとされたことに伴い，崖崩れ，土石流，及び地滑りが明記された。2013 年には大規模災害からの復興に関する法律が制定され，政令で指定された「大規模災害」について，特別法を制定せず閣議決定により復興対策本部の設置等が可能

となり，2015 年の熊本地震に適用された。

　大震災の後，津波対策の考え方も整理された。人口の半分近くが標高 25 メートル以下の地域に住む日本では，津波防災は不可欠であり，関係省庁によって取り組まれてきた。また，20 万人以上が犠牲となった 2004 年のインド洋大津波後には，「稲むらの火」の逸話[5]の内外への普及，「世界津波の日」制定などにも日本は貢献してきた。発生頻度が高く津波高は低いが大きな被害をもたらす津波については，人命とともに財産等を守るため施設整備を基本に対策を進め，一方，発生頻度は極めて低いが被害甚大な最大クラスの津波については，人命を最優先に，ハードと共にソフトの施策を組み合わせて被害の最小化を目指すこととされた。これも踏まえ津波対策の推進に関する法律，津波防災地域づくりに関する法律が制定された。

(2) 大震災後の大規模地震対策

　従来，地震については，個別の地震毎に被害想定や対策が作られてきたが，共通施策も多かった。大震災後「あらゆる可能性を考慮した最大クラスの巨大な地震・津波」について一体的に取り組むこととされ，2014 年には，南海トラフ地震，首都直下地震，日本海溝・千島海溝周辺海溝型地震，中部圏・近畿圏直下地震を対象に「大規模地震防災・減災対策大綱」がまとめられた。

　首都直下地震については，2005 年の「大綱」に基づき対策が進められていたが，大震災の後 2013 年 12 月に，中央防災会議首都直下地震対策検討ワーキンググループ「首都直下地震の被害想定と対策について（最終報告）」は，切迫性の高いマグニチュード 7 クラスの首都直下地震に着目し，様々な想定のうち，首都中枢機能への影響が大きいと考えられる都心南部直下地震は，最悪の場合，死者約 2 万 3,000 人，経済被害約 95 兆円に上るなどとした。同年，首都直下地震対策特別措置法が制定され，翌年緊急対策区域（1 都 9 県 309 市町村，2015 年 3 月）が指定された。

　南海トラフ地震については，2012 年の中央防災会議による被害想定は，最大ケース（冬・深夜）では，死者約 32.3 万人（津波による死者約 23 万人），全壊

焼失棟数約 238 万 6,000 棟（冬・夕方），避難者数約 950 万人などとされている。東南海・南海法は，2013 年に「南海トラフ地震に係る地震防災対策の推進に関する特別措置法」に改正され，南海トラフ地震防災対策推進基本計画が策定された。大震法では東海地震について警戒宣言を前提としていたが，2013 年に中央防災会議「南海トラフ沿いの大規模地震の予測可能性に関する調査部会」で，確度の高い地震の予測は困難である一方，現在の科学的知見を防災対応に活かす視点の重要性等が報告された。2019 年に南海トラフ地震防災対策推進基本計画は変更され，地震発生可能性が相対的に高まったと評価された場合の対策等が追加された。

(3) 高齢化の進展等に対応した避難，情報提供等

　21 世紀に入り，豪雨災害についても避難等のソフト対策が進展する。水防法は繰り返し改正され，2001 年改正は浸水想定区域の公表，迅速な避難等について定め，2005 年改正は浸水想定区域内の地下街等についての避難確保計画策定や，洪水ハザードマップ作成・配布を義務付けた。

　雨の降り方の局地化・激甚化が指摘された中，気象庁の防災気象情報，国土交通省の河川防災情報等を適切に伝え避難を促すことも重要となる。内閣府は2005 年に避難勧告の発令基準等を示す「避難勧告等の判断・伝達マニュアル作成ガイドライン」を作成し，避難準備情報の発出や，この段階で災害時要援護者の避難を促すことなどを示した。なお，このガイドラインは，その後も繰り返し改訂され，2021 年基本法改正を受け，名称も含めて改訂された（避難情報に関するガイドライン (2021 年 5 月)）。

　人口稠密な大都市が水害に見舞われると，その影響は県を越えたものとなりうる。1947 年のカスリーン台風では都区部を含む広域が浸水したが，その後東京は巨大都市となりゼロメートル地帯への人口集中も続いた。利根川及び荒川の洪水と東京湾の高潮氾濫を対象に，中央防災会議「大規模水害対策に関する専門調査会」は，2008 年に国内では初の洪水氾濫による人的被害を想定し，利根川首都圏広域氾濫の被害は，最大死者約 2,600 人，孤立者約 110 万人に上る

などとした。これを踏まえ避難対策が検討され，2012 年に首都圏大規模水害対策大綱がまとめられた。2015 年関東・東北豪雨では広域が浸水し（死者 2 人），救助された住民は茨城県下で 4,000 人を上回った。中央防災会議防災対策実行会議「水害時の避難・応急対策検討ワーキンググループ」は，同年，将来に向けた対策を提言した。三大都市圏のゼロメートル地帯での大規模水害の場合，避難による大混雑や逃げ遅れによる孤立も懸念される。2016 年には，洪水・高潮氾濫からの大規模・広域避難の検討が行われ，2018 年に基本的な考え方が報告された。

　高齢化への対応も進展している。土砂災害については，2014 年の広島の土砂災害（犠牲者 70 人以上）の後，情報提供や避難体制の強化のため土砂災害防止法が改正された。さらに，同法は 2016 年台風 10 号の東北・北海道等での被害（死者・行方不明者 27 人），とりわけ岩手県岩泉町の高齢者施設入所者 9 人全員の死亡などから，同年 5 月に要配慮者利用施設の避難体制強化のため改正された。

　度重なる浸水被害を受け水防法は，2001，2005 年に続き 2015 年改正において，想定しうる最大規模の浸水想定区域を公表するように制度が拡充・創設されたほか，市町村地域防災計画に定める地下街等に，地下に建設中または予定の不特定多数の者が利用する施設が加えられた。さらに，2015 年関東・東北豪雨や翌年の台風第 10 号等による中小河川氾濫のため死者が多数出たことを受け，2017 年改正では，流域自治体等の大規模氾濫減災協議会制度や市町村長による水害リスク情報の周知制度，災害弱者の避難を地域全体で支援するため要配慮者利用施設の避難確保計画作成の義務化等が定められた。

　2018 年 7 月豪雨の死者・行方不明者は 200 人を越え，1983 年 8 月豪雨以来死者が 100 人を上回り，2019 年台風第 19 号の被害も広範囲に及び，死者は 100 人を超えた。これらを契機に，避難対策の普及啓発とともに，避難情報や避難行動，高齢者はじめ要支援者の避難等の検討が進められた。2021 年 4 月，基本法は改正され，災害時に市町村長が発令する避難勧告は廃止され避難指示に一本化された。

　避難や情報提供が重要となるのは豪雨災害に限らない。1945 年以降，火山噴火により日本では 150 人以上が犠牲となった。2014 年 9 月 27 日に御嶽山で登山者が多数いた昼頃，水蒸気噴火が起きた（死者 58 人，行方不明者 5 人）。翌年には活動火山対策特別措置法が改正され，警戒避難体制の充実のほか，集客施設の避難確保計画の作成，登山者の情報把握など観光客等に配慮した対策が盛り込まれた。このように，災害対策の視野に入れるべき人口は住民に留まらず旅行者等の交流人口も含み，人口減少社会にあっても拡がりつつある。

第 5 節　災害対策と人口情報

（1）災害による死者数等

　人口に関する情報は，災害対策の多様な局面で求められる。自然災害が発生すると，都道府県は関係機関の連携のもと，応急対応や復旧の基礎として，死者・行方不明者数をはじめ発災直後の被害の第一次情報等を一元的に集約・調整する。これらは直ちに消防庁に報告され（防災基本計画（2020 年 5 月改定）第 2 編第 2 章第 2 節），消防庁のデータに基づき，罹災世帯数，罹災者数とともに，人的被害として，死者，行方不明者及び負傷者の数が取りまとめられる（死者等の認定基準は関係省庁間で 1968 年に統一）。人的被害の数の広報は，市町村等との密接な連携のもと行われる。また，地域人口の把握やその将来推計は，復興に向けても欠かせない。大震災後制定された「大規模災害からの復興に関する法律」は，復興基本方針を定める際の基本的事項として，復興の意義，目標等とともに被災地域の人口の現状及び将来の見通しを示すこととしている。

　なお，自然災害による死者に関して人口動態調査の死因基本分類では，「不慮の事故」の中に，地震，火山の噴火等による受傷者の分類がおかれているが，災害毎の死者数や死因，属性別死者数等の詳細は，個別の調査等によることとなる。関東大震災で焼死者が多数を占めたことから建物の不燃化等が進み，阪

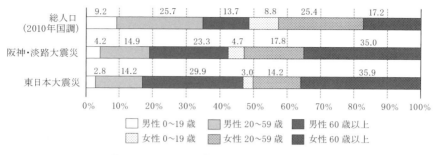

図 11-1　2 つの大震災死者の男女年齢階級別割合
（資料）「平成 23 年版防災白書」及び「平成 24 年版男女共同参画白書」，総人口は総務省統計局
「平成 22 年国勢調査報告」（年齢・性別不詳は除く）．

神・淡路大震災で建物損壊による圧死者が多かったことを受け耐震基準が見直され，東日本大震災で津波の犠牲者が大多数であったことも背景に津波対策が見直されるなど，対策の進展に結びつく。

　死者等の属性情報も重要である。例えば 2 つの大震災の死者の男女年齢階級別割合を 2010 年国勢調査による年齢階級別人口割合と比較すると，60 歳以上の，特に女性は前者の割合が後者を大きく上回る（**図 11-1**）。

　豪雨災害については，2004 ～ 11 年の 29 事例において，死者及び行方不明者に占める 65 歳以上の高齢者の割合 56.4％（514 人中 290 人）が国勢調査の高齢化率 23.0％（2010 年）を大きく上回ること，災害時要援護者とみなすことができる一人暮らしの高齢者より，日常生活に支障のない高齢者が多いこと，独居者が行方不明になりやすいこと等が指摘されている（牛山・横幕　2013，など）。

（2）災害に伴う人口移動の把握

　災害に伴う人口移動の把握は復旧，復興の基礎となる。例えば，2000 年の三宅島噴火後の全島避難の間，三宅村は 2001 年に 2 回，各地に避難した島民の生活実態や意向把握のため，郵送によるアンケート調査を実施した。

　首都が被災し避難が全国に及んだ関東大震災後には，臨時震災救護事務局（後

に内務省社会局）は，1920年の第1回国勢調査に倣い，11月15日時点で罹災調査を実施した。1926年に内務省社会局がまとめた「大正震災志」によると，調査対象，調査事項，調査の流れは以下のとおりである。対象は，東京及び横浜の両市は，罹災者であると否とを問わず全人口を調査し，他方，東京府及び神奈川県の隣接市町及び郡部は，原則震災避難者のみとしつつ「人口変動が甚だしい場合特に必要であれば」現在人口を，千葉，埼玉，静岡，山梨，及び茨城の各県は，原則罹災者または避難者のみとしつつ「震災による被害甚大または人口変動が著しい場合は」全ての現在人口を，調査しても可とされた。調査票は単名票と世帯票からなり，前者は，現住所，震災時住所，氏名及び世帯主（又は世帯主との続柄），避難場所（親戚，知己の家他），体性，年齢及び罹災の種類（死傷，病，行方不明），職業（震災時の職業，現職業，希望職業），住宅罹災の種類，及び将来の住所を尋ね，後者は，世帯主現住所及び震災時の住所並びに氏名，世帯人員の性別，死傷・行方不明，無事現存者，失業者の数，住宅罹災の種類（全・半壊等）を尋ねている。世帯全員が死亡または行方不明の場合は調査員が調査票を作成した。調査の流れをみると，震災直後に調査票を作製し，10月中旬に全道府県知事に依頼を発出し，25〜35日間で結果提出を求め，大多数の府県は12月中に提出した（第1回国勢調査の整理期間は3か月）。実施に際し義援金支給と結びつけるなどの工夫もされ，集計は翌年4月中旬までに終えている。

(3) 国民の被災経験

　災害毎の情報とは別に，国民の被災経験の全貌を知る手がかりは限られているが，世論調査の中には被災経験を尋ねた調査がみられる（**図11-2**，**表11-1**）。これによると，概ね15〜20％程度が被害を受けたことがあると回答している。1999年以降の調査は，被災した災害の種類を尋ねる問の選択肢に「被害や危険を感じたことはない」を含み，半数前後がこれを選択している。被災経験者が多い災害は，台風，地震，川の氾濫，豪雨などである。被災の程度は不明ではあるものの，国民の被災経験を推しはかる手掛かりとなる。

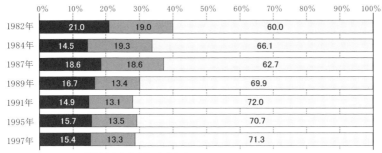

図 11-2　世論調査に見る被災経験

（資料）総理府世論調査.

（注）「あなたは，今までに，いろいろな種類の災害によって被害を受けたことがありますか，あるいは被害を受ける程ではないが身近に危険を感じたことがありますか，それとも被害を受けたり，危険を感じたことはありませんか」という質問の回答結果.

表 11-1　被害を受けたり身近に危険を感じた災害（複数回答，単位：％）

	1982年	1984年	1987年		1999年	2002年	2005年
地震	17.0	34.3	21.2	地震	18.3	16.6	23.1
津波	2.5	2.9	2.0	津波	1.6	1.2	1.0
火山噴火	－	0.8	0.6	火山噴火	0.1	0.2	－
落雷	2.5	3.5	8.0	落雷	4.4	4.0	5.9
河川の氾濫	22.7	17.9	26.4	河川の氾濫	10.6	8.0	11.2
土砂崩れ崖崩れなど	10.1	6.9	6.7	土砂崩れ崖崩れなど	3.6	3.0	3.9
高潮	1.5	1.3	1.7	高潮	1.1	0.4	1.7
台風	40.7	38.9	44.7	台風	25.3	23.0	29.1
豪雨	17.4	16.8	15.8	豪雨	9.2	9.0	11.3
豪雪	3.2	7.0	6.0	豪雪	1.7	1.8	2.5
雪崩	0.3	0.6	0.8	雪崩	0.2	0.3	0.3
竜巻	0.1	0.7	0.7	竜巻	0.3	0.5	0.8
火災	24.1	20.1	17.6	火災	－	6.5	－
ガス爆発	1.4	2.4	2.5	ガス爆発	－	0.9	－
その他	3.3	1.7	1.7	その他	0.5	0.5	0.5
分からない	0.5	0.2	0.6				
				被害や危険を感じたことはない	54.1	55.0	47.7
全体（内, 括弧内被災経験等あり）	2,442 (977)	2,442 (827)	2,370 (884)	全体回答数	2,122	2,155	1,551

（資料）総理府又は内閣府世論調査.

（注）1. 1982-87 年は，まず，一般的に被災経験の有無を問うた後（図 11-2），「被害を受けたり，身近に危険を感じた災害はどれでしょうか.」と質問，1999 年以降は被災経験がない者も含めて質問.

　　　2. 1999 及び 2005 年には「火災」及び「ガス爆発」の選択肢はない.

　災害が発生すると，死者，負傷者等はもとより，避難などの人口移動も生じ，これらの迅速・的確な把握は対策に直結する。災害の間接的影響はサプライチェーンを通じて内外に及び，影響を受ける人口はさらに広がる。被災者等の一層の高齢化等に鑑みれば死者等の属性情報も重要となる。今日，一般に単身世帯，少人数世帯が多く，誰しも一人でいる時に被災しうる。高齢になっても，単身で被災しても不安のないよう，人口や世帯の動向を踏まえた災害対策が一層重要となる中で，属性毎の被災状況等の把握はその基礎となる。自然災害の多い日本で，平時だけでなく非常時の人口情報について知恵を巡らすことの意義は大きい。

　〈付記〉本稿は筆者個人の見解としてとりまとめたものである。

注

(1) 1969 年雑誌『ジュリスト』No.437《特集：現代の災害実態と対策》掲載の座談会「災害と法律(1)ジュリストの目」における発言。

(2) 東日本大震災後，内閣府に移管。

(3) 石橋克彦氏の指摘（当時東京大学地震研究所助手，後に神戸大学教授）。

(4) 三宅村「2000 年三宅島噴火災害の記録」(http://vivaweb2.bosai.go.jp/v-hazard/H_print/62miyakejima/62miyake_1m03/index.html)。

(5) 1854 年安政南海地震津波の折，和歌山県広川町で稲藁に火を放ち村人を高台に導いて救った逸話。

参考文献

池内幸司・伊東夏生（2007）「首都直下地震の被害想定と対策」『地学雑誌』Vol.116(3), pp.490-503。

今井賢（1961）「災害対策基本法について（1）」『自治研究』Vol.37(12), pp.87-101。

今井賢（1962）「災害対策基本法について（2）」『自治研究』Vol.38(4), pp.105-118。

牛山素行・横幕早季（2013）「発生場所別に見た近年の豪雨災害による犠牲者の特徴」『災害情報』Vol.11, pp.81-89。

風間規男（2002）「災害対策基本法の制定　防災政策ネットワークの形成」『近畿大学法学』Vol.50(1), pp.1-82。

北原糸子（2012）「関東大震災における避難者の動向：「震災死亡者調査票」の分析を通して」『災害復興研究』Vol.4, pp.43-51。

経済審議庁計画部（1954）『総合開発の構想〈案〉』。

建設省五十年史編集委員会編（1998）『建設省五十年史』建設広報協議会。

厚生省社会局施設課監修（1954/1959 改訂）『〈改訂増補〉災害救助の実務』共同通信社。

国土庁編（1984）『国土庁 10 年史』ぎょうせい。

小滝晃（2011）「災害対策基本法，激甚災害法等の災害復旧制度の歴史」『河川』Vol.67(12), pp.28-31。

災害救助問題研究会編（1967）『災害救助誌』。

竹下航（2018）「地すべり防止対策技術の変遷」『砂防と治水』Vol.264, pp.29-32。

内閣府（2005 及び 2009）『中山間地等の集落散在地域における地域防災対策に関する調査』。

内務省社会局（1924）『震災調査報告』。

日本火災学会（1996）『1995 年兵庫県南部地震における火災に関する調査報告書』。

林修三（1959）「災害立法整備の問題点」『ジュリスト』Vol.192, pp.2-6。

防災行政研究会編（2016）『逐条解説災害対策基本法第三次改訂版』ぎょうせい。

山崎篤男ほか（2017）「座談会：河川法改正 20 年」『河川』Vol.856, pp.5-19。

APEC（2018）*APEC Casebook of Infrastructure Build Back Better from Natural Disasters.*

以上のほか，各災害該当年度の防災白書，消防白書，国土交通白書，関係地方公共団体 HP，理科年表等，内閣府 HP「災害史・事例集」http://www.bousai.go.jp/kyoiku/kyokun/index.html，内閣府世論調査結果などを適宜参照した。

（近藤共子）

索　引

252

た　行

は　行

編著者略歴

井上　孝（いのうえ・たかし）
一九五九年　栃木県生まれ。
青山学院大学経済学部教授。
主著『日本の人口移動―ライフコースと地域性―』『事例で学ぶGISと地域分析―ArcGISを用いて―』『地域と人口からみる日本の姿』（いずれも共編著、古今書院）、『首都圏の高齢化』（共編著、原書房）ほか。

和田　光平（わだ・こうへい）
一九六九年　宮城県生まれ。
中央大学経済学部教授。
主著『人口統計学の理論と推計への応用』『Excelで学ぶ人口統計学』（ともにオーム社）、『2025年の日本　破綻か復活か』（分担執筆、勁草書房）、『ポスト人口転換期の日本』（分担執筆、原書房）ほか。

人口学ライブラリー　20

自然災害と人口

●

2021 年 8 月 25 日　発行

編著者…………井上　孝, 和田光平

発行者…………成瀬雅人

発行所…………株式会社原書房

〒 160-0022 東京都新宿区新宿 1-25-13
電話・代表 03 (3354) 0685
http://www.harashobo.co.jp
振替・00150-6-151594

印刷・製本…………株式会社ルナテック

（価格は税別）